AN OVERVIEW OF
MUSEUMS IN
BEIJING

唐帼丽 主　编
孟　远　柴俊丽 副主编

京名片丛书

# 博物 北京

中国财经出版传媒集团
经济科学出版社
Economic Science Press

## 图书在版编目（CIP）数据

博物北京/唐帼丽主编. —北京：经济科学出版社，2018.12
（京名片丛书）
ISBN 978-7-5218-0167-5

Ⅰ.①博… Ⅱ.①唐… Ⅲ.①博物馆-介绍-北京 Ⅳ.①G269.271

中国版本图书馆CIP数据核字（2019）第013326号

责任编辑：白留杰　侯晓霞
责任校对：蒋子明
装帧设计：陈宇琰
责任印制：李　鹏

## 博物北京

唐帼丽　主　编
孟　远　柴俊丽　副主编

经济科学出版社出版、发行　新华书店经销
社址：北京市海淀区阜成路甲28号　邮编：100142
教材分社电话：010-88191345　营销中心电话：010-88191522
网址：www.esp.com.cn
电子邮件：houxiaoxia@esp.com.cn
天猫网店：经济科学出版社旗舰店
网址：http://jjkxcbs.tmall.com
北京鑫海金澳胶印有限公司印装
710×1000毫米　16开　18.75印张　230 000字
2019年1月第1版　2019年1月北京第1次印刷
ISBN 978-7-5218-0167-5　定价：58.00元
(图书出现印装问题，本社负责调换。电话：010-88191510)
（版权所有　侵权必究　举报热线：010-88191586
电子邮件：dbts@esp.com.cn）

# 丛书编委会

主　　任：甫玉龙

副 主 任：李建平

执行主任：唐帼丽

委　员（按姓氏笔画排序）

马建农　王兰顺　王岗　王玲

王彬　付雅娟　包树望　朱永杰

刘峰　李建平　李玲　甫玉龙

张懿奕　孟远　胡汉生　姚安

柴俊丽　高大伟　郭豹　唐帼丽

崔伟奇　谭烈飞

京名片丛书

# 序言

  题为《京名片》的系列丛书，是北京化工大学国家大学生文化素质教育基地推出的北京历史文化教育书籍。这套丛书由《初识北京》《古都北京》《博物北京》《山水北京》《院落北京》等5部书籍组成，从古都的时代性和历史性、"没有围墙的北京博物馆"的大博物馆性、作为五朝古都的山水形胜之要的历史地理性以及古都北京城市立体布局的儒家礼制文化性等多个角度切入，深入反映北京历史的人文性和文化精神，反映北京历史文化的融合性和包容性特征，诠释北京历史文化的核心价值。

  从北京看中华。北京历史文化的融合与包容特征是中华文化内涵的根本性和凝练性反映；中华文化的本质是融合与包容。北京在作为五朝古都的漫长历史中，每一时段，都记载下多民族之间的文化冲突、冲撞、沟通、交流直至融解、融合的过程，记载下沿两河流域（黄河与长江流域）形成的中华文化精神在民族文化对立过程中的化解冲突和对立的"仁""义"精神与智慧。融合与包容需要"仁"与"义"的支持，需要这种具有强大儒家思想力的濡养。"仁"与"义"的本质与核心价值是"为民"；自古以来，儒家倡导"为民"思想，站在庶民的立场上，以关爱天下苍生的情怀推己及人，"为天地立心，为生民立命，为往圣继绝学，为万世开太平",将民之大义视为崇高精神和崇高价值观。"崇德广业";崇高而具大智慧;融合与包容则利民族团结、天下安宁、息养苍生。中华民族在其5000年民族发展史中,蓄积了以"为民"大义为要的融合与包容的文化精神内核。

认识北京历史应当有正确的历史观。北京是五朝古都,北京的历史写满了帝王统治的历史。对当代人来说,我们想在这部都城历史中,发现儒家的"为民"思想与封建帝王政治的关系,发现封建帝王统治与庶民生存的关系。自古王为民之主,故"伊尹相汤,以王于天下"。但王有圣王和霸王之别,孟子作"王霸"辩说时,就劝说君王要做关心天下民生的圣王而不做屠戮民众的霸主。王者往也。《谷梁传》曰:"王者,仁义归往曰王,以其身有仁术,众所归往曰王。"做统治天下、爱护人民的圣王,是孔子儒家对统治者赋予的政治理想。理想终归是理想,在五朝古都的文化反映中,儒家思想成为维护封建礼制秩序的正统思想。一方面,儒家思想影响和制约了帝王政治,另一方面,也被统治者用作维护统治利益的工具。

古都北京城的中心是紫禁宫城。依照周礼制度,王城建造以宫城为核心;城市中一切城池车轨、宅邸街巷、园囿观庙等建制均以礼制规定为准。作为时代和历史的标志,古都的遗迹保留下来,宫城和帝都的城墙,城市的道路和桥梁,皇家林苑和庙宇道观,以牌楼为区划标志的巷道、街市,王朝行政的治府以及各类人居住的宅院。一座都城以它的城市功能承载着统治者的政治统治、政治抱负及其政治活动。历史上的王者,有与民为善者,也有与民对立者,其抱负不一,政治活动也大相径庭。但遗迹就是遗迹。从一座遗城的断壁残垣、废池乔木以及绵延涌流的泉渠来看,在北京古都的统治关系中,书写的不是庶民的历史,而是庶民作为被统治对象的历史。

但是北京历史依然留下了历史文化精神。面对这座布满历史遗迹的五朝古都，我们不得不叹问：紫禁城为何有如此雄浑之气？由东而至的玉河如何贯通北京的水系？九门城墙如何成为卫护北京的屏障？北海中的高耸的白塔如何成为多元文化交融的象征？这就是北京：一块旧墙砖就是一段历史，一座紫禁城的午门就是一部政治学，一条中轴线就是一部中国哲学。不论是走到北京四合院大门的抱鼓石旁，还是伫立在天安门的金水桥前，我们感受到的，不单单是这座帝都的存在，还是那些缱绻在历史遗迹之中的中国人的坚韧精神、达观态度以及和于天地的宇宙自然观；北京的砖石、草木、山水，北京的一切遗迹的存在，都仿佛让我们看到了超越于北京历史存在之上的人文思想和文化精神。

真正的北京历史是其历史人文所在。但是我们想要诠释的北京历史人文不是帝王统治下统治阶级利益和阶级压迫的人文，而是反映人民存在和人民智慧的人文。明代哲学家王阳明说："孟子云：'学问之道无他，求其放心而已矣。'非若后世广记博诵古人之言词，以为好古，而汲汲然惟求功名利达之具于其外者也。"儒家讲的是一个心和一个立场，一个人的心在哪里立场就在哪里。孔子儒家倡导以"为民"之心做"天下为公"之事，意正心诚，求"其放心"，则为从政本源。我们也想依着孔子儒家的心和立场做北京历史人文精神的发掘与传播；不为写这座帝都而写帝都，而为写帝都形成和发展过程中儒家思想和中华文化根脉的深刻影响作用，写帝都中帝王统治下的庶民生活态度和人生审美，写在儒家"为民"思想影响下为政的与民宽缓、政宽人和，写近现代历史沧桑变迁、五朝古都变换为当代中国人民做主人的中华人民共和国的首都。我们在编写立意上要贴着历史的人民性思考历史、反映历史，诠释历史人文和历史文化精神。

《京名片》系列丛书是面向社会公众的素质教育丛书。习近平总书记指出，历史文化是城市的灵魂，要像爱惜自己的生命一样保护好城市的历史文化遗产。北京是世界著名古都，丰富的历史文化遗产是一张金名片，传承保护好这份宝贵的历史文化遗产是首都的职责。北京化工大学地处首都北京，具有教育的地缘优势，我们可以利用好北京的历史文化遗产，利用好这张"金名片"，讲好北京故事，做好关于北京历史人文和文化精神传播的素质教育工作。

北京化工大学国家大学生文化素质教育基地

2019 年 1 月 1 日

## 目录

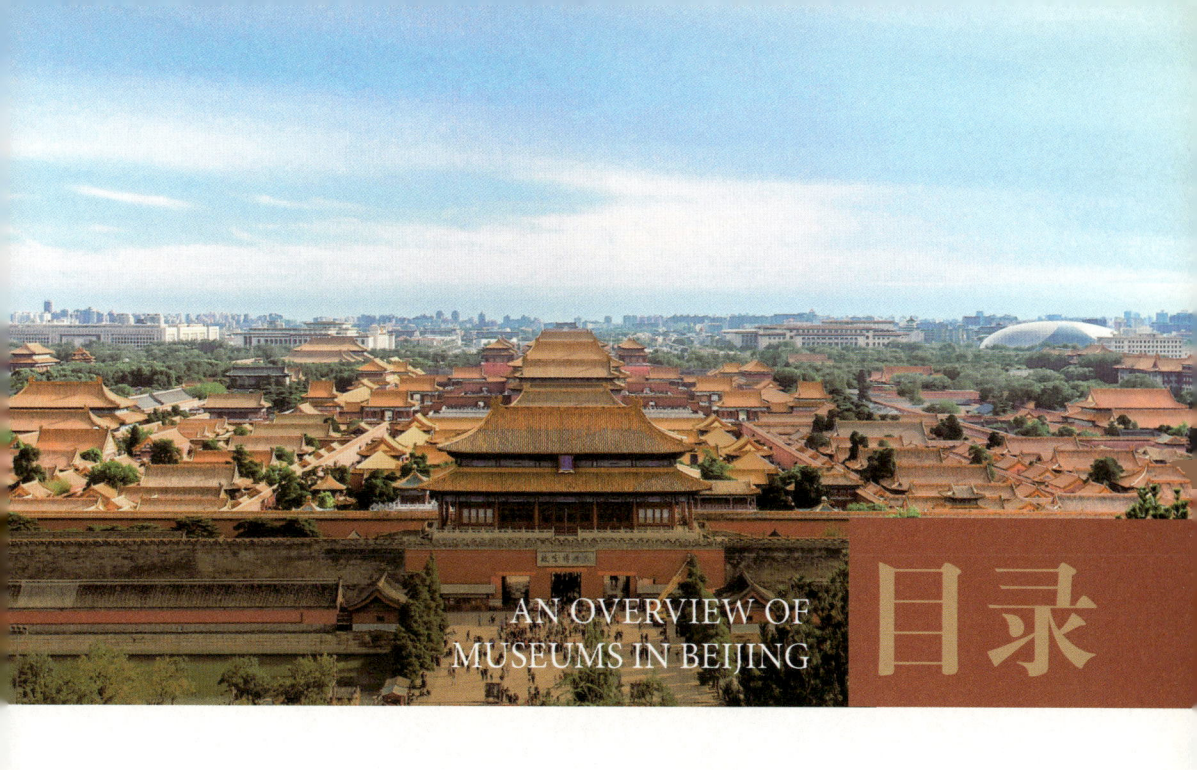

AN OVERVIEW OF MUSEUMS IN BEIJING

001　从史家胡同说起的北京胡同

053　从北京城门说起的北京故宫

105　从颐和园说起的北京"三山五园"遗址

159　从北京故宫博物院说起的北京馆藏博物馆

195　从北京服装学院博物馆说起的北京学校博物馆

247　从北京中华民族博物院说起的北京民间博物馆

287　后记

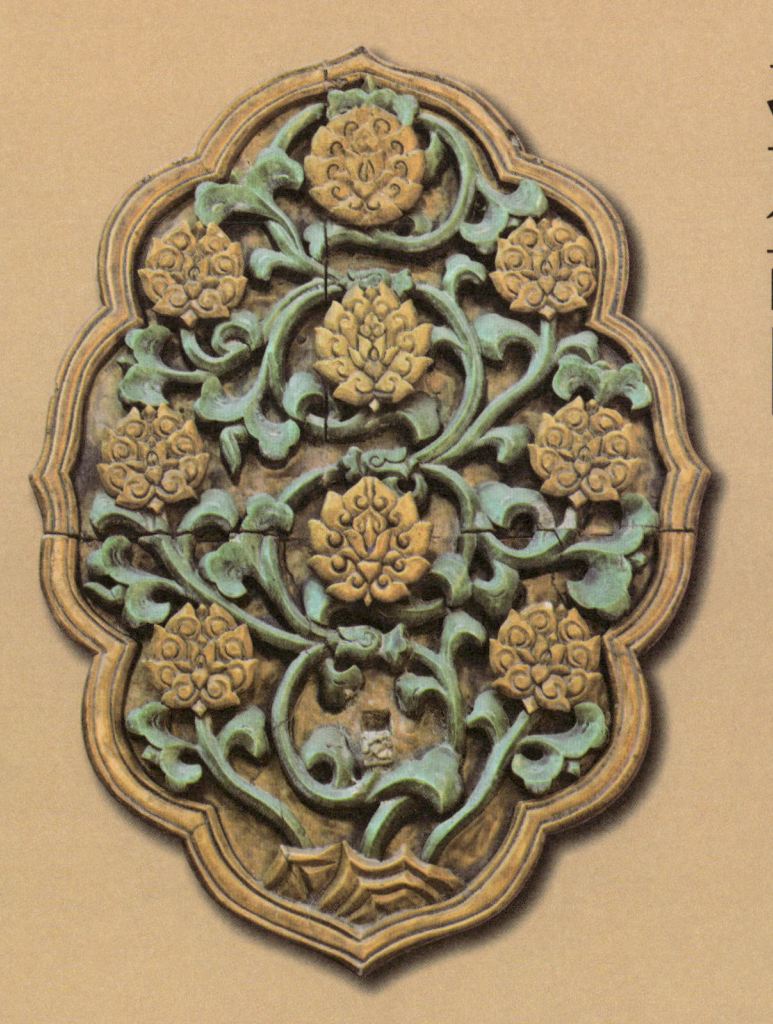

从史家胡同说起的
北京胡同

# 一 史家胡同

## ■ 史家胡同的历史印迹

　　史家胡同，东起朝阳门南小街，西至东四南大街，南与东、西罗圈胡同相通，北邻内务部街，属朝阳门街道办事处管辖。史家胡同全长726米，宽7米。现存有四合院80座，具有完整规模的约30座。史家胡同自元朝已形成，明朝时属黄华坊，清朝时属镶白旗。史家胡同名称，从明朝至今，没有太大变化，只在"文化大革命"期间，曾一度改称瑞金路十八条，"文化大革命"后即恢复原名。史家胡同得名，按北京胡同命名规律推测，有可能与史姓大户有关。

　　史家胡同形成历史可推至元朝。当年忽必烈没有在金中都的废墟上兴建新城，而是另辟新址。新址移向金中都东北的位置。"忽必烈参照《周礼·考工记》营建元大都，建设了中国第一个从

史家胡同53号（现好园宾馆）

平地创建的街巷制帝都，形成'胡同+街巷'的开放式方格路网，迥异于北宋之前由里坊墙包围里坊的封闭式里坊制城市。"[1] 新都城兴建时，史家胡同所在位置已被纳入规划，当时属于齐化门（现朝阳门）思诚坊。赵其昌认为：

  我国建都城古制，有"前朝后市，左祖右社"的传统，大都的布局，完全符合这个原则。大都街道，纵横整齐，全城划为五十个坊，为居民所住。今天北京街道，胡同的分布，还可以看出旧日的痕迹来。"胡同"据说就是元代对街道的称呼。[2]

---

[1] 史家胡同博物馆资料. 北京胡同·史家胡同. 2013.
[2] 赵其昌. 京萃集[M]. 北京：北京燕山出版社，2014：7-8.

明、清北京城，在元大都城基础上向南扩延而建成。明、清都城建制，也基本沿用了元代都城的建制。

永乐十九年（1421年），明成祖朱棣正式迁都北京，在元大都基础上重新营建北京城，在钟鼓楼、东四、西四、朝阳门等地建数千间平房。一部分召外地平民居住，一部分招商居赁，促进北京商业的繁荣。一时间，旅店、客栈鳞次栉比，商号、招幌相继出现，百货云集，琳琅满目。《皇都积胜图》描绘了北京城繁盛景况，史家胡同也是在这一基础上，逐渐繁荣兴盛起来的。①

尽管有"召外地平民居住"和"招商居赁"以促进北京商业繁荣的政策，但中国礼制传统以及清廷的民族政策，依然影响着胡同的分布以及胡同居民居住的格局。从胡同分布来看：

清定都北京后，京城的总体格局基本上没有变化，但北京的居民居住格局发生了根本性的变化，旗民分居。京师内城，分为八旗，拱卫皇居。清代史家胡同区域属于镶白旗。依据清廷居民分居政策，北京内城为八旗驻地。各旗驻地依据"行军、兔狩"的传统组织法划分，即"以左右翼为辨"。左翼：镶黄旗居安定门内，正白旗居东直门内，镶白旗居朝阳门内，正蓝旗居崇文门内；右翼：正黄旗居德胜门内，正红旗居西直门内，镶红旗居阜成门内，镶蓝旗居宣武门内。每旗下又有满洲、蒙古和汉军之分，依次从内向外排列。②

---

①② 史家胡同博物馆资料. 北京胡同·史家胡同. 2013.

故老北京有"东富西贵、北贫南贱"的说法，大致是指做买卖生意的大商富户居住东城，王公贝勒等官宦人家居住西城，北城多住小商小贩的老百姓，住南城的都是靠杂耍卖艺和做苦力谋生的穷苦百姓。在史家胡同居住的，有权倾朝野的大宦官，也有富可敌国的大财主。这里还设有左翼宗学，清末的游美学务处就设在此地。

民国时期，大量人口涌入北京，掌握实权的达官新贵将日渐繁华的东城选为居住之地，史家胡同不再属于旗民。①

由于史家胡同内有不少规模大、品质高的四合院宅第，因此吸引了近现代时期的许多新贵入住这里。入住史家胡同的名人不胜枚举：清代协办大学士英和；清末中法银行董事长刘福成；民国时期名人刘半农、梁秋水、许子猷、梁怡如、凌叔华等；传播老子思想的美国人蒲克明；致力于中美文化交流的外国友人梅启明夫妇；医学名人陆大京、刘士豪、许敬舆、张天民；同仁堂、达仁堂的继承人乐松生等。中华人民共和国成立后，史家胡同的一些四合院落成为某些办公机构。如著名的53号四合院，当年曾是大太监李莲英的外宅，后成为全国妇联的办公地点，邓颖超、康克清都曾在此办公。现在这里已改做好园宾馆。依照旧京掌故，史可法家祠位于史家胡同，就是史家胡同与内务部街相邻的史家胡同59号。这座传说中的家祠，院落三进，从1939年开始，成为史家小学校址的所在地。1959年，在人民大会堂召开的"群英会"

---

① 史家胡同博物馆资料. 北京胡同·史家胡同. 2013.

上，时任北京市委书记彭真曾亲为史家小学颁发"红旗学校"的锦旗。现在，这所已有 77 年历史的学校，已经成为一所倡导"和谐教育"理念、构建"人与社会、人与人、人与知识、人与自身、人与自然"和谐育人体系的现代化办学机构。史家胡同 20 号院则是"人艺"大院，焦菊隐、夏淳、于是之等"人艺"建院元老，在这座院落里生活、工作了大半辈子，"人艺"许多早期经典作品都在这里排练出炉。现今的史家胡同四合院也迎来了一批新主人，既有参与国家大事的位尊职高的著名人士，也有为国家建设添砖加瓦的普通平民。他们共同生活在这条古老的胡同里面，为它重新讲述一个当代中国建设以人为本的和谐社会的时代话题。

## ■ 一条传奇的胡同

这是一条富有传奇色彩的胡同。已有 77 年建校历史的史家小学坐落在胡同西口。由西向东走 150 米左右，可以看见题名"好园"匾额的一座四合院，大门的东边建有一座石碑，上面刻有字迹：北京市文物保护单位：东城区史家胡同 51、53、55 号院。史家胡同博物馆（24 号院），这座北京首家胡同博物馆，就坐落在胡同靠近中间的位置。

史家胡同有名，与这里面曾经居住过中国近现代史上的知名人物不无关系。就说这 51、53、55 号院吧。51 号院，曾是章士钊故居。章士钊与养女章含之以及养女婿乔冠华组成传奇家庭，在这座院落度过了 51 年的难忘时光。据史家胡同博物馆资料介绍：这座宅第原是一座三进四合院，后来第三进院子被分出，在内务部街南侧另辟街门，形成独立院落。史家胡同 51 号最终形成一座二进四合院。街门面南，大门内原有一座"一字影壁"，1985年被拆除。二进院落有正房和东、西厢房各3间，院内有抄手游廊环绕；正房左右各有耳房1间。正房的内部装修为清代式样：北部抱厦部分的隔扇由两座八方屏门组成，屏门顶部有一个楼阁式书橱，上有朝天栏杆，西里间屋有一架楼梯通向书橱。室内还有碧纱窗。院内载有海棠、苹果等树木，环境幽雅。1960年，章士钊入住此院；辞世后，其女章含之、乔冠华夫妇在此院居住。2011年，史家胡同51号被列为北京市级文物保护单位。①

53号院，也就是现在的好园宾馆，曾是清朝末年赛金花的丈夫洪钧的宅院，也是太监李莲英的外宅。中华人民共和国成立后，53号院由全国妇联接管，帅孟奇、邓颖超、康克清等领导同志都曾在此办公。如今，这里还留有邓颖超题字"好园"的匾额。55号院，是中国共产党元老级人物李维汉的故居；傅作义将军也曾在此居住过。此外，当然还要说一下史家胡同59号院。明末政治家、军事统帅史可法及其先祖堂旧址就位于史家胡同59号，这也正是史家胡同名字的来历所在吧。这史家胡同59号，与中国教育有着极深的渊源关系。清雍正二年（1724年），在这里曾建起了"左翼宗学"，当时只招收八旗左翼的镶黄、正白、镶白、正蓝四旗子弟入学。1905年改为"左翼八旗第五初等小学堂"，1910年改为"左翼八旗中学堂"，1912年又改为"京师公立第二中学校"，1939年"京师公立第二中学校"迁移至史家胡同北侧的内务部街，这里又建起了"史家胡同小学"，后改为"史家小学低年级部"。在1909年、1910年、1911年三年招考赴美留学生的考场，就

---

① 史家胡同博物馆资料. 北京胡同·史家胡同. 2013.

史家小学（位于史家胡同 59 号）

设在史家胡同。

这条胡同里，住过多位为中华人民共和国的解放和建设做出贡献的人，他们增添了这条老北京胡同的传奇色彩。

### 傅作义 (1895~1974 年)

山西省荣河安昌村（今属临猗）人。曾住史家胡同 47 号院（旧门牌 23 号）。傅作义是保定军校第五期毕业生。1931 年起，他任国民政府军第三十五军军长、绥远省政府主席。抗战时期指挥所部军队积极抗日，日本投降后，曾代表中国政府至热、察、绥受降，后任华北"剿总"总司令。1949 年 1 月，接受中国共产党提出的和平解放北平的条件，毅然率部起义。中华人民共和国成立后，傅作义担任过水利部、水利电力部部长，为我国水利事业的发展做出了重要贡献。

## 周体仁 (1892~1954 年)

云南省景谷县中山区人，傣族。曾住史家胡同 35 号院（旧门牌 15 号）。国民政府军中将，曾参加过讨袁、北伐、抗日战争等。在 1949 年平津战役中，周体仁随傅作义举行了北平和平起义。北平解放后，周体仁返回云南，圆满完成了策动云南起义的特殊任务。云南和平解放后，周体仁任西南军政委员会委员、云南省军政委员会委员、省人民政府委员兼参政室主任、省政协一届委员、省政协二届常务委员会委员兼秘书长。

## 彭明治 (1905~1993 年)

湖南省常宁县人。曾住史家胡同 23 号院。彭明治 1925 年加入中国共产党。1930 年参加中国工农红军，参加过长征。解放战争期间，他曾任第四野战军十三兵团副总司令兼参谋长兼南宁警备司令员。1955 年被授予中将军衔。彭明治曾任驻波兰共和国大使、河北省军区司令员、中国人民解放军武装力量监察部副部长和第五届全国人民代表大会常务委员会委员。

## 王炳南 (1909~1988 年)

陕西省乾县人。曾住史家胡同 33 号院。王炳南 1926 年加入中国共产党，后赴日本、德国留学，并在留学期间任德国共产党中国语言组书记，国际反帝大同盟东方部主任，旅欧华侨反帝同盟主席。在著名的西安事变中，王炳南发挥了重要作用。1945 年，重庆谈判期间，王炳南担任毛泽东的秘书。中华人民共和国成立后，任中国驻波兰大使，兼中美大使级会谈中方第一任首席代表，后出任中国人民对外友好协会会长和中共党组书记，后任顾问。

王炳南当选过中共第十二大代表，第一届、第三届全国人大代表，第六届全国人大常委会委员、外事委员会委员和第五届全国政协常务委员等职务。

### 章士钊 (1881~1973 年)

湖南省长沙市人。曾住史家胡同 51 号院。著名民主人士、学者、作家、教育家和政治活动家。章士钊曾任上海《苏报》主笔、北京大学教授、北京农业学校校长、广东军政府秘书长和南北议和南方代表、中央文史研究馆馆长、第二、第三届全国政协常务委员和第三届全国人大常委会委员。

### 石志仁 (1897~1972 年)

河北省乐亭县人。曾住史家胡同 34 号院。石志仁 1922 年赴美留学，获麻省理工学院硕士学位。回国后，先后任国立北洋大学机械系教授、东北大学机械系主任和教授。1928 年开始从事铁路机务管理工作，主持设计和修建了皇姑屯铁路机厂和戚墅堰、桂林等铁路机厂。中华人民共和国成立后任铁道部副部长，在此期间，主持制定了中国机车车辆制造、维修、运营等基本制度和辅助制度；参与设计、试制和生产中国的内燃机车和电力机车，领导了京山线自动闭塞式试验工作、丰台和苏家屯驼峰调车场的改造工作，以及中国第一条环形铁路试验线的建设工作等，为铁路科技事业的重大决策和实施做出了突出贡献。

### 罗工柳 (1916~2004 年)

广东省开平人。曾住史家胡同 31 号院（旧门牌甲 14 号）。

罗工柳 1936 年考入杭州艺术专科学校，自学木刻。抗日战争爆发后，投入抗敌宣传活动。1938 年到延安，入鲁迅艺术文学院美术系，任《新华日报（华北版）》美术编辑，从事版画创作。1946~1949 年任教于北方大学和华北大学文艺学院，曾担任华北联合大学文艺学院美术系主任。1949 年参与创建中央美术学院，此后多作油画，他的油画以描绘中国革命历史题材为主，在探索油画民族化方面做出了贡献。

### 杨朔 (1913~1968 年)

山东省蓬莱人。当代著名作家。曾住史家胡同旧门牌 2 号院。杨朔 1937 年参加革命，并开始文学创作。1939 年，参加全国文艺界抗敌协会组织的作家战地访问团到华北抗日根据地。1941 年底到延安中央党校学习。1945 年加入中国共产党。1956 年起参加外事工作，曾任亚非人民团结理事会书记处书记。其散文创作具有强烈的时代色彩，富有诗意。著有散文集《海市》《东风第一枝》，长篇小说《三千里江山》及《洗兵马》的上卷《风雨》等。

以上这些只是住过史家胡同人物中的一部分。[1] 说到这条胡同的传奇，还要说史家胡同 24 号院和它的主人凌叔华。那就要到史家胡同博物馆去看看。

---

[1] 史家胡同博物馆资料. 北京胡同·史家胡同. 2013.

## ■ 史家胡同博物馆

　　这是北京市第一家胡同博物馆，于 2013 年 10 月 18 日正式建成开放。与其他博物馆不同的是，它就设在史家胡同 24 号院里。这座院落的主人公称得上是一位传奇人物，她就是集绘画与写作才能于一身的民国才女凌叔华。这座院落是她与陈西滢结婚时父亲赠送的嫁妆，

　　在凌叔华背着守旧的父亲与陈西滢恋爱两年后，这对佳偶终于在 1926 年修成正果，而这位大才女的一份嫁妆，正是九十九间房舍并且配着后花园——后者就是今天这座博物馆的所在。①

　　后来，其女陈小滢将院落做了公益转让，这座昔日大才女、大家闺秀凌叔华的宅院，便成为今天传承北京胡同文化之美的博物馆。
　　这是一座北向的院落。大门左手处一截倚着山墙而建的廊子，粉白墙壁上镶着一幅圆形蟠龙青石雕画。大门右手边有一棵参天的老柿树，枝叶足以遮蔽住旁边灰砖落地的瓦房。向院内伸展的粗壮树枝上一个鸟笼，有人饶有兴致地逗鹩哥说话。小院的地面铺着青灰色的地砖。早在 2010 年规划修缮时，施工方就四处搜集整修四合院剩下的老砖，这院内铺设地面的砖，都是从居民要处理掉的建筑垃圾中"捡"回来的宝贝，总量超过八千块。正对着院门的一排三间开的房屋以及后面连带的房屋，就是博物馆馆室所在了。馆内设有 8 个展厅和一个多功能厅，分别展示了史家

---

① 韦雨舟. 首都胡同博物馆：史家胡同博物馆 [N]. 北京日报，2015-01-12.

史家胡同博物馆（位于史家胡同 24 号）

胡同的历史变迁、院落往昔主人的作品以及北京胡同的旧日时光。在正对大门的展厅中，铺着一块一块的旧砖，这是 20 世纪 30 年代保留到现在的地砖。像这样原汁原味的文物，这里还有很多，胡同老屋檐檐脊上的鸱吻、瓦当、小镇兽，大多是周围居民捐来的。这里陈设有北京完整的四合院微缩景观，四合院坐北向南、前后几进、东西相向、前倒后罩院门的布局情形一目了然。这间展厅还展示了北京胡同的由来以及史家胡同老门牌等资料。

掀开挂着竹帘的门，便可看到这座宅院的曲径通幽处，另外的一间间展室就分布在主厅的后身。它们还原了这座院落主人凌叔华才女的人生印迹，也记录了与这条胡同相关的人和事。凌叔华出生在北京的仕宦与书画世家，是其父第四位夫人所生，姊妹四人，排行第三，在家里排行第十。其父凌福彭不仅官至高位，还精于辞章、酷爱绘画。齐白石、王云、陈衡恪等名家都是凌家的座上宾。凌叔华从小耳濡目染，很早就显示出绘画上的天赋。

由此，她拜著名女艺术家、慈禧太后宠爱的画师缪素筠为师；还受到当时被称为文化艺术界"一代怪杰"辜鸿铭的教育，为她打下古典诗词和英文的基础。少女时代，凌叔华常常在自家院内举办画家名流的聚会，她的住所被赞为"小姐家的大书房"。据说，这间"小姐家的大书房"比林徽因"太太的客厅"成名更早。当年，陈衡恪、齐白石在这里组织过画会，泰戈尔在檀香木片上画了莲叶和佛像。据史家胡同博物馆资料介绍：

　　1924年4月，印度文豪泰戈尔访华，作为欢迎泰戈尔的学生代表，凌叔华因此与一批文化名流有了很深的交往，他们一起探讨文艺并成为朋友和知己。1924年5月，凌叔华在凌宅的大书房设茶会招待泰戈尔。胡适、丁西林、徐志摩、林徽因、印度画家兰达·波士等二三十位当代名流齐聚一堂。凌叔华在这次活动中与泰戈尔交流了作诗和作画的话题，彼此都给对方留下美好的印象。凌叔华在《我理想及现实的泰戈尔先生》一文中写道："可亲可爱的诗人，聪颖解人的文人，原来也是泰戈尔先生。"在画会上，凌叔华竟唐突地直接问泰戈尔："今天是画会，敢问您会画吗？"泰戈尔并未在意，而是即兴在凌叔华准备好的檀香木片上画了莲叶和佛像。泰戈尔对凌叔华说："多逛山水，到自然里去找真、找善、找美，找人生的意义、找宇宙的秘密。不单单黑字白纸才是书，生活就是书，人情就是书，自然就是书。"[1]

可以说，会聚到这里的文化积蕴影响和成就了凌叔华。

---

[1] 史家胡同博物馆资料. 凌叔华·兰韵恒芳. 2013.

凌叔华在这里结识了丈夫陈西滢，在这里养育了女儿陈小滢，也是从这里出发，走上了自己的文艺之路。

凌叔华是"五四"时期享誉文坛的女作家，她以小说和散文，开辟了自己独特的文学世界。从 1924 年 1 月 13 日在《晨报副刊》发表第一篇小说《女儿身世太凄凉》到 1984 年的封笔之作《一个惊心动魄的早晨》，她的文学创作前后跨越了半个多世纪。但期间凌叔华出版的书却不多，仅有三部小说集：《小哥儿俩》《花之寺》《女人》；散文集《爱山庐梦影》，以及后来定居英国后出版的英文自传体小说《古韵》。凌叔华一生执着于艺术，她自言生平用力量最深的是绘画。她绘画根底扎实，以画山水、草木为主，既擅工笔又擅写意。[1]

之后，凌叔华虽旅居国外 30 多年，但对这里依然有割舍不断的情缘。1989 年底，凌叔华自感来日无多，下决心要在最后的日子里回到北京。1990 年 5 月，弥留之际的凌叔华，被女儿、外孙用担架抬到她曾经生活的地方。此时，她的家已经被改做史家胡同幼儿园。孩子们捧着鲜花、唱着歌，列队欢迎。凌叔华望着自家老宅和身边的孩子们，仿佛看到童年的自己，她不断低吟道："妈妈等我回家吃饭。"

与这条胡同有关的大事，当数中国近现代教育的改革了。在史家胡同博物馆，有一项题为《史家胡同 59 号·近现代教育的发端》的专题展览，让人们了解到庚子赔款与清政府被动开办现代学堂

---

[1] 史家胡同博物馆资料. 凌叔华·兰韵恒芳. 2013.

的历史。据史家胡同博物馆资料介绍①：

> 1908年，美国国会通过法案用所退还给中国"庚子赔款"中超出美方实际损失的部分钱款帮助中国办学，并资助中国学生赴美留学。中美双方协议，创办清华学堂，并自1909年起，中国每年向美国派遣100名留学生。这就是庚款留美学生的由来。1909年，清朝外务部奏请朝廷成立游美学务处，管理赴美留学事务。游美学务处在史家胡同招考赴美留学生，在清华学堂未成立之前，1909年、1910年、1911年三次甄别考试都在史家胡同考场举行。

1911年初，利用庚款而专门为培养赴美留学生的清华留美预备学校正式成立，在清亡以后继续利用庚子赔款选拔留学生。

> 清政府将北京西郊清华园地段拨给游美学务处，营建游美肄业馆，即留学预科学校。1911年2月，游美学务处和肄业馆迁入清华园，正式将肄业馆改名为清华学堂。清华学堂在清华园正式开学，这就是清华历史的开端。

中国近现代史上不同于科举式的教育，正是从选拔赴美留学生以及第一所现代式学堂清华学堂的建立开始。

日后对中国近现代教育做出贡献的人物——梅贻琦、胡适、赵元任、竺可桢等，均在当时的赴美留学考生之列。

---

① 史家胡同博物馆资料．史家胡同59号·近现代教育的发端·庚子赔款．2013．

作为首期留学生赴美留学的梅贻琦，回国后历任清华学校教授、教务长，1928年后任清华大学代理校长、校长。他提出"通才教育"的观念，认为大学"应有两种目的，一是研究学术，二是造就人才"。他为中国的旧式教育带来了现代教育中的先进思想。

胡适、赵元任、竺可桢均为第二期赴美留学生。胡适留学美国期间，师从哲学家约翰·杜威，信奉实验主义哲学。1917年夏回国，受聘为北京大学教授。1918年加入《新青年》编辑部，大力提倡白话文，宣扬个性解放、思想自由，与陈独秀同为"新文化运动"的领袖。他的文章从创作理论的角度阐述新旧文学的区别，提倡新文学创作，翻译法国都德、莫泊桑、挪威易卜生的部分作品，又率先从事白话文学的创作。胡适于1917年发表的白话诗是现代文学史上的第一批新诗。胡适在文学、哲学、史学、考据学、教育学以及中国古代文学中的"红学"等多个领域都做出了不俗的贡献。

赵元任1910年赴美留学，他在美国接受了现代教育中的通识教育，其学旁涉数学、物理、音乐、语言学等多个领域，并加以贯通。1925年回国任清华学校导师，教授数学、物理学、中国音韵学、普通语言学、中国现代方言、中国乐谱乐调和西洋音乐欣赏等课程。他与梁启超、王国维、陈寅恪一起被称为清华"四大导师"。赵元任是中国现代语言学先驱，被誉为"中国现代语言学之父"；同时，他也是中国现代音乐学先驱，是"中国科学社"的创始人之一。

竺可桢1910年赴美留学，1918年获得哈佛大学博士学位。1920年秋应聘南京高等师范学校。1934年竺可桢与翁文灏、张其昀共同成立"中国地理学会"。1936年4月，他担任浙江大学校长，历时13年。中华人民共和国成立后，竺可桢曾先后担任中国科学技术协会副主席，中国气象学会理事长、名誉理事长，中国地理学会理事长等职。竺可桢同时也是中国物候学的创始人。

他对建立和发展中国现代气候事业和自然资源综合考察事业有重要贡献，长期关注人口、资源、环境问题，研究领域涉及台风、季风、中国区域气候、农业气候、物候学、气候变迁、自身区划、自然科学史等诸多领域。他对中国气候的形成、特点、区划及变迁等，对地理学和自然科学史都有深刻的研究。①

在这座胡同博物馆里，一份1952年由北京市人民政府颁发的由曹禺同志担任人民艺术剧院院长职务的任命通知，将深受北京百姓喜爱的"人艺"剧团与史家胡同联系在一起。这份"任命通知"，采用旧式竖版手书的公文版式，纸张已经泛黄，但依然保存完好，它是"人艺"成长的见证。1952年6月12日晚，在史家胡同20号院（旧门牌56号）内举行了人民艺术剧院建院大会。北京市副市长吴晗代表市政府宣布北京人民艺术剧院成立，并宣布曹禺为北京人民艺术剧院院长，焦菊隐、欧阳山尊为副院长，赵起扬为秘书长。史家胡同20号院是一个文艺大院，1949年北平解放后，城里留下很多的空房子，当时的华北文工团进城后发现史家胡同56号（旧门牌）人去院空，三进的大四合院宽敞气派，便把这里作为自己的驻地。1950年文工团扩编，成为

---

① 史家胡同博物馆资料. 史家胡同59号·近现代教育的发端·庚子赔款. 2013.

综合性团体，改名为"北京人民艺术剧院"，史称"老人艺"，与1952年正式成立的"人艺"相区分。焦菊隐、夏淳、于是之等建院元老，在史家胡同56号院生活、工作了大半辈子，人艺的许多早期经典作品都曾在这里排练。

博物馆里还有一张保存完好的曹禺的手书，上面写着：

> 我喜欢写人，我爱人，我写出我认为英雄的可喜的人物，我也恨人，我写过卑微、琐碎的小人。我感到人是多么需要理解，又多么难以理解。没有一个文学家敢说"我把人说清楚了"。

字迹刚硬而挥洒，显示出一个心性纯正、爱憎分明的艺术家气质。曹禺正是凭借这样的气质写人、写人生、写社会，用自己的文学剧本以及表现在话剧舞台上的鲜活剧作，向人们展示不同时代中的社会兴衰和人生际遇。"人艺"在曹禺院长带领下迅速成长起来：老舍的名剧《龙须沟》是奠基之作，曹禺的《雷雨》《日出》《北京人》以及郭沫若的名剧《虎符》，是历久不衰的经典戏剧名作，而名剧《茶馆》则是现实主义风格的经典之作。

作为一座胡同博物馆，在它的展览中，不能少了老百姓的日常生活。那些来自居民手中的老物件——搪瓷饭盒、老户口簿、老月票、瓷热水壶、小人书、留声机唱片、玻璃花瓶、老式座钟、小油纸花伞等，静静地摆放在那里，虽然都是平常的用物，却更能令人流连驻足。客厅里的八仙桌和太师椅，倚墙而放的条案、杂品柜、缝纫机、组合柜；并列而立的飞鸽和永久牌自行车；五斗橱上的黑白电视、录音机；这些20世纪50~80年代的家居用品，均按照北京家居实际情形复原出来。

这些老物件，不单是还原了以往的北京生活，更是形成一条割不断的北京文化的印迹。自从有了史家胡同，那些陆陆续续落脚和居住在这里的居民，不论既往的官宦人家、买卖商贩、普通百姓，还是当今的政治家、教育家、艺术家、将军、人民群众，他们在历史时空中的当时状态，他们的喜怒哀乐和生活意趣，他们的价值观和人生轨迹，都成为这条胡同不可磨灭的印迹和宝贵的历史遗产。

## 二 北京胡同

### ■ 古老的北京城

作为都城的时间,北京可谓全国古都之最。有专家指出,北京的建都历史应当向前推至战国时期。李建平说:

> 北京史研究会名誉会长曹子西先生认为,战国七雄相互开战,都是相对独立的政权,并不听周王室的,因此,北京从战国时的燕都蓟城开始,到后来历朝历代为都的时间加在一起,总计有1020年。[1]

---

[1] 北京市社会科学界联合会,北京史研究会,首都图书馆. 史说北京[M]. 北京:中国人民大学出版社,2011:7.

这座古老的北京城，地处华北大平原的东北部，东、北、西三面环山，气候宜人，既是群落生产生活的适宜地，也是群落与周边部族发生联络、相互通贸的交通枢纽。从军事战争角度看，历来更是北方少数民族部族向中原地带发展的军事关隘。得天独厚的优越地理位置，使北京成为历史上多个朝代建立政权中心的都城。楼庆西说：

> 　　北京地区海拔50米，其西面和北面有山脉相围，太行山自东蜿蜒而西，在北京之北形成西山与燕山。长城就建造在这两条山脉的山脊之上，它们成了古代"塞内外"的分界线。西山、燕山之东南，地势由高到低，形成一块平原，其间有两条河流自北而南穿过，西边一条为永定河，东边一条为潮白河……这里不仅有适宜劳动和生活的自然环境与条件，还是华北平原通向"塞外"的起点，通过北面的南口和古北口可以与塞外游牧民族来往接触，所以这里又逐渐成为古代边区的一个重要关口。到公元前10世纪的周朝，这里发展成为燕国的都邑，称为蓟。自秦、汉至隋、唐，这里是汉族和少数民族的贸易中心。唐朝设为幽州治所，为节度使的府衙所在地，已经成为当时一座重要的边陲城市了。[①]

　　大凡在北方地区建立的政权，多将北京作为其政权中心的所在地。清史专家阎崇年认为，北京历史上自蓟、燕、前燕、大燕、中燕、辽、金、元、明、大顺、清至民国初期，先后有12个朝代都以

---

① 楼庆西. 中国古建筑二十讲［M］. 北京：生活·读书·新知三联书店，2011：17—18.

北京为都城。自秦汉以来北京地区的名称多有变化，先后称为蓟城、燕都、燕京、涿郡、幽州、南京、中都、大都、京师、顺天府、北平、北京等。

北京最早建城始于东周初年，当时作为燕国的都城，名为"蓟"，建于公元前1045年，具体位置在今北京广安门一带。古代燕国是周天子分封的诸侯国，因此蓟城是周天子诸侯国的都城，而不是周王朝的都城。

辽朝建有5座都城：上京临潢府（今内蒙古自治区赤峰市巴林左旗）、中京大定府(今内蒙古自治区赤峰南宁城)、东京辽阳城(今辽宁省辽阳市)、西京大同府(今山西省大同市)、南京析津府(今北京市)。

当时辽朝的国土面积十分辽阔，北至贝加尔湖，西至额尔齐斯河，东至东海、黄海，南部最初可至冀中保定以北，后以拒马河为界。面对这样广袤的土地，契丹人没有"一刀切"，而是根据不同情况实行不同政策。上京至中京为契丹和奚族根据地，仍实行部族制度，后来逐渐改为州县；上京以北的"五国部"还处于原始状态，不过是控制、纳贡而已；东北北部则是生女真，处于原始社会末期；东北地区南部是实行奴隶制度的熟女真和早已实行封建制度的渤海国旧地；而南部燕云十六州则是古老的中原地区，早已有上千年的封建制度和发达的农业。面对这样复杂的情况，契丹采取了不同政策……在五京之中，上京虽是正式都城，但燕京却最重要。①

---

① 北京市社会科学界联合会,北京史研究会,首都图书馆. 史说北京[M]. 北京：中国人民大学出版社, 2011：63.

契丹人将燕京作为都城，一方面是加强自身汉化；另一方面依仗燕京作为其不断略扰、蚕食中原土地的前沿。公元916年，辽太祖耶律阿保机依靠汉人谋士出谋划策，不仅巩固了部落联盟长的地位，更效仿中原登上皇帝宝座，统一契丹各部，定国号为"契丹"，定都临潢府。契丹人建国后，十分重视汉文化，任用汉人作为参政谋士，有关国家制度、礼仪、法律、都城建设等方面事宜，一应悉听汉人谋士方略。契丹人十分重视与汉人的交往，与汉人通边贸，学习汉人的冶铁、耕种、纺织、缝纫等技术，发展盐业，解决草原"衣无帛、炊无釜、煮无粮、食无味"等问题。可以说，耶律阿保机部落也是靠着获取比其他部落更大的经济技术优势才得以强大起来，并最终完成统一草原各部落的大业。因此，契丹人虽定都临潢府，却更看重与中原毗连的幽州城。公元936年，石敬瑭反叛后唐后求助于契丹，开出交易条件：如果契丹支持他做中原皇帝，事成之后他将燕云十六州土地割让给契丹。于是，契丹发兵，消灭了后唐。石敬瑭建立后晋，燕云十六州土地都归属契丹，甚至包括今山西大同地区及京津、冀北、冀东的大片土地。公元938年，契丹升幽州为陪都，称南京。同年，辽太宗耶律德光入燕，由于是"和平割让"，加之契丹人仰慕汉文化，熟悉汉人的生产和生活，更需要依靠汉人的生产技术促进经济发展；于是，采取了较为宽柔的入城政策。入城后，仿效中原，在燕京旧有宫殿中行"入阁礼"，接见汉族臣僚。自此，"幽州从中原的北方锁钥一下子变成北方民族继续向中原进击的前哨"。①

---

① 北京市社会科学界联合会,北京史研究会,首都图书馆. 史说北京[M]. 北京：中国人民大学出版社, 2011：63.

金朝首都由上京会宁府（今黑龙江省哈尔滨市的阿城区）迁入北京。金人在原南京城基址上进行大规模扩建，于1153年竣工，金人迁都北京，改称中都。金中都的诞生，被确认为是北京的建都之始。楼庆西说：

公元12世纪初，金人自北方入侵，先灭辽，继而进攻宋，逼迫宋朝廷迁往江南的临安（今浙江杭州），史称南宋。金人却把辽时的南京设为首都。1151年开始扩建辽城，将汴梁宫殿、园囿的建筑拆运到燕京，并劫掠了大批中原的工匠，模仿汴梁的城市和宫室的形制，大规模地改建了旧城，于1153年建成了金的新都城，称为"中都"，自此，北京开始了成为一个国家都城的历史。①

金朝是由东北地区的女真族所建立。女真族以狩猎为生，唐朝时称为靺鞨，五代时有完颜部等部落，臣属于渤海国。辽朝攻灭渤海国后，收编南方的女真族，称为"熟女真"，北方则是生女真。辽朝对女真族一贯采取歧视、压迫政策。辽末代皇帝天祚帝（耶律延禧）昏庸腐败，对女真族更是穷极掠索。天祚帝经常派人佩戴银牌（符牌，牌长尺余，为一种凭证，上刻契丹字），时称"银牌使者"，到女真族各部落敲诈勒索。1112年，天祚帝赴长春州与女真各部落的酋长聚会时，对完颜旻等酋长肆行侮辱，完颜阿骨打看到各部对辽统治者极尽不满，决意起兵抗辽。

在女真族30多个部落中，完颜部最为强大。完颜阿骨打在

---

① 楼庆西. 中国古建筑二十讲[M]. 北京：生活·读书·新知三联书店，2011：18.

女真人纷纷投靠他的情况下，于辽天祚帝天庆四年(1114年)，带领2500余人在涞流水（今拉林河）畔誓师，随即发动了对辽战争。辽天庆五年(1115年)元旦，完颜阿骨打正式登基建国，定国号为大金，同时开启了为期10年的伐辽战争。

1125年，金占领燕山府后改名为南京，设南京枢密院行台尚书省，并委任燕地汉人世家大族担任尚书省宰相。金朝首都原设在上京会宁府（在今黑龙江省哈尔滨市的阿城区），经历太祖、太宗、熙宗三代。宋绍兴十一年、金皇统元年(1141年)，宋金两朝"绍兴议和"，将淮水以北全部划为金朝版图；金朝在华北的统治已日益稳定。尽管上京是金朝肇兴之地，但随着金朝势力在北方地盘的扩大，统治地位业已确立，仍以僻在一隅的上京为首都已不适宜。此时迫切需要加强对秦岭以东、黄河以北广大地区的统治与管理。于是，迁都就成为金朝确定政治中心、巩固政权的重要标志。海陵王完颜亮选择了交通发达、物产丰富、进可攻退可守的燕京为首都。天德三年(1151年)，海陵王下令"增广燕京，造宫室"。

文献记载，扩展工程由张浩、孔彦舟负责，因急于迁都，主要工程限一年完工，因而征调民夫八十万，兵丁四十万之多。营建宫殿的木材，不少来自真定（今河北正定）的潭园。宫殿用黄金装饰，其耗费是惊人的。完颜亮仰慕中原文化，中都的建筑规模，不少地方参照了宋都汴梁。①

---

① 赵其昌. 京萃集[M]. 北京：北京燕山出版社，2014：6.

贞元元年(1153年)三月正式迁都，改燕京为中都。此次迁都之举，不但为金朝后代兴盛(后继者世宗、章宗统治达50年)打下了基础，也奠定了后世(元、明、清)以燕京为首都的根基。

公元13世纪，北京又经历了新的变迁。元朝是中国第一个由少数民族建立的全国统一的封建王朝。元朝首都由开平府(今内蒙古自治区正蓝旗境内)迁至北京，元大都遂成为北京历史上第一次真正意义上的全国政治、经济和文化中心。在元朝统一中国之前，曾经出现过一段较长时期的分裂割据局面。元太祖铁木真崛起之后，很快攻占了金中都城，并将其改为燕京行省，这时的蒙古国尚未设置都城，而且其扩张的目标主要是蒙古大草原的西面。元太宗窝阔台即位后，在漠北草原上设置了都城，称哈喇和林；同时，将扩张的重点放在了中原地区。于是，蒙古军队与南宋军队联手，攻灭金朝。此后，蒙、宋之间又沿江淮一线展开激战。到元宪宗即位后，命胞弟忽必烈负责主持中原地区军政事务，忽必烈遂在漠南大草原上营建开平府，作为治理中原的藩府。元宪宗在伐宋战争中阵亡，忽必烈登上皇位，是为元世祖；忽必烈将开平府定为都城，后称元上都。

元世祖忽必烈为加强对华北、中原地区的控制，继续向南方扩展势力，决定将设在蒙古草原上的都城南移。于是，便在金中都的东北方位建造新的都城。在金中都故城营建新城事出有因：

1215年，元军分兵南下，攻破中都城，蒙古铁骑在大肆抢劫之后，使这豪华的一代宫阙变成了废墟。到1260年，忽必烈来到中都，目睹这一片蓬蒿，他想再建都城，不得不另选新址。1267年，开始在中都东北郊营建新都，至1285年全部建成，历时18年之久。这就是元代统治全国的中心——大都城。从此，也奠定了明清两代北京城的基础。①

元世祖将都城迁至北京。至此，中国南北分裂割据时期宣告结束，元大都成为全国唯一的统治中心。

一个世纪以后，明朝军队攻入元大都，并改名为"北平府"。永乐元年（1403年），明成祖朱棣将北平改为北京，并将都城自南京北迁。1421年，北京正式成为明朝的首都。1368年，朱元璋在金陵（今江苏省南京市）称帝，国号为大明，以金陵为首都。1370年，太祖封四子朱棣为燕王。1380年，朱棣就任藩王，进入北平府。1398年明太祖驾崩，由于太子朱标早死，由皇太孙朱允炆即位，年号建文，即明惠宗。明惠宗为巩固皇权，与亲信大臣齐泰、黄子澄等密谋削藩。周王朱橚、湘王朱柏、代王朱桂、齐王朱榑、岷王朱楩相继获罪，被废除藩国。当年被太祖召入京师随侍诸王的高僧道衍（姚广孝），密劝朱棣起兵。1399年，燕王府护卫百户倪谅告发朱棣谋反，朝廷下令逮捕燕王府官属。都指挥张信暗中向朱棣报信，朱棣便决定立即起兵，并以诛杀齐泰、黄子澄为名，号称奉天靖难。朱棣率军南下，攻占南京，史称"靖难之役"。1421年，朱棣将首都迁至北京。

迁都北京自永乐元年（1403年）起，至永乐十九年（1421年）完成。"靖难之役"后的永乐元年（1403年），礼部尚书李至刚等奏称，燕京北平是皇帝"龙兴之地"，应当效仿明太祖对凤阳的做法，立为陪都。明成祖于是大力擢升燕京北平府的地位，改

---

① 赵其昌. 京萃集［M］. 北京：北京燕山出版社，2014：6.

北平为北京，改北平府为顺天府，称为"行在"；同时下迁徙令，令各地流民、江南富户和山西商民等迁入北京，以增加北京人口。永乐四年（1406年），下诏以南京皇宫（南京故宫）为蓝本，兴建北京皇宫和城垣。明朝的北京城基本在元大都的原址上修建，只是北端向南缩进约5里，南端向南推移约2里，总体范围在今东城、西城两个城区处于二环路以内的区域；这一范围也被称为"内城"。此后，为加强京城的防御，又开始修建外城，后因财力紧张，只修筑了南面的城墙，便停止了外城建筑工程，从而形成了中国唯一的"凸"字形城垣。永乐十八年（1420年），北京皇宫和北京城建成。北京皇宫以南京皇宫为蓝本，规模稍大。新修的北京城周长四十五里，呈规则的方形，符合《周礼·考工记》中理想的都城的形制。永乐十九年(1421年)，明成祖下诏正式迁都，改金陵应天府为南京，改北京顺天府为京师。

1644年，多尔衮率清兵攻占北京后，大清将首都从盛京（今辽宁省沈阳市）迁至北京。十月初一，清顺治皇帝于南郊祭告天地，行定鼎登基之礼。

> 清朝统治者不像过去改朝换代的帝王一样将旧朝廷的宫室统统毁坏，入关后的第一任清朝顺治皇帝全盘接收了明朝的都城和宫室，只把原已毁坏的宫殿加以修复，在各座殿堂的匾名旁并列地加上一行满文，清朝廷成了这座都城的新主人。[①]

清朝在原有的基础上建都，北京城保持并延续了明朝的都城格局。

---

① 楼庆西. 中国古建筑二十讲[M]. 北京：生活·读书·新知三联书店，2011：27.

满族统治者定都北京后，推行强化政权政策。一方面，吸取明朝覆灭教训，礼遇王公子弟，但不实行分封制。在北京城内划拨土地，大兴王府建设，将王室贵胄集中安排在京师城内，实现集中管理，削弱了王室的权力，消除了王室反叛隐患。

随着清王朝的进京，大批王公子弟与满清八旗军士也大量进入北京。清朝对皇室子弟不采取分封的办法，沿袭唐、宋古制，将他们集中在京城，给他们建造专门的王府，这些皇族子弟能享受种种礼遇厚禄而无自己的地盘，虽有名号而无军政实权。在这种制度下，北京出现了大量王府。王府尽管也是一种四合院的住宅形式，但它的规模要比一般住宅大得多，还占据着内城比较中心的地段，所以在明朝内城多住着官吏、贵族、地主与富商，一般平民多住在外城，到了清朝，变为满族住内城，一般汉族及平民多被挤往外城居住了。①

另一方面，作为对汉人的征服者，为显示其优越社会地位，同时更是为了统治者自身安全考虑，满族统治者实行了旗民分城而居的城市管理政策。

顺治元年 (1644 年) 五月二日清兵入城，六月十日便由摄政王和硕睿亲王诏谕：京城内官民房屋被圈者，皆免 3 年赋税。其中有与被圈房屋之人同居者，亦免 1 年。从进城到发布上谕，不过一个多月的时间，足见清统治者急于将八旗兵丁安置于城内的迫切心情。当年十月，顺治皇帝在即位诏书中明确表示："京都

---

① 楼庆西. 中国古建筑二十讲 [M]. 北京：生活·读书·新知三联书店，2011：27.

兵民分城居住"，为"合行条例"的内容之一。这是清统治者第一次明确地提出旗民分城而居的告示。清廷在最初还是积极倡导原住在内城的汉族居民迁移出城的引导政策，到顺治五年（1648年），情况发生了重大变化。八月十九日，顺治皇帝颁布谕令，"凡汉官及商民人等尽徙南城"。这道谕令标志着清朝政权以强制的手段，彻底地实现旗民分城而居的管理政策。与此同时，将八旗军兵按方位驻守，以环拱紫禁城和皇城。满族八旗分别驻守于内城的四周，其中镶黄旗在安定门内，正白旗在东直门内，镶白旗在朝阳门，正蓝旗在崇文门内，正黄旗在德胜门内，正红旗在西直门内，镶红旗在阜成门内，镶蓝旗在宣武门内。

从此，北京城的居民分布和城市社会格局产生了重大变化，形成了清代北京特有的以城市居住空间区隔的不同的居民板块结构，并对清代北京的发展与北京文化的形成产生了重大影响。为确保旗民分城而居的政策得以落实，清王朝对内城汉族居民的搬迁作出了具体的规定，对原来居住于内城的汉族居民，其房屋不管是拆掉另行修造，还是直接将房屋卖给八旗兵丁，均由户部和工部派人对原房屋"详查房屋间数，每间给银四两"。核准后，"令各亲身赴户部衙门，当堂领取"。而搬迁的时间，明确规定为，"定限来岁岁终搬尽"。为推动和刺激内城居民加快搬迁进度，清廷又做出补充规定，除了原房屋任其拆卖和按房屋间数领取银两之外，"有土地者，准免赋税一半；无土地者，准免丁银一半"。与此同时，还派工部、五城御史核查南城官民空地，择址造屋。这样，原内城居民纷纷举家外迁，搬到北京外城的宣南坊一带居住。

满族统治者在北京实行的"旗民分城而居"政策，使得北京城的居民区布局和城市的发展产生了根本性的调整和改变，形成了一个全新的城市布局。以往人烟稀少的北京外城，由于旗民分城而居的政策，大量汉族及其他民族官员、士绅外迁并居住于此，变得熙熙攘攘，在这里产生了丰富的城市社会生活、主要的城市经济生态和旺盛的文化活力，构成了北京城市发展的主体。尤其是在南城居住着大量的汉族官员、社会贤达和文人雅士，使得这里形成了一种全新的文化氛围，并逐渐构筑起新的士文化体系——宣南文化，同时也构成了崇文门、前门一带的北京商业区域，造就了清代北京城繁荣的商业经济。

近现代史上的北京，见证了中国从近代社会向现代社会转换的沧桑变迁。它见证了一个封建帝国的灭亡，也见证了一个半殖民地半封建的中国社会的出现，更见证了中华人民共和国的诞生。

## ■ 北京城的街巷和胡同

北京城的胡同从街巷产生出来，也可以说，胡同就是北京的街巷。街巷是城市的产物，北京自建城建都起，其城市建设，如城市中的门墙、车轨、街巷、宫城等，严格遵循礼制规制。北京建城从周朝开始，但城市的街巷在辽金时代更具规模，自元代忽必烈修筑新城、大兴土木时，北京城的胡同才真正出现。

关于城市的建制，春秋时期的《周礼·考工记》已有记载：

匠人营国，方九里，旁三门，国中九经九纬，经涂九轨，左祖右社，面朝后市，市朝一夫。[①]

---

① 钱玄等译注. 周礼 [M]. 长沙：岳麓书社，2001：429.

大致可解释为每一国都，在平面上应当是一个正方形，每边长 9 里，周长 36 里。一座都城，从外向内看，有城门、道路街巷以及城中心的宫城所在。都城四边城墙每边有城门 3 座，全城共 12 座城门。都城中分布着纵横交错的街巷道路：为 9 条直街和 9 条横街，由纵横交错的街巷道路将城市的居住地划分成一块块方形区域。街道的宽度为车轨的 9 倍。皇城是都市的中心：皇城的左面（即东侧）为供奉祖先灵位、敬奉祖先的宗庙；皇城的右侧（即西侧）为祭拜天下土地和周始祖后稷的社稷坛所在；皇城之后（即北侧）为城市贸易市场；"市朝一夫"则指"市"与"朝"的面积应为一百步见方。可见周朝已在其礼制天下的国策中，设定了明确的城市建设制度。

北京的都城史从先秦时期开始。公元前 1045 年，北京成为周朝分封王国燕国的都城。史学界普遍认为，公元前 1045 年周武王封帝，尧后裔于蓟，封召公于燕，是北京建城之始。对北京地区的考古发现，证明了先秦时期北京都城的所在：

中华人民共和国成立后，考古工作者在今广安门外火车站附近发现了周代到战国的文化遗存，遗址上有大型筒瓦和瓦当，显然是宫室构件。[①]

可以推想，先秦时期的北京都城建制应当符合当时周礼规制。以后的两千多年间，从秦、汉开始，无论是三国、两晋、南北朝，

---

[①] 北京市社会科学界联合会，北京史研究会，首都图书馆. 史说北京[M]. 北京：中国人民大学出版社，2011：67.

还是隋、唐、五代和宋朝，北京都是北方地区的文化、贸易和军事重镇。

公元 10 世纪初，辽朝建立，将北京建为陪都改称南京，又称燕京。北京城池高筑，设有 8 门。宫城在西南隅，殿堂宏丽。城内设 26 坊，是居民的聚居地方，已有了街、巷，但尚未出现胡同。今菜市口以南的南横街一带，店铺商号众多。城中最繁华的大街是在今长椿街南侧的三庙街东西之处，辽代叫檀州街，与广安门内大街的北线阁街、南线阁街、宣武门外下斜街东边的老城根街等，都是北京最为古老的街巷，距今已有 900 多年的历史。

1153 年，金朝海陵王完颜亮定都于北京，称中都。金中都位于今北京城西南，东北转角在今西城区的翠花街，西北转角在今海淀区羊坊店，西南转角在今丰台区凤凰嘴，东南转角在今丰台区四路通。金中都仿照北宋汴梁城（今开封）的规格，在辽代南京城旧址上改建。城内建有大城、皇城和宫城三重。大城又有外城和内城之分。内城坊巷多为金人衙署府邸，外城里坊多设为街市。城内除了有宽广的御道和两条纵向的大街，还形成了横向排列的三条大街；多条街道纵横交错，通达四方。今广安门内大街、菜市口以西和牛街一带，是金中都较为热闹的商业区。

1215 年，蒙古军攻陷了金中都。1217 年，元世祖忽必烈决定迁都北京，以便于对中原的统治。但金中都已毁于战火，忽必烈只得另选新址，再建新城；新城就是元大都城。忽必烈任命名士刘秉忠建造新都城。刘秉忠精通儒学，依照周礼古制，将大都城规划得井然有序，又方便实用。刘秉忠对大都城的设计，十分重视河渠的作用，将河渠因素与古代城建的礼制因素统筹考虑，做出既合乎礼制制度又吸纳水利实用思想的新大都城设计。

新大都城建设于 1267 年动工，经过 9 年建造，于 1276 年基本竣工。建成后的大都城方正壮观，由宫城、皇城和外城三重城池组成。外城周长达 60 里，开有 11 座城门。城内河渠水流丰沛。宫城的主要宫殿排列在中轴线上。大都城的街道，也按周礼的都城建制形成。大都城有城门 11 座。东面 3 门为：光熙门、崇仁门、齐化门；南面 3 门为：顺承门、丽正门、文明门；西面 3 门为：肃清门、和义门、平则门；北面 2 门为：健德门、安贞门。每个城门以内都有一条笔直的干道，干道都直接以城门的名字命名。这些干道纵横相通，连同顺城街在内，使大都城共有南北和东西干道各 9 条，就此排列成棋盘方整的街道格局。在干道之间是一片片长方形的居住区，居住区之间留有一条条东西走向的通道；这些通道距离相等。这就是北京特有的胡同。

大都城修建完毕，忽必烈决定从原金中都的旧城迁徙居民到大都城居住，"定制以地八亩为一分"，贵族、功臣悉授封地，以为宅第。按照规定，官吏、权贵纷纷在大都城由主干道交织成的坊间修建住房和院落。房屋四合，院落相邻，一排排连接起来，留出车走人行的通道。北京的胡同就这样出现了。楼庆西说：

> 大都城内除了宫城与皇城之外，全城被若干条纵横的干道划分为矩形的街坊。其中以通向各座城门的街道为主干道。但由于南北两面的城门不相对应，城中又有皇城与海子水面相隔，有些干道不能贯通，形成丁字街形。这些纵横方向的干道将大都城划分为 50 个规整的街坊。这些坊既无坊墙也无坊门，只在每个坊内被东西方向的平行小巷所划分，这种小巷被称为胡同。两条胡同之间相距约 70 米，胡同本身宽 5~7 米，胡同之间就是建筑住

宅的地方。在这样整齐划一的地段里，大都城的营造者选用了中国传统的院落式住房形式。这种住房可以很规矩地排列在一起，既节省地皮，又适合北方地区生活的需要，元朝还规定每一住宅院落的占地面积为8亩，相当于5300平方米。具有中国建筑文化特征的北京胡同与四合院住宅在大都城里出现了。[1]

## ■ 北京胡同的由来和发展

先说说胡同称谓的由来。有解释说：

"胡同"一词的来源，一说为蒙语"水井"的汉字表音，也有学者认为，"胡同"一词来源于汉代"巷"的读音"𦥑"，而"𦥑"的切音为"胡同"。辽金时，"胡同"二字已在北方民间广泛流传。到了明代正式定名为"𧗴𧗴（hútòng）"，在"胡"和"同"这两个字外面都加有"行"字，表示"胡同"是可以让人随意行走的小巷。到了清代，"𧗴𧗴"一词被简化为"胡同"。胡同作为中国古代城市的一种空间要素，其来源可追溯至西周先民聚居组织的基本单位——"里"。[2]

根据这个解释，胡同来源说一般有两种：一种为"水井说"；另一种为"街巷说"。持"水井说"者，认为"胡同"与蒙语"水井"

---

[1] 楼庆西. 中国古建筑二十讲 [M]. 北京：生活·读书·新知三联书店，2011：23.
[2] 史家胡同博物馆资料. 北京胡同. 2013.

的发音近似,由"水井"发音转化而来;又因民居生活离不开水源;故有"水井说"。

按照"水井说",胡同既与水井反映的水源有关系,也与水相应的建筑群中防火有关联;故"水井说"更倾向于将胡同视为是"火巷""火弄"语音的雅化。也有专家不认可"水井说",认为"胡同与水井无关","北京带'井'字的街巷并不多;北京的水井主要分布在菜园和大街上;蒙语'井'的发音明显与汉语胡同读音无涉,胡同与水井无关"。①

王越认为,胡同是小巷,"胡同意为窄小的通道"。按照王越的观点,对胡同的认识,直接将其视为小街、小巷就可以了。而小街巷是周礼制度下的城市产物,周朝的城市建制中就已经存在,又经汉、唐、宋、五代诸朝代的城市发展,其作为城市中民居区域的划分与城市居民管理、宫城与皇城的城市区域安排、城市中交通干道、商贸、衙署与民居的区划与衔接,早已成为城市中必不可缺的组成部分。进入辽、金、元时代,那些早先生活在草原的少数民族,不仅有逐水草而居的生活习俗,同时在其壮大的过程中,一直采用对部族的军事化管理。以元代为例:

> 元朝是蒙古族建立的大一统皇朝,在元朝建立之前,蒙古族在蒙古草原上的管理制度就已经具备了"胡同"特色。当时为了战争的需要,蒙古族部落阶级在富有水源的区域,将自己的营帐紧密地连在一起,中间以一条过道隔开,称之为"gudum",意为

---

① 王越. 源远流长话胡同——北京胡同的起源及胡同文化研究[M]. 北京:中国环境科学出版社,2009:3.

水源。这种管理方式一方面可以加强本部族民众之间的联系，形成人人互助的形式；另一方面，当发生战争的时候，可以迅速召集全部落的人组织抵抗或者撤退，灵活机动，富有效率。当元朝定都北京之后，就将这种传统带入北京，形成了老北京胡同。①

少数民族入主中原后，将其民族传统——对水草的理解以及对军事化管理的方式，进一步纳入作为北方政权中心的大都市中，北京城的小街巷就被赋予了更多的含义。

胡同与小街巷同义，并且作为小街巷存在，在元代遗存的文献中有所记载。元人熊梦祥《析律志辑佚》载：

街制：自南以至于北，谓之经；自东至西，谓之纬。大街二十四步阔，小街十二步阔。三百八十四火巷，二十九弄通。弄通二字本方言。②

根据这样的文字记载，遵循周礼的城市建制，按照"九经九纬"的方式，元大都城形成纵横交织的街巷布局。而熊梦祥把这些街巷划分为四个部分，即：大街、小街、火巷、弄通。可以这样理解，大街是大都城的交通主干道，小街为干道之辅，而火巷与弄通即是胡同。

元大都城的街巷胡同普遍横平竖直，但是在积水潭（今什刹

---

① 张岩. 老北京胡同的由来[J]. 北京档案，2014（5）：44-46.
② 转引自北京历史文化漫谈. 中共北京市委党史研究室，北京史研究会. 北京历史文化漫谈[M]. 北京：中共党史出版社，2009：59.

海）北岸却做了变通，出现一条斜街。这是因为此地是通惠河漕运的终点码头，每日有大量货物集散，遂顺着曲折的湖岸走势，产生了斜向的建有货栈、店铺的街巷。虽然有了一条斜街，但并不影响都市整体棋盘形方正的街道布局。相反，如果大都城处处方正对称，一成不变，则近乎单调、古板。中轴线西侧的积水潭碧波荡漾，萦曲回环，伴有斜街，静中有动，既保持了中轴线两边的方直格局相互对称，于庄重中又平添了秀美的韵致。

再说说北京胡同的发展。元大都城的营建，开创了北京作为统一多民族国家首都的先河，从而使中国传统的大一统王朝的都城从关中、河洛地区转移到幽燕地区，令北方游牧文化与农耕文化的交流日益紧密，北京的城市功能也随之发生重大改变，由防御北方游牧民族南进的军事重镇转变为治理统一国家的政治中心。可以说，元代的大都城建设为后代都城建设奠定了基础。

洪武元年（1368年），朱元璋建立明朝，定都于应天府（今南京）。同年9月，明将领徐达率军攻占元大都，改大都为北平府。朱元璋封四子朱棣为燕王，居北平。之后，燕王朱棣自北平起兵南下，攻占南京，夺取其侄朱允炆的皇位。永乐十九年（1421年）将首都迁至北平，改为北京。清兵入关，又在北京定都。于是，明清两代，北京作为全国的政治中心，长达500年之久。

自永乐四年（1406年）起，朱棣开始建造新北京城，改建城池，筑造皇宫，准备迁都。迁都主要考虑因素为：一是朱棣作为燕王曾统治北平30多年，根基雄厚；二是北平处于北方汉族农业区域与少数民族畜牧业区域的交界点，交通方便，地势险要，是汉族、蒙古族、满族等各族政治、经济交流的中心以及北方政治与军事要地。定都北京不仅可以抵抗从北侵入的蒙古残余势力，还可以向东深入，进而管理东北地区；向南则可控制中原及南方广大地区，有利于维持全国统一。永乐十九年（1421年），朱棣下令正式迁都北京。迁都北京之后，朱棣命令江南和北方地区人口迁徙至北京，使北京人口骤增。北京的民居和胡同数量随其大增。从明北京城内复原图看，明代北京共有街巷胡同约629条，其中直接称为胡同的就有357条。明嘉靖三十二年（1553年），明世宗下令增筑外城，虽然外城没有像内城那样经过严格规划，但是也形成了不少的胡同。

据明人张爵《京师五城坊巷胡同集》一书记载，明代北京有街巷胡同约1170条，其中直接称为胡同的约有459条。明北京城形成纵横交错的著名街巷有30多条，如正阳门大街、鼓楼下大街、大市街、阜成门街、菜市大街、骡马市街、东长安街、西长安街、双碾街等。①

清王朝定都北京，并没有变动明代北京都城格局。但清王朝出于政治安全和军事防护考虑，安排皇族子弟落户内城，满族八旗也分别驻守于内城的四周，于是，除重饰紫禁城外，对已废除的一批明朝官署、仓、厂等地进行改建，修建王府和民居院落；也由此新增了许多胡同。皇城广场西墙外的五军都督府一带，全部改建为民居；在此处便有了大中府胡同、小中府胡同、左府胡同、前府胡同、后府胡同等。不少明代衙署所在地也转为民居，连成胡同。明代西直门内的广平库变成了前、后广平库胡同；东直门

---

① 于永昌. 当代北京胡同史话［M］. 北京：当代中国出版社，2016：13.

内的新太仓变成了新太仓胡同；崇文门内的盔甲厂变成了裤子胡同（今库资胡同）、炮厂胡同、盔甲厂胡同。台基厂变成了台吉厂街，建起裕亲王府。清朝允许旗人在皇城的东安门、西安门、地安门三门内建房居住，就此连接出一批新胡同：如东安门以南的南池子街、苏州胡同、冰窖胡同等；西安门以北的刘兰塑胡同、草岚子胡同、扁担胡同等；地安门以东的琵琶胡同、黄花门街、妞妞房等。

清代北京胡同增多，外城比内城数量更多。清朝实行旗、民分城居住制度。原住在内城的大部分汉族、回族居民依清朝法令被迫迁徙至外城；进京赶考的举人、做买卖的商人、往来的游客以及做苦力者也在外城居住。于是，外城建起大量房屋院落，又连接众多条新胡同。前门和东西崇文门、宣武门一带，店铺栉比，游人如织，极尽繁华。

辛亥革命推翻了清王朝封建统治。民国初年，行人可以自由进入长安左、右门，也可以横穿长安街，于是，北京就有了一条横贯东西的长纬线；接着又开通了紫禁城东西两侧的南北池子和南北长街。1923年以后，先后拆除了东、西、北三面的皇城根以及正阳门瓮城，增开东西两个门洞。在修建内城的环城铁路时，又将朝阳门、东直门、安定门、德胜门四门的瓮城拆除。在正阳门与宣武门之间新辟了和平门（始称兴华门），在东长安街正东墙处新开了建国门（始称启明门），在西长安街城墙处新开了复兴门（始称长安门）。这些拆改使北京的主要街道变得更加通达，两侧与周边的胡同也得到了舒展和延伸，从而使胡同数目又有所增加。

到了 1944 年，据日本人多田贞一在《北京地名志》一书所记，当时北京共有胡同 3200 条。如此之多的胡同，形状精灵古怪，名称富有情趣，常为人津津乐道。①

## ■ 明清时期的北京胡同

明清两代，由于迁移人口的剧增，北京城扩大了城市规模；同时，居民身份、政治活动、皇城安全、文化教育以及城市经济等因素，也被融入北京都城的建制中，使得胡同得以在两朝迅速发展。

明代对元大都的 300 多条火巷进行改造，胡同成为政治活动的场所。皇家卫队以及官府，住进北城宽大的胡同，出现了北京最早的"高级"胡同。②北京成为明王朝的京师，户籍管理、教育文化、皇城安全等成为朝廷要政。明朝时期，封建专制政治高度发展，除五府六部以外，还设有锦衣卫。锦衣卫不仅具有皇家侍卫职能，还具有巡察、缉捕、审理、诏狱的权力，是皇帝直接领导下的特务机关。为加强专制统治、卫护皇权安全，对北京实行了严格的户籍管理。北京设东、西、南、北、中五城兵马司，五城以下按里巷居住人口设坊，坊下置牌，牌内每 200 家编为一保，是为一铺；铺保之说，即源于此。到明嘉靖后期，北京内外五城共置 36 坊、97 牌、670 铺。如西城阜财坊为四牌二十一铺；

---

① 于永昌. 当代北京胡同史话 [M]. 北京：当代中国出版社，2016：16.
② 王越. 源远流长话胡同——北京胡同的起源及胡同文化研究 [M]. 北京：中国环境科学出版社，2009：196.

阜财坊在宣武门里，宣武门大街以西，至西便门一带，每5铺设一牌，每铺200家，20铺是4000家。各级官吏还要挨街挨巷挨户地册籍户口、办置户帖。在严格的户籍管理制度下，城里的大街小巷被彻底清理一遍，连过去不被人重视的小胡同也必须入册登记。

据统计，明朝北京有名的街巷胡同有1170条，其中南北城的胡同有465条。这些胡同，大部分继承了唐代以来传统街巷胡同的特色，胡同中手工业作坊占了很大比重，甚至连皇城两边的中城也不例外。明中城计有75条胡同，其中以手工业作坊为名的，像金箔胡同、珐琅胡同、锡蜡胡同、麻绳胡同、故衣胡同、绒线胡同、油房胡同、杨刀儿胡同、汪纸马胡同等就有22条，占中城胡同总数的30%。这些胡同反映了北京城的传统旧貌。与此同时，北京内城还有一批由火巷改造而成的宽大胡同，诸如帅府胡同、神策卫胡同等，这些胡同的名称与官府称谓相关。这些以官府有关地名命名的"高级"胡同，集中于当时内城的东城、西城和中城；北城只有两条，而外城则没有。这些"高级"胡同由一批官吏、皇家卫队乃至官府占据，形成北京胡同文化的小区域政治文化特征。

在正阳门里皇城两边的中城，有忠义王胡同、帅府胡同、李阁老胡同、太医院胡同、豹房胡同、小豹房胡同、刚太监胡同、龙骧卫胡同、武功左卫胡同、山青太监胡同；在崇文门里街东往北，至城墙并东关外的东城，有神策卫胡同、成安伯胡同、蒋大人胡同、吴良大人胡同、遂安伯胡同、把台大人胡同、王驸马胡同、永康侯胡同、王大人胡同；在宣武门街西往北，至城墙并西关外的西城，有泰宁侯胡同、武安侯胡同、燕山卫胡同、赵府大人胡同、永清左卫胡同、太仆寺胡同；在北安门至安定门、德胜门以北的北城，有府学胡同、马将军胡同。

这些"高级"胡同反映出北京作为都城的浓郁的政治文化色彩。明初，置帐前总制亲军都指挥使司，后改置金吾侍卫亲军都护府，设都护。又置各卫亲军指挥使司，设指挥使。凡上直卫亲军指挥使司，有锦衣卫、旗手卫、金吾前卫等26卫。永乐中置金吾左卫、金吾右卫、燕山左卫、燕山右卫、燕山前卫、大兴左卫等上10卫。牧马千户所、蕃牧千户所隶右军都督府，设神策卫、留守中卫等。前军都督府设留守前卫、龙骧卫、豹韬卫等。这些卫所的领导机构，有的成了内城的地名和胡同名。此外，由东厂、西厂、大内行厂和锦衣卫等组成的内廷侦查机构，亦合称厂卫。

东厂胡同位于五四大街南侧，属东华门街道办事处管辖，呈东西走向。东起王府井大街，西止东黄城根南街，南与安居里相通，北与东厂北巷相通。全长319米，宽7米。明永乐十八年（1420年），东厂成为在刑部、都察院、大理寺三个衙门之外特设的特务机构，用来专门刺探臣民"谋逆"之事。朱棣不相信外臣，特命他的亲信太监做东厂的提督，权力在锦衣卫之上，首开宦官干政之端。清代称东厂胡同。日本占领时改称东昌胡同，日本投降后复称东厂胡同。

清代实行"分而治之""众建而分其势"的统治政策，表面上是根据各民族习俗特点制定适宜的民族政策，实则对各民族实现隔绝、封闭式管理，极大地限制和缩小边疆民族首领的权限；同时，也实行了满蒙与汉族的隔绝。清代的民族政策也进一步体现在北京城的建制和胡同发展上。清朝定都北京后，将内城的汉人全部迁到外城，内城被旗人占据。八旗则按军旗颜色定其户籍。

顺治七年（1650年），又确定了八旗的顺序，正黄旗、镶黄旗、正白旗为上三旗，负责保卫皇宫，由皇帝直接管理；镶白、正红、镶红、正蓝、镶蓝，为下五旗，由诸王、贝勒统领，守卫内城和周围地区。除特例外，王公府第全部建在内城。顺治元年(1644年)，顺治皇帝从盛京(沈阳)迁都北京，宗室王公随之入京。顺治六年(1649年)，完善宗室封爵制度，定十二等爵位。顺治皇帝广封爵位，使京师成为王公的聚集地，促成了京师王府文化的形成和发展。顺治时期，最显赫的睿亲王府和礼亲王府分别建在皇城的东、西两侧。为上朝方便，一般王公府第都建在皇城周围不远的地方。晚清时期，风景秀丽的什刹海地区成为显赫王爷的聚居地，著名的晚清三大"铁帽子王"——恭亲王、醇亲王和庆亲王的王府就位于这一地区。

顺治定都北京后，撤销了一些明代在皇城内由太监管理的机构，紫禁城与皇城之间，都安排诸王居住。以南锣鼓巷为例，南

恭王府（位于北京南锣鼓巷西侧、什刹海西南角）

锣鼓巷位于北京城"后市"的中轴线上，地理位置重要，是皇城中的主要街巷。元朝建都，遵循"左祖右社、前朝后市"的城市建制，而南锣鼓巷就处于"后市"的关键之地。①

那时，南锣鼓巷成为后市的中轴线，东侧地区属昭回坊，西侧地区属靖恭坊。城市街巷格局井然有序，南锣鼓巷稳居中央。里坊，是古代城市居住区组织的基本单位，相当于一个大的半开放社区。先秦称"里""闾"或"闾里"，自北魏开始，变称为"坊"；或许因为它们是四方形的，坊与坊之间是横平竖直的街巷，犹如一幅棋盘。据说，唐朝的长安城是世界最大的都市，总共有108坊，气势非凡。元朝的蒙古统治者兴建大都时，在汉人的建议下，延续了这种风格。到了明代，北京城被划分为28坊，依旧像豆腐块一样。清朝时，京城各区按照八旗分制，南锣鼓巷归属镶黄旗。直到民国，南锣鼓巷作为一条主干胡同，与它左右相连的胡同，整齐地排列在它的东西两侧，各有8条，共有16条胡同，成为它的"肢腿"。于是，南锣鼓巷又有了一个绰号，叫"蜈蚣巷"。作为南锣鼓巷的16条"肢腿"，东边的8条胡同分别是：炒豆胡同、板厂胡同、东棉花胡同、北兵马司胡同、秦老胡同、前圆恩寺胡同、后圆恩寺胡同、菊儿胡同。西边的8条胡同分别是：福祥胡同、蓑衣胡同、雨儿胡同、帽儿胡同、景阳胡同、沙井胡同、黑芝麻胡同、前鼓楼苑胡同。以其中的帽儿胡同和雨儿胡同为例，这是两条东西向前后相依的姊妹胡同，位于南锣鼓巷西侧，其中有不少显贵的府第。帽儿胡同45号院曾是清代步军统领衙门所在地；胡同内还有清代大学士文煜的府邸和花园。婉容的故居位于帽儿

---

① 梓奕荣轩. 老北京的那些胡同［M］. 北京：中国铁道出版社，2015：36-37.

胡同37号。清朝末代皇后郭布罗·婉容(1906~1946年)婚前居住在这里，俗称"娘娘府"。原宅是其祖父长顺所建，当时只是普通宅第。1922年，容貌端庄秀美、精于琴棋书画的婉容被选为皇后，便对此宅进行了大规模改建。改建后的皇后府邸分东西两路，西路四进院落为居住区，婉容即居于西路正房；东路三进院落为小型私家园林，内有家祠。1922年12月1日零时，迎娶婉容的凤舆出宫前往帽儿胡同，在这里揭开了末代皇帝大婚典礼的序幕。雨儿胡同北靠帽儿胡同，清代八旗值年旗衙门[①]曾位于胡同北侧。民国时期著名国画大师齐白石先生的旧居即坐落于此。

  明清期间，随着社会稳定、经济繁荣，北京人口日益增多，北京城的都市规模日益扩大，街巷胡同的数量也不断增加。北京城街巷胡同成倍增加的数量，似乎成为当时政治经济稳定发达的标志。清代的街巷胡同已增加到2077条，其中胡同有978条，几乎是明朝的1倍。胡同的增多，可以采用条数增多的方式；在原来一条胡同的基础上，增至多条。旧时按牌、按铺统计人口，胡同的人口增加了，就会分出二条、三条，甚至上二条、下二条。比如在崇文门外东河沿往东，广渠门的东北角，明代有头条胡同、二条胡同、三条胡同、四条胡同，总共有4条胡同；到了清乾隆年间，这四条胡同每条都划分出上、中、下三条，如上头条胡同、

---

[①] 值年旗衙门：八旗，满蒙汉共分为二十四旗。但是值年旗并不属于二十四旗中的一旗，是清政府为了方便向各旗发出训令及各旗向政府递呈公文而专门设立的机构。据《(光绪)顺天府志》记载："值年旗衙门在地安门外雨儿胡同，南向，前后四层，共房四十楹。值年旗，雍正六年(1728年)始设，名当月旗，八旗轮当。乾隆十六年(1751年)奉旨改今名，每岁终，兵部奏派王大臣等司其事。"值年旗虽有专署，但无专员，而由值年旗大臣遵照遴选任命之都统率其部下副都统、参领等，处理衙门事务。

齐白石旧居纪念馆（位于雨儿胡同13号）

中头条胡同、下头条胡同等，原来的4条胡同变成了12条；直到清末光绪时，下头条都不够了，又增加了下下头条、下下二条、下下三条、下下四条，从最早的4条胡同，派生出16条，数量增加了3倍。

民国以后，北京拆除了皇城，增辟和平门、复兴门、建国门，并对虎坊路东部的香厂地区进行建设改造，基本形成了北京市现在的样子。在对环香厂地区进行改造时，在万明路、香厂路、仁寿路一带，修建了不少西式洋楼，如"新世界"即为仿上海大世界建筑。这一带的道路，因属新型街道，为区别以前的老街巷，则冠之以"路"和"里"。

北京的胡同，不仅仅是居民的居住地，更是政治、文化、经济、教育等活动的场所。一条胡同代表了居民的生活起居，也反映了历史文化风貌。例如北京东城区的船板胡同，因地得名。船板胡同旧为水道，与泡子河相通，此地曾有造船厂。这条胡同到了民国时期，成为商业和教育的繁盛地。民国时，西段商业发达，以天和顺、三和益为著名。胡同内有汇文学校。汇文学校始建于清同治十年(1871年)，初为美国教会学校，规模甚小。光绪十一年(1885年)，学校扩充，包括小学、中学、大学，定名为怀理书院。光绪十四年(1888年)，改校名汇文书院，美国人李安德担任校长。分设文、理、神、医、艺术等科。院内添设印书馆。庚子事变时，学校的教学设备遭到严重破坏。后重新建设，先后盖起了德本斋、安德堂、德厚斋等楼房。光绪三十年(1904年)更名为汇文大学堂。民国三年(1914年)，各教会动议合组大学，民国七年(1918年)，汇文大学部和华北协和大学合并，定名燕京大学，迁至海淀。本校部只留中学和小学，更名汇文中学。中国人高凤山任校长。当时的政治腐败之风，已熏染至社会各个角落。1947年，汇文学校学生宿舍不慎失火，消防队闻讯赶来，不是急于救火，而是找到学校负责人索取金条。高凤山严厉斥责说："不用说学校没有金条，就是有金条也不用金条救火。"消防队见不出钱，不是以水灭火，而是以水浇地，任火势蔓延，眼看宿舍被烧光。1959年，因建北京火车站，占用了部分校舍，学校遂迁至崇文门外培新街。

# 参考文献

1. 史家胡同博物馆资料. 北京胡同·史家胡同. 北京：史家胡同博物馆，2013.
2. 赵其昌. 京萃集［M］. 北京：北京燕山出版社，2014.
3. 韦雨舟. 首都胡同博物馆：史家胡同博物馆［N］. 北京日报，2015-01-12.
4. 北京市社会科学界联合会,北京史研究会,首都图书馆. 史说北京［M］. 北京：中国人民大学出版社，2011.
5. 楼庆西. 中国古建筑二十讲［M］. 北京：生活·读书·新知三联书店，2011.
6. 钱玄等译注. 周礼［M］. 长沙：岳麓书社，2001.
7. 李建平. 皇都京韵——走近北京［M］. 北京：北京燕山出版社，2005.
8. 王越. 源远流长话胡同——北京胡同的起源及胡同文化研究［M］. 北京：中国环境科学出版社，2009.
9. 张岩. 老北京胡同的由来［J］. 北京档案，2014（5）.
10. 中共北京市委党史研究室,北京史研究会. 北京历史文化漫谈［M］. 北京：中共党史出版社，2009.
11. 梓奕荣轩. 老北京的那些胡同［M］. 北京：中国铁道出版社，2015.
12. ［古希腊］希罗多德. 历史（上）［M］. 合肥：安徽人民出版社，2012.
13. 王子今. 秦汉边疆与民族问题［M］. 北京：中国人民大学出版社，2011.
14. 滕绍箴. 从《燕行录》侧看北京民族文化特点［J］. 满学论丛（第五辑），2016（8）.
15. ［宋］朱熹撰. 四书章句集注［M］. 北京：中华书局，2012.
16. 于润琦. 北京的门礅［J］. 中华文化画报，2012（8）.

17. 费孝通. 魅力乡土中国·生育制度［M］. 北京：北京大学出版社，1998.
18. 汪曾祺. 中华散文珍藏本·汪曾祺卷［M］. 北京：人民文学出版社，1998.
19. 郭腾隆等. 留住老北京的胡同文化［J］. 经济，2013（12）.
20. 郗志群. 解读：不一样的南锣鼓巷［J］. 前线，2009（2）.
21. 李锋. 京味文化的缩影：南锣鼓巷古都风貌保护区［J］. 城市，2004（2）.
22. 张得先. 南锣鼓巷旧忆［J］. 北京规划建设，2000（3）.
23. 张祖群，朱良森. 南北锣鼓巷的遗产保护和文化创意产业发展［J］. 北京社会科学，2011（5）.
24. 左颖等. 大栅栏珠粮街区将还原历史风貌 钱市胡同将建银钱业博物馆［N］. 北京晚报，2017-01-09.

# 从北京城门说起的北京故宫

# 一、北京城门遗址和皇城遗址

## ■ 北京城门遗址

明清北京城的内城又被称为"大城""京城",明初在元大都城垣基础上改建。内城是相对于明嘉靖年间所筑的外城而言。在北京的四重城垣中,最为壮观的就是内城。喜仁龙在自己的著作《北京的城墙和城门》这样赞叹:

纵观北京城内规模巨大的建筑,无一比得上内城城墙那样雄伟壮观。……这些城墙是最动人心魄的古迹——幅员广阔,沉稳雄劲,有一种高屋建瓴、睥睨四邻的气派。[①]

---

[①] 梁思成等著. 名家眼中的北京城[M]. 北京:文化艺术出版社,2007:27.

北京内城周长23.3千米。共有城门9座，角箭楼4座，水关7处。城墙外侧有大小墩台173座、雉堞垛口11038个。内侧筑登城马道27对。北垣长6790米。为了从正面抵御北方游牧民族南下侵扰，所以北垣在四面城墙中最高、最厚。外侧高11.9~11.92米，内侧高9.2~11米。城墙基底厚24～24.72米，顶宽17.6～19.5米。北垣设二门，东为"安定门"、西为"德胜门"。德胜门西有水门一座，是内城水源的进水口。南垣的长、高、厚仅次于北垣，设门三座，正中为"正阳门"、东为"崇文门"、西为"宣武门"。水关四座，分别位于崇文门东、正阳门东西两侧、宣武门西。东垣设二门，北为"东直门"、南为"朝阳门"。水关两座，分别位于东直门南、朝阳门南。西垣设二门，北为"西直门"、南为"阜成门"。北京的外城是与内城南面相接的重城，也称"南城"。在地图上外城的形状好像内城之帽，俗称"帽子城"。它的历史比内城东西垣晚了近300年，比内城南北垣也晚了近200年。[①] 与内城相比，外城相对低矮简陋。内、外城的城墙高度不同，在衔接处建碉楼以过渡。外城南垣辟三门，中为"永定门"、东为"左安门"、西为"右安门"。外城西垣中部偏北设"广宁门"（清朝因为避讳道光皇帝的名字旻宁，改称广安门）。外城东部北垣辟"东便门"。西端与内城东南角衔接处，建碉楼（东铺楼）一，为内、外城垣之防御及通道。东便门东、西两侧各有水关一座。外城西部北垣辟"西便门"。

明清北京内城9门，外城7门，因为其主要作用是防御外敌进攻，所有的设施一应俱全。而宫城（紫禁城）、皇城只有城门楼。

---

① 甫玉龙. 古都北京［M］. 北京：经济科学出版社，2017:118.

城门与城墙、护城河一起，构成了点线结合、完整而强大的军事防御体系。城楼坐落在城门之上，在主城墙上，供守城将领登高瞭望，指挥作战。箭楼为保卫防守最弱的城门，建在城门与城墙的正前方，用瓮城城墙与主体城墙连接起来，用于对外防御射击。城楼和箭楼最明显的区别是外观：城楼是阁楼式，四面均开门，无箭窗；箭楼是堡垒式，只有朝向城里的一面开门，朝向城外的三面均开有箭窗。内城9门中，只有正阳门箭楼有门洞，但仅在皇帝出入时开启。其余8门箭楼只是为了防御而不是出入，所以下面没有门洞。外城7门箭楼下均有门洞，原因是外城城门规制较低，不设闸楼和闸门。瓮城是在城门外侧砌筑的圆形或方形小城，将城垣、门楼、箭楼、闸楼连为一体，形成城门的保护屏障。守城人员在城上居高临下，可对攻入瓮城的敌人形成"瓮中捉鳖"之势。闸楼是修建在瓮城之上的军事防御设施，下设券门，供官民车马进出城池，门洞上方置千斤闸。千斤闸是依附于楼体的军事防御设施，安装于箭楼和闸楼门洞上方，可以上下开启。开闸时，闸门升至门洞以上城台内闸槽中；关闸时，闸门从闸槽中平稳落下，在城门的前方形成了又一道防御屏障。[①]

老北京有两句俗语："里九外七皇城四,九门八典（点）一口钟。"是老百姓对内城、外城和皇城大门数量的概括。"里九"是北京的内城，有9座城门，分别是：朝阳门、东直门、安定门、德胜门、西直门、阜成门、宣武门、正阳门和崇文门。"外七"是外城，有城门7座，分别是：东便门、广渠门、左安门、西便门、广安门、右安门和永定门。"皇四"是北京的皇城，有城门4

---

① 赵其昌. 京萃集［M］. 北京：北京燕山出版社，2014：90.

座，为：天安门、地安门、东安门和西安门。随着时间的推移和城市功能的改变，北京城门现在只有"一对半"保留下来。"一对"是正阳门城楼和箭楼，"半"是德胜门箭楼；角楼只留下内城东南角的箭楼；连接各个城门的城墙，现在剩下不足400余米，只剩下城门名称沿用为地名，保留下来。① "九门八典（点）一口钟"，描述的是明清时期的报时工具和报时形式。九门是内城的9个城门。一座四四方方的城池，怎么会有9个城门？城门的数量为什么是单数？北京城东、西、北各有城门2座，南面却设有3个城门。其中一个就是正阳门。

正阳门，位于北京城的中轴线上，居于天安门广场南端的正中位置，是中国明清北京城的内城正南门，它的坐标实际标出了北京城的方位，即坐北朝南。正阳门位于皇城的正前方，因此也被俗称为"前门"。正阳门城楼、瓮城、箭楼是明清时期北京内城南城城垣正中的一组建筑群体。正阳门城楼，始见于明永乐十九年（1421年），是北京内城的前大门，建成时被称为元大都丽正门。为了加强防御，明正统四年（1439年），在其南面加修增设了箭楼及连接城楼、箭楼的瓮城②。正阳门建成后经历了战火损毁，现存的城楼、箭楼是袁世凯在1903~1907年主持修建的。1915年，为了改善交通，北洋政府拆除正阳门的瓮城、改建箭楼，遂成现状。正阳门箭楼和城楼分别于1990年和1991年向公众开放。

---

① 现在还有一些带"门"的地名，如和平门、建国门、复兴门，建于民国时期，为了方便交通，直接加在城墙上，与上述九门有区别。它们没有城楼、箭楼和瓮城，只是在主城墙上开了两个拱形的券洞，供车辆、行人经过。
② 郭豹. 为百姓讲述正阳门的故事［N］. 中国文物报，2014-07-25.

百姓正月时在正阳门排队摸门钉，　　清徐扬《乾隆南巡图》(局部)
求多子多福

  作为九门之首的正阳门，是中国封建社会后期城市布局、军事防御、礼仪制度和建筑艺术的形象体现[①]，也是北京历史文化的重要载体。因正阳门位置重要，除具有防御、交通来往的基本功能外，还兼有"仰拱宸居"、外向"隆示万邦"之用，因而成为一座礼仪之门。命名"正阳"，是取"圣主当阳，日至中天，万国瞻仰"之意。在京师诸门中，正阳门的规制最高：它的高度是九门之首（通高43.65米），比天安门城楼还要高9米；内城九门中只有正阳门箭楼下面开有门洞，且只有皇帝郊祀或者出行时才开启，平日关闭。

  明清时期，由于城门外还有瓮城，加上严格的礼仪制度，因此进出城并不像现在这么简单和轻松。从外城七门进京，可以上

---

[①] 郭豹. 为百姓讲述正阳门的故事[N]. 中国文物报，2014-07-25.

石桥，穿过瓮城门洞、瓮城、城门洞，就到了外城里面。如果从正阳门进内城，要走石桥的两侧，绕到瓮城东、西两侧，穿过闸楼门洞、瓮城、城门洞，才能进入内城。

正阳门左边是崇文门，元代称文明门，俗称哈德门、海岱门。崇文门自明弘治六年（1493年）起设立税关，又称"税门"。过去北京东南郊外酿酒作坊众多，酒车从崇文门缴税进城。崇文门以瓮城左侧镇海寺内镇海铁龟闻名。现在崇文门只有作为地名的名称而存在。

正阳门之西，称宣武门。元代称顺承门，讹传为"顺治门"。清代菜市口刑场在宣武门外，犯人经刑部核定死刑后，囚车从此出入，故又称"死门"。今已不存。1924年以后，北京城有午时鸣炮制度，鸣炮地点就在宣武门城楼上，炮时一响，声震京华，京人以此对时。鸣炮制度一直延续到20世纪30年代，老百姓俗称"宣武午炮"。

朝阳门修筑在内城东墙，元代称"齐化门"。城内九仓之粮，皆从此门运至，故又称"粮门"。瓮城门洞内刻有谷穗一束，逢京都填仓之日，往来粮车络绎不绝。"朝阳谷穗"为南粮北运之首席喜迎神，粮食进了朝阳门，就存放在附近的粮仓中。现在朝阳门内的地名还有"海米仓""新太仓"等，都是当年存放粮食的仓库。

内城西墙与朝阳门遥遥相对的是阜成门，元代称平则门。明清两代京西门头沟、斋堂产煤，运煤车辆多出入此门，故又称"煤门"。瓮城门洞内由煤栈客商募捐刻梅花一束记之。"梅"与"煤"谐音，每当北风呼号，漫天皆白，烘炉四周之人感恩此门送暖之德，给予"阜成梅花报暖春"的赞誉。20世纪70年代由于修建环城地铁，城楼及附近城墙皆被拆除，将护城河填平为路。

东墙偏北者的东直门，元代称"崇仁门"。在明朝初期建设北京时所需的木材多由此门送进北京城，清朝时南方的木材常常储存在东直门外，从此门运进北京城，因此它又被称为"木门"。此门为京华九门中最为贫陋之门，郊外盆窑小贩出没于此，日用杂品堆积瓮城。瓮城庙中药王雕像极为精美，人称"东直雕像"。

与之相对者是西直门，元代称"和义门"。由于北京的水源地多位于北京玉泉山附近，因此明清时期，为皇帝运送御水的车辆皆走此门，故又称"水门"。当时瓮城门洞中刻有汉白玉水纹石雕一块，有"西直水纹"的名称。

居北城墙偏左的是安定门，元代称"安贞门"（明代将元大都北城墙南移，故而此门已非安贞门原位置，德胜门亦然）。因地坛附近多粪场，粪车皆自此门出，故又称"粪门"。内城诸门其余八门瓮城内皆建有关帝庙，唯独安定门内建真武庙，于诸门中独具一格。因此有"安定真武"的名声。

北城墙偏右者为德胜门，元代称"健德门"。战争讲究"以德胜人"，"德胜"本意是道德胜利，又谐音"得胜"，所以将士出征必走此门。而军队胜利归来走安定门，寓意战事已毕，天下安定。另有一说出征走安定门，祈求安定四方；凯旋走德胜门，意思是得胜归来。其实，即使是出征这样的大事，过去也没有明确和强制规定必须走哪个门。此门为将士出征所经之门，故又称"军门"。乾隆四十三年（1778年），中原大旱，颗粒无收。年末时高宗经德胜门出城，时逢大雪纷飞，一年之旱象顿除。高宗诗兴大发，作《祈雪》诗三首，通谕刻石立之，以慰天公，并建碑亭一座，因此"德胜石碣祈雪碑"与"阜成梅花""崇文铁龟"等镇门之物一样誉满京城。现在德胜门箭楼已成为市级保护单位，得到修缮与保护。

内城九座城门取名各有寓意，如朝阳门乃指"迎宾日出"；阜成门指"物阜民安"；宣武门指"武烈宣扬"；安定门代表"文臣讽赞太平"；德胜门代表"武将疆场奏绩，得胜回朝"；东直门、西直门取"民兴教化，东至东海，西至西陲"之意；崇文门取"文教宜尊"之意。而正阳门居中，地位最为突兀，乃取"圣立当中，日至中天，万民景仰"之意。

所谓"外七"是指北京城的外城有七座门，分别是广渠门、左安门、右安门、广安门、东便门、西便门和永定门。现在只有名称作为地名留存下来，城门皆已不存。北京城的外城建于明朝中后期，当时蒙古瓦剌部多次南下侵扰，甚至迫近京畿，明廷深以为患；其次城南商贾聚集、游民杂处，管理难度日益加大，因此加筑外城的请奏不时出现在嘉靖皇帝的眼前。明世宗朱厚熜于嘉靖三十二年（1553年）诏令首辅严嵩总理加筑外城一事。原计划环绕京师四周加筑外城城垣，从南到北开始修筑。但当时国库空虚，且筑城花费巨大，当外城南端修成时，人力物力所剩无几，只能与内城南墙相连，形成"凸"字形轮廓的北京城。为方便出入，在内城南墙东向延长线上开了东便门，西侧与之相对的称为西便门，虽称"东、西"，实则门朝北开。北京方言称其他城门时不带儿化音，唯称上述两门时，可儿化处理。大概是因为二者是北京城门规制最为简小的。永定门的左首是永安门，其右首是右安门；在外城东墙的广渠门；在外城西墙与广渠门相对的是广宁门，后清道光帝时避讳更名为广安门。

《周礼·考工记》记载："匠人营国，方九里，旁三门"，如果按照周礼的记载，都城应该开 12 座城门。但北京城的营建并未完全按照这一规定。从 1553 年增筑外城开始，北京城形成的是总平面呈凸字形的城市格局。除了内城南边的正阳门及东西两侧的崇文门和宣武门，四四方方的北京城有东边的广渠门、朝阳门和东直门，西边的广安门、阜成门和西直门，南边正中是永定门和东西两侧的左安门和右安门，北边只有安定门和德胜门两座城门。这样，北京城实际只有 11 座城门。这是因为元大都时期，当时的设计者取易经之意，南方为阳为天为大，取天数"三"，设三门；北方为阴为地，取地数"二"，因此设两门。

在内城的 9 个城门中，有 8 个城门楼上挂的是"典"，只有崇文门上挂"钟"。所谓"典"，《大清会典·乐部乐器》记载：

> 其为乐器名，铜制，中间隆起，边穿两孔而系绳，悬而击之为典。

典作为北京历史上的报时工具，现收藏在北京大钟寺博物馆。"典"和"钟"悬于城门上，有两个作用。一是开、闭城门的警示，以鸣典撞钟为号。每天开、闭一次，有利于城内治安。二是报时。古时一天分为 12 个时辰，但城楼报时并不是报 12 次，而是报 5 次。明清时期的钟典齐鸣报时是为朝廷官员上下朝服务的。特别为统一上朝时间，制定了"叫早"服务。自明朝以来，北京城的记时、报时由鼓楼负责。鼓楼上安有一套测时系统，名为"铜壶地漏"，设有漏壶室和二十四面更鼓。每当壶水漏尽，二十四面更鼓同时敲响，汇成巨大鼓声。鼓楼击鼓的初鼓为一更，先击鼓 13 下，城门的九门八典一钟也跟着响起来，与鼓声呼应，当八

永乐大钟和钟楼大钟图片

典依次打完，关城门（只有西直门为皇家运送玉泉山水不关闭）。起时也是定更，称为"天交头鼓"。头鼓之后，每隔一个时辰，即两个小时，击鼓一次。京城人作息以鼓声为准。三鼓百官即起，四鼓候于朝门之外，五鼓午门打开，百官入朝奏事。城门的开启，标志着百姓开始一天的交通往来。九门八典一口钟天天循环往复，不知疲倦地演奏了500年。这也是后来老北京人将报时称为"打点"，时间称为"钟点"的由来。

老北京当时还有另一句俗语是："城门响点（典）不等人，出城进城要紧跟。"当钟点齐鸣，城门会准时关闭。只有遇到紧急情况经过上级下令，城门才有破例开启。若当时没有及时出城或者入城，只能等到翌日清晨城门复开时再行出入。其中，只有崇文门最特别。这是因为崇文门是京城税收关口，通宵达旦开启，由官兵守卫，惟有公务要身者夜间可以出入。城门是进城与出城的枢纽，也在规划着百姓的日常生活。

时间流逝，岁月更替。现代化的北京城中，旧时的城门大多不复存在。事实上,北京中心区域的主干道实际与这些"名存实亡"的城门仍然保持着密切联系,如:前门大街、前门东大街、前面西大街、崇文门东大街、宣武门西大街、阜成门内大街、阜成门外大街、阜成门南大街、阜成门北大街、阜成门东大街、阜成门西大街、朝阳门外大街、朝阳门内大街、朝阳门南大街、朝阳门北大街、西直门外大街、西直门内大街、西直门南大街、西直门北大街、东直门内大街、东直门外大街、东直门南大街、东直门北大街、安定门外大街、安定门内大街、安定门东大街、安定门西大街、德胜门外大街、德胜门内大街、德胜门东大街、德胜门西大街、广渠门外大街、广渠门内大街、广安门外大街、广安门内大街等。虽然门没有了,但只要清楚自己在哪座北京门的周围,大致可以确定自己的方位。

瑞典学者喜仁龙在《北京的城墙和城门》中曾对北京的城门和城墙有过比喻:

> 如果我们把它(北京城)比作一个巨人的身体,城门是巨人的嘴,呼吸和说话皆经由此道。全城的生活脉搏都集中在城门处。由此出入的,不仅有大批车辆、行人和牲畜,还有人们的思想和愿望,希望和失望,以及象征死亡或崭新生活的丧礼和婚礼行列。在城门处,你可以感受到全城的脉搏,全城的生命和意志,通过这条狭道流动着,赋予北京城这一复杂有机体以生命和运动的节奏。①

---

① 梁思成等. 名家眼中的北京城[M]. 北京:文化艺术出版社,2007:23.

# ■ 皇城遗址

中国古代都城是全国的政治中心，是帝王居住的地方，它与城市其他居民分隔开来，专门筑有一道城墙，城墙里面就被称为皇城，在众多曾经做过都城的地方，都建有皇城。北京皇城的出现，始于金贞元元年（1153年），金海陵王从上京（今黑龙江阿城境内）迁都到此。自元代营建元大都起，北京就形成了三重城垣的基本格局。此后又经历了明永乐年间重修紫禁城和明嘉靖年间复修外城，使北京城形成了明确而完整的凸字形、四座城垣的结构。四座城垣中，中心为紫禁城；最外侧是共同构成北京城凸字形结构的内城和外城，其位置大体与今天的二环路相当，今已被拆除。在紫禁城之外、内城之内还一座由红墙黄瓦围就的城池——皇城。这座皇城的基本范围，根据残存的皇城城墙，可以基本确定下来，南起今天的长安街，北到今天的平安大街，东至今东城区南北河沿一线（现已建起皇城根遗址公园），西达今西城区西黄城根一线。东西长约2500米，南北约2790米，面积约6.9平方千米，它基本保留了明代皇城的规模，[①]但其间的建筑及其使用功能在今天都已发生了巨大的变化。

老北京城是以紫禁城（宫城）为核心，外围皇城、内城（大城）和外城（重城）四道城池组成。四道城池的正中线是从南到北，由一条近8000米长的中轴线所贯穿，是北京城的一大特色。

皇城在紫禁城的外围，起保护紫禁城的作用，属内务府管，

---

① 程尔奇. 北京皇城的历史演变及其保护利用研究[M]. 北京:知识产权出版社，2013：1.

明代内务府在皇城内设有十二监、八局、四司共二十四衙门。明代皇城内大部分为苑囿、皇家庙宇、内官衙署、库藏，不许百姓居住。清代设三院、七司，结构庞大。如上驷院掌御用马匹，武备院掌制选兵器，奉辰院掌景山、三海、南苑等处的管理、修缮等，皇城里面有很多供应皇家的仓库、作坊等为皇家服务和保卫紫禁城的外院，是与紫禁城密切相关的。而皇家的"左祖右社"、御苑三海、景山等地均在皇城之内，皇城在明清时均属禁区，平民不得通行出入。

皇城始建于明永乐十五年（1417年），墙垣以元代萧墙为基础向外扩展，周长近11000米，西南缺角，呈不规则方形。皇城城墙用明城砖砌筑，墙顶用黄琉璃瓦覆盖，墙高6米、墙下脚连外墙皮厚近2米，顶厚1.7米，其基础底部打0.5米夯土，以长46厘米、宽25厘米、厚13厘米的城砖用"一顺一丁"砌法灌白灰浆砌成1.5米宽、1.3米高之梯形基础上，再砌墙体。皇城的北垣长约2460米，位于今平安大道中段之地安门东、西大街南侧一线，起自原平安里东口。皇城北垣于民国二年（1913年）拆通今厂桥豁口，名"北栅栏"；1916年拆通北箭亭处豁口，1922年11月将北海辟为公园，于北垣偏西处辟北海后门；民国十五年（1926年）陆续拆除北垣东、西两段墙，仅存北海后门两侧小段皇城北墙垣。皇城东垣长约2150米，位于今东黄城根北口至今贵宾楼对面一线，起自原宽街西口，至原御河桥北口。皇城东垣，于民国二年（1913年）拆通翠花胡同西口对面之皇城墙之豁口，名"花园口"；1917年7月张勋复辟，拆菖蒲河一段城垣改张勋宅；1924年将东垣南段拆除，1926年拆除东垣北段。2001年将皇城东垣大部地段辟为皇城遗址公园。西垣长约2644米，位于今平安大道西皇城根北口至今府右街南口，起自今太平仓东口以北，至今灵境胡同东口处折向东，至今府右街中段中南海西墙，再折向南至今府右街南口处接皇城南垣西端。因西垣基本沿元代皇城墙（萧墙、拦马墙）旧迹，元代皇城南垣向南约在今故宫午门东西一线，明代将元皇城南垣向南扩展至东、西长安街北侧一线，元皇城西南角处有大慈恩寺，寺东为灰厂，明永乐十二年（1414年）开挖今南海，永乐十五年（1417年）建皇城，展扩皇城南垣，未将大慈恩寺及灰厂扩入，即沿南海西南岸之走向扩筑，形成皇城西南角之缺角。嘉庆年间大慈恩寺被火烧毁，寺址改作射所（练兵场）、灰厂建为西厂（明代特务机关之一）。民国二年（1913年）袁世凯继任民国大总统后，将中南海作为总统府，将南海之宝月楼辟为新华门，将原灰厂南端开通街道称府右街，可通至西安门内大街。皇城西垣于1913年在西安门南侧开豁口，1917年开通枣林街处豁口，拆灵境胡同一带皇城垣，1924年拆西垣北段，以皇城砖修"大明濠"下水道，现灵境胡同南口对面之府右街东侧中南海西墙至府右街南口尚有皇城墙遗存。皇城南垣长约1770米，自今府右街南口至今北京饭店，在府右街南口处有水窦一，在御河桥处有水窦一，南垣正中为天安门。天安门前有千步廊，它的存在与重建，是时代政权交替的见证。[①]

皇城四门指为天子和城中文武百官出入的天安门、地安门、东安门和西安门。

---

① 关于城垣的建筑数据引用自张先得. 明、清北京城垣和城门（一）[J]. 古建园林技术, 1985（3）；张先得. 明、清北京城垣和城门（二）[J]. 古建园林技术, 1985（4）.

天安门是明清两代举行重大仪典的地方，现在是中华人民共和国举行重大庆典和集会的场所。天安门，明称"承天门"，始建于明永乐十八年（1420年），位于皇城南垣正中门，是皇城的正门。"承天门"有"承天启运、受命于天"的意义。崇祯十七年（1644年），李自成的农民起义军攻占北京城，承天门被毁。清顺治八年（1651年）清世祖下令大规模重建并更名为"天安门"。天安门城楼坐落在13米高的城台上。重檐歇山顶，上覆黄琉璃瓦，面阔九间，进深五间，寓意"九五之尊"。城门开券门五阙，中间最高，供皇帝进出。两旁券门依次略小，王公大臣按品级进出。门外有金水河，建汉白玉石桥座，称"金水桥"。中间券门前后各有华表一座。在天安门的外门还有一座外门，名为"大明（清）门"。始建于明永乐年间，明代称"大明门"，清代顺治元年（1644年）改名为"大清门"。大清门前是商旅云集的棋盘街。门内有与承天门连接在一起的御道"千步廊"。大清门两侧，根据"左文右武"，部署中央各部。辛亥革命后，1912年大清门更名为中华门。中华人民共和国成立后，1954年中华门被拆除，1977年在原址修建了毛主席纪念堂。在天安门左前方，大明门内东北角，是长安左门，形制与大明门相似，清乾隆十九年（1754年），在长安左门之外建有一座类似长安左门的门楼，东门楼称为"东三座门"。明清殿试后，礼部官员将钦定的写有进士姓名、名次的皇榜，由鼓乐仪仗先导，抬出天安门，来到长安左门外张榜公布，因此长安左门有"龙门"或"青龙门"的叫法。后因扩建长安街，此门于1952年被拆除。长安右门位于天安门右前方，大明门内西北角，与长安左门规制同，坐落方向相反。清乾隆十九年（1754年），长安右门外又建一座门楼，西门楼被称为西三座门。明清有经皇帝勾决的死囚犯，被押出长安右门赴宣武门外的菜市口等刑场处决。此门曾被称为"（右）白虎门"，1952年被拆除[①]。民国二年（1913年）为开通长安街，将此东、西三座门改建为红墙歇山小式黄琉璃瓦顶之三孔圆角方券门，仍称东、西三座门（此两门于1951年拆除）。中华门，长安左门，长安右门及东、西三座门均属皇城正门天安门的拱卫门。

地安门，明时称"北安门"，俗称"后门"，位于皇城北垣正中，南对景山，北对鼓楼，始建于永乐十八年（1420年），弘治十六年（1503年）二月重修，隆庆五年（1571年）七月修葺，清顺治九年（1652年）七月重修改称地安门。光绪二十七年（1901年）十月初六修葺地安门，地安门于1954年底动工拆除，1955年2月3日路面竣工。地安门曾是北京中轴线上的重要标志性建筑之一，是皇城的北门，天安门则是皇城的南门。南北互相对应，寓意天地平安，风调雨顺。

东安门，位于皇城东垣中间偏南，始建于明宣德七年（1432年），门内正对玉河之"皇恩桥"与紫禁城之东华门相对。东安门原在永乐十五年（1417年）所建之皇城东垣，其址在玉河之西，玉河是元时通惠河，明初因内城货运隔断外城之水运，但仍为城内货运通至"海子"（积水潭）的水路，因距宫城近，喧嚣之声闻于宫禁，宣德七年（1432年）将皇城东城垣东移至河东，将此段玉河隔于皇城之内，城内水运逐渐废弃，在新东垣重建东安门。明天顺五年（1461年）太监曹吉祥及其从子曹钦谋反，纵火焚

---

① 姚华容,孟丹,王娜. 漫话旧京"皇城"四门及其他三门[J]. 城建档案,2015（3）.

东安门，次年重建，清代屡有修葺，民国元年（1912年）二月二十七日由袁世凯策动兵变时焚毁。2001年建皇城公园，东安门遗址原地保护①。

西安门，位于皇城西墙中段偏北，因有太液池相隔，距紫禁城较远，并且与东安门不相对称，但门之形制与地安门、东安门略同。西安门始建于明永乐十五年（1417年），宣德六年（1431年）二月，拓展西部皇城墙，因汉王朱高煦谋反，宣宗亲征将其押解回京拘于西苑，为此拓展西黄墙，并于西安门内营造其禁居。万历十四年（1586年）七月修西安门，崇祯十七年（1644年）三月十九日，李自成从西安门进入皇城占领紫禁城，在武英殿处理政事，西安门陡匾北侧有铁箭一支，传为李自成所射。西安门内曾有明代玉熙宫之星门（今文津街西口处），清时将星门改建为砖石琉璃花壁方形三座门，称"外三座门"；又将明代"乾明门"（团城以东）改建为砖石琉璃花壁三座门，作为"内三座门"。此两门于1956年拆除。西安门于1950年12月1日，因摊贩不慎失火，焚毁。西安门有楠木模型存世。

明清时期，北京皇城是拱卫皇宫并为皇家提供各种服务和生活保障的特殊城池，它在整体规格上与紫禁城连为一体，从四面围绕紫禁城，皇城的城门门制是：东、西、北三面的红墙各辟一门；在南面沿中轴线建三重门，也被称为皇城三大中门。一重是紫禁城午门正南的端门；二重是端门之南的承天门（清改名为天安门）；三重是承天门正南的大明门（清改名为大清门，1912年

---

① 姚华容，孟丹，王娜. 漫话旧京"皇城"四门及其他三门[J]. 城建档案，2015（3）.

改名中华门)。而承天门前左右分设长安左门及长安右门(清代此两门分别改名为东长安门与西长安门),这种设计突出了皇家的至尊地位,同时也将内廷、外朝与皇城贯通一体。

天安门前为"T"字形宫廷广场,又称"天街",四周由朱泥黄檐的宫墙围绕,属皇家禁地,普通百姓难以一窥全貌。在我国封建都城的规划设计中,宫体广场已经有了比较规整的形式,出现在隋唐长安城和洛阳城的宫城前方。①在宋代汴梁和金中都城的宫城前方,也有宫廷广场。隋唐的广场是一条完全平行于宫城的横向道,或者是垂直于宫门的纵向道,随着时间的推移,横向和纵向演变为宫城正前方的复合广场,就是"T"字形广场,并加增了两列千步廊。元大都时期把千步廊从宫城之外迁到了皇城之外。明代千步廊又比前代有所发展,把千步廊南移到正阳门到承天门(今天安门)之间,长达一里,有着御路和广场的双重身份。大清门门内东西两侧,沿宫墙之内,建有千步廊,至皇城的南端,它是皇宫"御路"旁的廊房建筑。天安门广场的布局,无疑强化了从皇城正门到宫城正门在建筑上的次序和布局,用一条开阔的空间显示出帝王宫阙宏阔的气势。同时也有限制庶民百姓接近的作用。

千步廊两侧集中了中央政权机构的绝大部分衙署,包括行政与军事机关,是各部议事、办公的场所。"列六部于左,列五府于右",东墙外称"户部街"、民国时改称"公安街",明代街东为五军都督府所在;西墙外称西皮市,明代街西为六部所在。《日下旧闻考·国朝宫室》记载:

---

① 侯仁之. 元大都城与明清北京城 [J]. 故宫博物院院刊, 1979 (10).

清代中央机构分布图

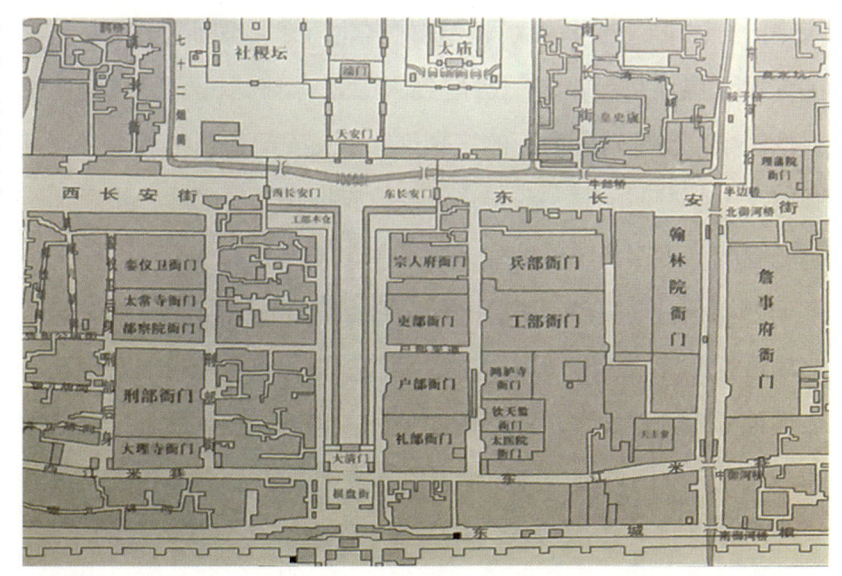

　　大清门之内千步廊，东西向，各百有十间。又折而北向，各三十四间，皆联檐通脊。凡吏部月选，兵部官掣，刑部秋审、朝审，礼部乡试、会试磨勘，均集左右廊房。千步廊东接长安右门，西接长安左门，门各有三阙。东西向，两门之中南向者天安门，五阙，上覆重楼九间，彤扉三十有六，为皇城正门。①

　　由此可见，中央政权的核心机构与紫禁城通过宫廷广场连成一体，突出了皇室的威严，以及紫禁城作为最高权力机构的统摄地位，号令全国。这种城市的结构和布局充分突出了城市政治中心的作用。②千步廊于明嘉靖四十四年（1505年）八月重建，公生桥初为木桥，明景泰三年（1452年）改为石桥，清康熙朝重修（即

---

① [清]于敏中等. 日下旧闻考. 卷九国朝宫室[M]. 北京：北京古籍出版社，1983：128.
② 梁思成等. 名家眼中的北京城[M]. 北京：文化艺术出版社，2007:25.

今中山公园北门外及劳动人民文化宫北门外之石桥）。1900年八国联军入侵北京，天安门遭炮轰。1952年修缮天安门城楼，曾在西侧梁上发现八国联军的三颗炮弹，天安门前石狮及华表也有弹痕。[①]民国四年（1915年）北京政府拆除千步廊后，建西式砖砌花围墙，1924年在围墙北侧铺设有轨电车道。

1949年8月，为迎接中华人民共和国开国大典，对天安门广场进行修整，1950年拓宽东、西长安街，将金水桥前石狮及华表后移6米并移向东、西两侧桥外侧。1949年10月1日，毛泽东主席在天安门城楼上向全世界庄严宣告中华人民共和国诞生。

中华人民共和国成立，标志着一个社会主义新时代的来临，旧时帝王"唯我独尊"在京城中的表现如何改变，同时也考虑到优良传统的继承，以实现古为今用的目的。[②]负责改造的设计师们参考了美国华盛顿的城市建设，借鉴其建筑物的布局和功能要求。美国的国会大厦位于中轴线的正中央，城中所有的楼房建筑的高度都不得超过它，从国会大厦向西直到华盛顿纪念塔前的绿茵广场，地势平坦，视野开阔。广场的南北两侧，依次排列着各色博物馆、展览馆等，南侧是航天空间博物馆、现代艺术展览馆、国家博物馆；北侧是美术展览馆、自然博物馆等。1952年政府将天安门广场向东、西拓展，拆除长安左、右门，对天安门城楼进行大修。1958年5月人民英雄纪念碑落成，天安门广场进行扩建，拆除正阳门东西两侧城墙和东西长安街南侧之西式砖墙及

---

[①] 董光器. 《古都北京五十年演变录》节选：1956年以前天安门广场的历史及规划建设[J]. 建筑创作，2014（12）.
[②] 侯仁之. 北京城的生命印记[M]. 北京：生活·读书·新知三联书店，2006:140.

开国大典时的麦克风

有轨电车道，兴建人民大会堂及中国革命历史博物馆，将东、西长安街延长至东单、西单，于 1959 年竣工。至此，天安门广场改造完成。广场的左右两翼在东西长安街原有的基础上又有扩建和延长。从而形成了一条横贯北京城的东西轴线，既抵消了旧有自北而南的旧中轴线在全城布局上独一无二的支配地位，旧日全城中心的紫禁城，"推移"到了类似天安门广场"后院"的位置上；同时又产生了一种新的宏观效果——还政于民的作用，在改造后的天安门广场上充分显示出来，也延续了北京作为全国政治中心的城市特点。

　　北京是一座有着深厚历史积淀的古都，其文化内涵丰富，承载了百姓心中无数美好的记忆，了解和感受北京"文化古都"的魅力，更应珍爱历经沧桑留下的珍贵文化遗产。

# 二 北京故宫

## ■ 北京故宫的历史沿革

北京故宫位于今北京市南北中轴线的轴心位置，作为古代北京都城的宫城自然座落于城市的中心。北京故宫占地72万平方米，建筑面积约17万平方米，有8707间殿堂楼阁，是中国现存规模最大、保存最为完整的木质结构古建筑。北京故宫于明成祖永乐四年（1406年）开始建设，以南京故宫为蓝本营建，到永乐十八年（1420年）建成。它是一座长方形城池，南北长961米，东西宽753米，四面围有高10米的城墙，城外有宽52米的护城河。紫禁城内的建筑分为外朝和内廷两部分。外朝的中心为太和殿、中和殿、保和殿，统称"三大殿"，是国家举行重大活动以及皇帝日常行政办公的地方。内廷的中心是乾清宫、交泰殿、坤宁宫，统称"后三宫"，是皇帝和皇后居住的正宫。故宫从建筑分布看，分外朝和内廷，外朝分布在宫城南半部，内廷是皇帝及内眷居住、生活的地方，它位于故宫的北半部分位置。北京故宫是集仪式典礼活动、皇帝及大臣的日常的行政办公、处理政务以及皇帝和其内眷生活起居为一体的建筑形式，属于建筑群落。这样一座雄伟壮丽的宫殿群，什么时候、为什么成为明清时期政治统治中心呢？

明朝建国初年定都在南京，为什么朱棣要北迁都城到北京呢？在明末农民起义中，朱元璋是安徽凤阳人，他的根据地本在南方南京（应天府）。洪武元年，他在应天府登基称帝，建都应天府。都城的选择一般要综合考虑地理、政治经济、军事、人口等因素，天时、地利、人和缺一不可。南京拥有长江天堑，龙盘虎踞，是江南风景优美的地方，可做都城；但它距离中原远，很难控制北方。营建的应天府宫城地势北低南高，雨季存在雨水倒灌、低洼潮湿的弊病。北遁的元顺帝及其残余势力，召集北方反明势力，继续与朱元璋展开战争。明政府吸取辽西夏虎视中原、北宋定都汴梁被女真族所灭、南宋定都临安被蒙古族所灭、蒙古族从北向南建立元朝等史实，强悍的民族政权皆是来自北方，以及燕云十六州为少数民族政权控制，借以成为壮大实力、觊觎南侵的史实，朱元璋认为必须在偏北的适宜之地建立首都，管控北方的少数民族政权。南方虽然经济、地理因素优越，但格局狭隘，不方便管理控制北方，所以多次考虑权衡在北方的长安、洛阳、汴梁等地以及在他的家乡临濠（今安徽凤阳）建立首都。明成祖朱棣被封为燕王，藩邸在北平。永乐帝朱棣执政后，进行了削藩，在东北、西北设置了军事机构加强管理和防卫，综合北京建都的利弊，为加强统治，加强北方的军事力量，巩固多民族国家的统一，决定迁都北京。

北京自古是军事要地，左临渤海，右临太行山，南面挨着黄河、济水，北面靠着居庸关。真定以北至于永平，百十个关口，而居庸关、紫荆关、山海关、喜峰口、古北口、黄花镇尤其险要。漕运便利，天津又通海运，做帝王的首都很适宜。为加强对北京地区经济开发，朱棣征发流放的罪犯开垦北京的田地，迁徙富裕民户充实北京。北京漕运通畅，京杭大运河可以将南方的物资源源不断地输往北方，营建北京的工程在充沛的经济力量保证下，加快了步伐。北京建都，其太庙、社稷坛、郊祀、坛场、宫殿，规制都如南京。北京营建分三部分：京城、皇城、宫城。京城大体取元大都的南部，将南边的城垣向南拓展二里多，皇城取元朝的旧址。永乐十八年（1420年）十二月，北京的宫殿建成；用了十九年（1421年），朱棣迁都北京，北京改称京师。明迁都北京是以天子备边，大力加强北方的军事力量，对巩固北方边境的安全、促进多民族国家的统一，具有积极的意义。[①]

公元10世纪至13世纪，我国北方两个少数民族契丹（辽）和女真（金）先后入主中原，在华北、东北广大地区建立了统治政权。蓟城（北京）开始从军事重镇向政治中心过渡。先是辽的陪都，称南京（亦称燕京），后为金的都城，称中都。蒙古统治时又改称燕京。至元八年（1271年），改称大都，建都城。明清北京的建设，就是从改造元大都旧城开始，它以明初南京和中都凤阳为蓝本，但规模更加宏伟，布局更加严整。北京作为明清的都城，中心是皇帝处理政务与居住的宫城，也称紫禁城，其外部

---

① 陈梧桐. 明成祖为何迁都北京［J］. 文史知识，1984（3）:21-27.

有皇城，皇城以外有京城，也称内城，最外部还有外城。明皇城开拓了元时南北东三面，扩大了皇城与宫城的距离，在午门前的东西两侧，分别建太庙与社稷坛，组成对称的建筑群。明宫城利用了元宫城的遗址，南北两墙分别向南推移了近 400 米和近 500 米，向东也移动了一定距离。明宫城平面呈长方形，东西长 753 米，南北长 961 米，四面都有高大的城门，四角都有角楼，四周有宽 52 米的护城河，俗称筒子河；挖出的土，在宫城之北堆筑了万岁山（亦称煤山，今景山）。紫禁城城垣上窄下宽，高约 10 米。紫禁城在皇城、内城、外城的重重护佑下，处于明清北京城中心靠南的地方。

这四重城的城垣和城门都是均衡对称的，而四重城南面的四座正门和宫城、皇城的北门，都同处于一条纵贯南北的笔直的线上。这条线由南往北，依次串起了外城的永定门，内城的正阳门、大清门，皇城的天安门、端门，紫禁城的午门、太和门、太和殿、中和殿、保和殿、乾清门、乾清宫、交泰殿、坤宁宫、天一门、钦安殿、顺贞门、神武门，宫外的北上门、景山门、景山万春亭、寿皇殿、皇城的北门——地安门，最后止于内城的鼓楼和鼓楼北 100 米的钟楼。从永定门到钟鼓楼，这是一条近 8 公里长的笔直而绵长的路，它是明清北京城的中轴线，其间，也重叠着紫禁城的中轴线。

清康熙四十八年（1709 年），清政府正式将经过北京城中心的经线——中轴线——定为"本初子午线"亦即 0 度经线。……这是自商周以来就已存在的，王城要在"地中"的思想的体现，是历代帝王中央集权、唯我独尊思想在建筑设计上的极致体现……这条中轴线——皇帝御道在宫外的延伸——以及沿线的重重门阙，则又是帝王思想与建筑艺术紧密结合的典范。①

就这样，南起永定门，北到钟鼓楼，以一条长达七公里半的中轴线前后贯穿各种建筑物，组成了起伏变化的空间序列。皇城城垣周长近11公里，南面正门是天安门，北为地安门，东为东安门，西为西安门。

皇城环绕紫禁城，相当于侍奉紫禁城的后院。明清两代，皇城内大部分地区是皇家的苑囿、庙宇、仓库、为皇室服务的各种作坊，以及内府衙署等。②

皇城外为内城，内城城垣周长23.3公里，是明初在元大都城垣的基础上改建和扩建的。

明朝永乐、洪熙、宣德、正统、景泰、天顺、成化、弘治、正德、嘉靖、隆庆、万历、泰昌、天启、崇祯等十五代皇帝；清代顺治、康熙、雍正、乾隆、嘉庆、道光、咸丰、同治、光绪、宣统等十代皇帝都曾在这里居住并实行对全国的最高统治。

1911年10月，辛亥革命爆发；1912年中华民国建立，1914年，古物陈列所成立，开放外朝；1925年故宫博物院成立，以故宫内廷为院址。1948年古物陈列所（外朝）并入故宫博物院，实现了故宫完整管理。紫禁城体现了中国宫殿建筑的空间布局、建

---

① 故宫博物院. 故宫博物院［M］. 北京：故宫出版社,2010:113-114.
② 故宫博物院. 故宫博物院［M］. 北京：故宫出版社,2010:108.

筑造型、建筑技术及装饰艺术的高度成就，体现了深厚的封建文化。1961 年，故宫被国务院列为第一批全国重点文物保护单位，1987 年故宫作为"中国古代皇宫的唯一完整实例以及它的世界遗产价值"被列入世界文化遗产名录。

## ■ 北京故宫的建筑理念

明清统治者遵循古代建都的理念精华，结合现有自然地理条件，因地制宜地营造都城。紫禁城是统治天下的政治中心，是上天所赐万民敬仰的帝都之居，是天下尊严之地，形制威严、壮丽，是震慑臣子、天下的有效建制。"礼"的思想以及天人合一、阴阳五行的运用，是紫禁城建筑设计思想的理论基础和基本依据，是中国古代建筑文化的体现。紫禁城的建筑，正如《论语·为政》所说："譬如北辰，居其所，而众星拱之"，形成了以帝王为中心的整体布局。在选址上，上应天上的星垣，选取帝位，下按功能布局分区，众星拱列。中国古代建都都有一定规制，以尊礼为先，"王者必居天下之中，礼也。""中"为最尊贵的方位。《吕氏春秋·慎势篇》：

择天下之中而立国，择国之中而立宫。

《周礼·考工记》：

匠人营国，方九里，旁三门，国中九经九纬，经涂九轨，左祖右社，面朝后市。

宫城应位于都城的中心，择中而立。

以紫禁城为中心的南北中轴线，向南延伸至永定门，长4600米，向北延伸至钟楼北侧城墙，长3000米，构成了北京城长达近8000米的南北中轴线。南半部从紫禁城正南门午门向南依次建有端门、天安门、外金水桥、千步廊、大明门（大清门），至京城南门正阳门，形成了一条长1500米的天街；沿着南部轴线的两侧，在宫城南东西两侧分别设置了祭祖的太庙和祭五谷的社稷坛；在天安门外千步廊两侧，设置了部、院办公的衙署；在正阳门外和永定门之间轴线的东侧建有祭天建筑天坛，西侧设祭祀先农的先农坛等坛庙建筑，这些坛庙、衙署与中轴线组成了宫前区极具特色的空间序列，皇权的神圣地位在都城规划中得以充分表现。[1]

紫禁城沿中轴线建立，重要的门和殿依次为：午门、太和门、外朝三大殿以及乾清门、内廷三大殿、坤宁门、天一门、钦安殿、顺贞门、神武门，都在这条中轴线上，午门是宫城的正门，在它的两侧，左是太庙、右是社稷坛。外朝太和门两侧，左是文华殿、右是武英殿。内廷两侧，左是东六宫、右是西六宫。外东路是宁寿宫区，外西路是慈宁宫区。紫禁城布局讲究突出中心、对称、功能全面。在选址和结构上讲究集采自然精华、天人合一、阴阳五行原则，是举世无双、壮丽恢宏的，以"皇帝"为天下中心的封建皇权建筑群。

---

[1] 周苏琴. 建筑紫禁城［M］. 北京：故宫出版社，2014：14-15.

集采自然精华，因地制宜，天人合一，利用阴阳五行学说，为我所用。选址、营造、构建、布局，无一不精心设计。紫禁城坐北朝南、向阳采光，背山面水，这种布局得山水之利，趋利避害。挖护城河环绕保护皇城，挖出的土堆积成景山，起到屏风、阻挡北风、得山之庇护。从西山玉泉引水进宫，为紫禁城提供充分的水源，用来防火、护卫、工程建设；帝后每天喝玉泉山拉来的天然水，用水讲究卫生。中国传统阴阳五行学说对宫殿建筑规划设计也有重要的影响。对建筑的影响，主要体现在选址、环境的处理以及建筑装饰上，其运用手法多含蓄，寓意深刻、内涵丰富。南为阳，北为阴；乾为阳，坤为阴。东属木，色青，主生发，明代安排太子居住、清乾隆年新建的皇子居住的"阿哥所"在紫禁城的东侧，屋顶均用绿色琉璃瓦装饰；西属金，色白，主收敛，安排太后太妃居住；南属火，色红，午门是大红色；北属水，色黑，御花园钦安殿，殿后正中有一块栏板为双龙水纹，表示北主水；中央属土，色黄，是皇帝处理朝政和居住的地方。紫禁城中建筑色彩以红黄为主，火色红，为土之母，大面积的红黄色表示国运昌盛。每个功能和分区均采用四合院建制，四面围合，避免互相影响。中央三大殿由九道门、四隅崇楼、左体仁阁、右弘义阁以及周围的廊庑组成占地约 80000 平方米的紫禁城内最大的庭院。三大殿外左设文华殿，右设武英殿，成左辅右弼横向排列。依礼制设计出来的紫禁城，规范严谨，等级上下尊卑体现得淋漓尽致，总体布局以尊礼为尚。

　　紫禁城突出安全的防护系统。为了保证皇帝和他的家人们的安全，紫禁城在建设中设计了十分严密的防卫系统。护城河 52 米宽，6 米深。紫禁城城墙顶面宽 6.66 米，城墙顶部外侧筑雉堞，是禁军防守的垛口。四周的角楼用来戍守和防范，宫城的大门高大雄壮，设计有马道，方便骑兵上城，城墙上的雉堞，可以射箭和射击；防卫三步一岗、五步一哨，出入有腰牌，严密设防，严加盘查，严格管理。城垣四面各辟城门，南门是午门，北门是神武门，东门是东华门，西门是西华门。宫城外有皇城，中央办公部门围集在四周，方便调遣，内城有瓮城和箭楼，加强防控。明代宫禁守卫制度设置叫"红铺"，明万历年间，有40座红铺，每铺守军10名，昼夜看守。各处警卫按班值宿，昼夜巡逻。

紫禁城布局讲究突出中心。皇帝和皇后是天下的中心，所以皇帝处理国家政务的宫殿太和殿、中和殿、保和殿以及皇帝居住的宫殿乾清宫、皇后居住的坤宁宫、象征天地之交感，皇帝与皇后之和睦的宫殿交泰殿建筑在了中轴线的核心位置，上应紫微星垣，下为宫城的核心位置。中央官署在外朝之前排列，各功能结构站立两厢，后宫居后，如星辰拱列在周围两侧。太和殿体量最大、最醒目、最壮观。太和殿广场，宽大无比，金水河玉带环绕从广场前流过，金水桥上有五座汉白玉石桥或宽或窄通向宫殿式太和门，太和门顶天立地，壮观巍峨，令人仰视屏息，宛如天上宫阙等臣子去朝拜。太和殿高居三层台基之上，三层台基高达8.13米，精雕细刻，每层都有石栏杆，上有望柱，层层叠叠，根根庄严，护卫着这神圣的殿堂：太和殿。太和殿前有宽大的露台，露台上陈列着精心布置的几样东西，这几样东西只有帝王才能使用。东面安放着日晷，西面安放着嘉量，日晷、嘉量并陈于前，象征天地一统、国家稳固。东面和西面对称一前一后站立着铜仙鹤与铜乌龟，仙鹤昂首挺胸，傲视天下，丰满雄浑，华羽高身，神气异常。神气但不倨傲，又流露出儒雅翩翩的君子风范，可见古代工匠手艺之高。仙鹤是长寿之鸟，矗立在这里，也希望神异瑞鸟如《诗经·小雅·鹤鸣》里所说："鹤鸣于九皋，声闻于野""鹤鸣于九皋，声闻于天"，江山永固。仙鹤身后的乌龟也神异化了，乌龟的头很硕大，颈粗，龟身光润圆滑，龟腿健壮有力，龟身上有龙鳞，乌龟龙化，身上没有驮重物，在设计上彻底解放了乌龟驮碑的功能，只有天子之畔乌龟才能这样扬眉吐气！龟是长寿的动物，鹤龟同现，吉祥如意，寓意江山永固。太和殿高35米多（含三台基高度），面阔11间，5进深，屋顶上的脊兽有10个，殿内有72根楹柱，围绕蟠龙宝座有6根金漆大柱。御座前摆放有瑞兽。地面是苏州烧制的金砖，天花板是蟠龙和玺藻井，藻井中心正对着御座的是轩辕镜。皇帝御用的都是最能代表皇权、身份地位的事物。外朝三大殿和内廷三大殿一起建筑在"土"字形三层须弥座上，高大醒目，位置居中而突出，白色石栏杆环绕红墙黄瓦，显得格外有气魄。

紫禁城布局讲究对称。名称、建筑物、位置、布局、功能都体现了对称的特点。在布局上东六宫与西六宫对称，文华殿与武英殿对称，功能上左文右武、左祖右社，东为木主生发，西为金主休憩。面南背北、面水背山。东一长街、东二长街有西一长街、西二长街对称。皇宫内廷西六宫的街门命名为螽斯，意在祈盼皇室多子多孙，帝祚永延，与东六宫的麟趾门相对应而取吉瑞之意。日精门在东，月华门在西。御花园内由南至北以坤宁门、天一门、钦安殿、顺贞门为中轴；万春亭与千秋亭一东一西，浮碧亭、澄瑞亭两亭也是一东一西对称。

紫禁城设计重视功能全面。紫禁城设计者们考虑到了宫城的种种用途，建筑物的作用都有明确分工，功能齐全。紫禁城既是皇帝处理朝政和生活居住的地方，也是朝廷刊刻图书、收藏图书之所；既是皇帝的统治中心，也是保卫自己的战斗堡垒。比如，金水河里的水既应了风水学的要求，也是木结构建筑用来防火的需要，还可以为宫廷修建工程提供用水，防卫用水。皇帝和其家人的饮用水是每天用车运来的西山玉泉水，其他人则用宫里打出的井水。井水上盖有井亭。井亭是为了防止灰尘、杂物落入井内、污染水源而修建的。井亭亭盖上有洞，可以让阳光照入井内，为井水消毒。设计周到严密，处处体现了工匠们的智慧。

## ■ 北京故宫的构成和建筑特点

北京故宫体现了封建中央集权大一统、唯我独尊，天子为天下中心、天下供奉一人的思想，也即封建集权、礼教等级制。

北京故宫是明清皇帝居住和使用的宫殿群，清王朝灭亡后，人们按历史惯例将其称为"故宫"，意思是前朝的皇宫。故宫在明清时代称"紫禁城"，这种命名取自天文的"紫微宫"。紫微星是天帝居所，居于天正中，天子对应着也要居住在核心位置。紫禁之名来源于紫微星座，在我国古代紫微星被认为是帝座，而皇宫又是禁区，所以称帝王宫殿为紫禁城。紫禁城南北长961米，东西长753米，四个角楼是九梁十八柱、七十二条脊的独特形式建筑。城墙四周绕以护城河，紫禁城有四个城门，午门、东华门、西华门、玄武门。午门是正门，位置在紫禁城南面城墙的正中。北面的玄武门位置在紫禁城北面城墙的正中。南北两门在一条直线上，与紫禁城外门端门、皇城正门天安门、京城正门正阳门、南外城正门永定门都是正对着。

天安门是皇城的正南门，在明朝称作承天门。天安门的南边是一对华表、一对雄狮和外金水桥。沿着天安门广场中轴线向天安门的正中间城门楼走去，首先映入眼帘的是一对雄伟耸立的华表。华表迄今已有500多年历史，高大直立，身长9.57米，直径98厘米，间距为96米，汉白玉石座，柱子上雕刻着云纹和盘旋而上的龙身，横插云板，顶部是柱头，柱头上有圆盘，圆盘之上是望天犼，状似小狮子，是一种神兽，望天犼面向宫外，意为望君归，盼望皇帝外出游玩不要久久不归，应快回宫料理国事。每根华表由须弥座柱础、柱身和承露盘、望天犼组成。挺立的华表门前侍卫，又似门前迎宾的仪仗，起到了庄严敬肃、巍然屹立的视觉效果。华表是帝王御用礼制建筑的象征。

华表旁边各有一只狮子，东边是雄狮，西边是雌狮，两头狮子头顶卷发，身躯硕大，强悍粗壮，雄狮脚下是绣球，雌狮脚下是小狮子。"狮子看大门"是中国古代传统，狮子是百兽之王，用百兽之王看护大门，可见帝王把兽类作为为我所驱遣的权力意识，象征着权力与威严、皇权永存，千秋万代。

天安门前面的外金水桥由7座汉白玉石桥组成，形如卧虹，桥下有水流过。中间5座造型别致、雕刻精美的石桥分别与天安门城楼的5个门洞相对应。

在天安门城楼北边也有两座华表，顶端也各蹲着一只石犼。华表上的石犼面向北，朝着皇宫的方向，人们称它"望君出"。"望君出"就劝诫皇帝不要老是待在宫殿里，该到民间看看百姓的疾苦。

端门是午门的屏障。位于皇城的大门天安门与宫城的正门午门之间。沿着一条大道出端门向北前进，眼前开阔起来，这是一

天安门华表

个长方形广场，两侧东西庑是中央机构的六部公署，正前方中间高大的城墙上矗立着城楼三座，下面是三个门洞供进出，这就是午门。午门是紫禁城的正门，正南午位，故称"午门"。午门两边东西两侧是长条形宫墙和城楼两座，呈"凹"字形面向南方，俗称"雁翅楼"，也叫"五凤楼"。午门高大威猛，捍卫着宫城，皇帝在这里接受献俘大典、颁布历法、命将出征。午门既有防卫的功能，也是朝廷威严的象征。皇帝走中间门洞御道，除皇帝之外只有极少人在特定的情况下才可以通过：一是皇帝结婚时，皇后乘坐的喜轿从中门进宫；二是太和殿殿试传胪后，一甲三名（状元、榜眼、探花）从中门出宫。左门供文武官员出入，右门为宗室王公出入。

午门的东西两侧分别是通向太庙和社稷坛的门。在皇城内，按"左祖右社"的都城规制，于宫城前方端门两侧，西社稷坛是祭祀社稷时所用之坛，社是社神，土地之神；稷是稷神，是五谷的代表。东太庙是明清两代皇帝祭奠祖先的家庙，始建于明永乐十八年（1420年），是根据中国古代"敬天法祖"的传统礼制建造的。这两座建筑群是对称的布局。

走出午门北洞口后，眼前豁然开朗，太和门挺立在正前方，有内金水河从广场上流过，有5座跨越河上的单孔拱券式并列石桥横卧在金水河上，蔚为壮观。按照五行，西方属金，河从西方玉泉山而来，所以叫"金水河"，也取"金城汤池"之意，即金属造的城，蓄满开水的护城河，城防坚不可摧。内金水河河水从紫禁城西北角护城河引进紫禁城内，与紫禁城东南角外的护城河相通，全长达2000多米。五座内金水桥之中，居中的桥最长最宽，为主桥，只有皇帝才有资格通过；左右四座为宾桥，供宗室王公

午门

和文武百官通行。五座内金水桥除有严格的等级规定外，还表示"万方来朝"之意。中国古人讲究房屋建筑要背山面水，坐北朝南，向阳取暖。护城河挖土堆山叫景山，挖掘的河流引西山玉泉山的水进入，皇城外是护城河，起防卫作用，又能以水克火，对大量木结构为主的宫城建筑起到防护作用。紫禁城中工程用水也能就地取材。

进入午门之后，太和门是横卧在前的第一座大型建筑，守护着后面的皇宫正殿——太和殿。太和门在明代最初叫作奉天门，嘉靖时改成皇极门。在明代，这里是皇帝上朝听政的地方。明代皇帝每天清晨从内廷乘辇出来，坐在奉天门的御座上，听取大臣的奏事，决策政务。

太和门是一座崇基的殿座。面阔7间、横广58.82米、纵深30.3米，是紫禁城内最晚重建的建筑（清末1885年遭雷火焚毁，光绪大婚后重建）。一般来说，皇宫里的正门都不是专为出入而设，这个奉天门也称作大朝门,是作为殿堂使用的设朝之所。所谓"御门听政"就在这里举行。门前的建筑以及装饰物也较突出。最引人注目的是台基下的一对色泽斑斓的铜狮。高大身躯踞坐在汉白玉台座上,造型威武优美,给大朝门增加了壮丽严肃的气氛……所谓"御门听政"无非是统治阶级向全国宣示至高无上的权威而已。①

外廷坐落着若干个大型的宫殿,位于靠近皇宫正南门的地方,称为前殿。前殿就是皇宫的正殿。统治者从《易经》里摘"太和""保和"命名。"太和"意即天地万物和谐运行,"保和"意即保持万物和谐。"中和"意即凡事做到不偏不倚,恰如其分。太和殿、中和殿、保和殿,这三大殿是紫禁城皇宫外朝部分的主体,始建于明永乐十八年(1420年),初名奉天殿、华盖殿、谨身殿;明嘉靖四十一年(1562年),更名为皇极殿、中极殿、建极殿;清顺治二年(1645年),改为现在的名称。外朝三座大殿前后排列在一个高大的"土"字形白石殿基上。基座分三层,高8米,每层都有刻石栏杆围绕。这样雄伟的一组建筑物,尽显皇家气魄。三大殿的东、西两侧对称布置着文华殿、武英殿建筑群。前三殿按建筑等级的不同,屋顶形式、台基高度、彩绘装饰、御路阶级,以及门窗的装饰形式都不尽相同,等级制度体现分明。

第一座建筑是太和殿,是封建王朝的金銮殿,皇帝坐朝的殿堂。新皇帝"登基"(即位)、向全国颁布政令和诏书,皇帝的生日和新年元旦都在此接受朝臣的祝贺,以及每年的冬至节在此坐

---

① 单士元. 故宫史话[M]. 北京:新世界出版社,2004:17.

太和殿

朝。其他如派遣将领出征、宣布科举殿试结果、恭上皇太后徽号、册封皇后、册封太子等仪式，也在太和殿举行。皇帝在祭天、祈雨的前一天，在这里阅视祝版（祭祀时书写祝文之版）。

太和殿是象征封建政权的建筑，是实施封建政权统治的地方。太和殿安坐在三层台基之上，殿高35米多（含三层台基高度），面阔11间，进深5间，宽达33米。太和殿高敞开阔，建筑面积达2381.44平方米，不仅是中国现存最大的木结构大殿，而且也是形制规格最高的建筑。太和殿前有宽阔的平台，下为高8.13米的三层汉白玉石雕基座，周围环以栏杆。太和殿的屋顶为重檐庑殿顶，体制最尊、构件最大。屋顶正脊两端安有高3.4米、重约4300千克的龙吻。中国古建筑垂脊上蹲脊兽的排列有严格的规定，太和殿垂脊上的蹲脊兽共有10个，这在中国宫殿建筑史上是独一无二的，显示了其至高无上的地位。它的排列次序是前端为仙人骑凤，之后为龙、凤、狮子、天马、海马、狻猊、押鱼、獬豸、斗牛、行什。单士元在《故宫史话》中认为：

  这些装饰性的屋顶覆件都是麟类、羽毛类和兽类，而且又是自古以来传说中的稀有动物。帝王宫殿用这些传说中的动物形象，塑造成立体的琉璃瓦件，好像是拱卫着宫殿。皇帝自称"真命天子"，并称天下一统，奄有四海珍禽异兽齐集来朝。如传说中龙为麟虫之长，形体能长短变化。古书《易经》有"飞龙在天"的话，象征最高统治者。其后封建王朝各代均以龙为至尊。在帝王宫殿上则以龙的图案为主题。明清两代统治者对于这些琉璃塑造的珍奇神灵视为至尊。……再查有关书籍还有记载：
  狮：秉心其灵忠直之兽。狮子怒则威在齿、喜则威在尾。每吼百兽辟易。佛家以狮护法。
  龙：《易经》飞龙在天，龙未飞上天为蟠龙。鳞虫之长。
  凤：凤为飞禽之首，人视之为神鸟。古语"有凤来仪"之语以象征祥瑞。
  麟：仁兽，传说在古代盛世出现。
  天马、海马、狻猊：或称龙种，或称忠直勇兽。
  猴：寿八百。
  鹤：羽族之长，仙人之骥。
  獬豸：《异物志》：忠直之兽（御史补服），见人斗则以角触不直者，闻人争则以口咬不正者。[①]

  太和殿的10只脊兽是最多的数目，也是最大的尺寸，这是

---

[①] 单士元. 故宫史话 [M]. 北京：新世界出版社，2004：21-22.

太和殿垂脊兽

中国古代建筑中等级制的具体表现，为现存中国古建筑中的孤例。吻兽脊的形状、数目、大小上都有严格的规定。同时对建筑物的开间、尺寸、结构以及形状、砖瓦种类、台基高低等，都按封建社会的等级而有所区别。太和殿的装饰与陈设均为中国古建筑中的最高级，装饰为金龙和玺彩画。殿内高悬的横匾是乾隆皇帝的御笔"建极绥猷"，意思是帝王立法公允以治国。两边柱子上对联"帝命式于九围，兹惟艰哉，奈何弗敬；天心佑夫一德，永言保之，遹求厥宁"。意思是上天命帝王作为天下人的表率，这很艰难，怎么能不敬畏呢？上天保佑同心同德，永保君民，求的是天下太平。藻井象征天宇的崇高。藻井内雕有一条俯首下视的巨龙，口衔宝珠，称为"轩辕镜"，寓意下面宝座上的皇帝是轩辕黄帝的正统继承人。藻井中的蟠龙与大殿内巨柱上的金色蟠龙互相映衬，更加烘托出帝王宫阙的庄严和华贵。藻井的设置一方面是烘托帝王的尊严；另一方面还有镇火的含义。

太和殿月台上还固定设有日晷、嘉量。东南角摆放着日晷，西南角摆放着嘉量，分别与铜龟、铜鹤排成一列。日晷是测日影的仪器，是中国古代测日影定时的计时器。石身底座，平台上有石质圆盘，圆盘上有等分的刻度，中间立有一金属晷针，与盘面垂直，日晷盘斜置在石身上，利用太阳的投影与地球自转所形成的日影长短的变化及方向的不同，通过指针投影来表示时间。嘉量是中国古代标准量器，方形，具有斛、斗、升、合、龠五种容量。故宫中重要的宫殿前都要陈设一座嘉量，表征皇帝特有的授量之权，如太和殿、乾清宫、养心殿等均有陈设。制定历书颁发天下，名为"授时"；嘉量是用它制定度量衡以颁发天下，象征立法。象征长寿的铜龟、铜鹤傲立东西两侧，寓意江山永固，万古长青。这一切都是用来衬托皇帝之尊。

中和殿是一座方檐圆顶的宫殿，殿内顶部的雕镂彩绘极其精美，它的鎏金圆顶，如同一座华盖，因而明朝最初建成此殿时就叫华盖殿。中和殿匾额取自《礼记·中庸》，"中也者，天下之大本也；和也者，天下之道也。致中和，天地位焉，万物育焉"，"中"是天下最大的根本，"和"是天下最通达的道理，能够保住中和，天地就能各安其位，万物就能及时生长。中和殿内高悬的匾额上是乾隆皇帝的御笔"允执厥中"，出自《尚书·大禹谟》，寓意施行中正之风，才能治理好国家。两边柱子上的对联是：

时乘六龙以御天，所其无逸；用敷五福而锡极，彰厥有常。

上联出自《周易·乾卦》，帝王登基治理天下，言君子一心修养道德，不该贪图享乐，意写皇帝的职责。下联中，"五福"出自《尚书·洪范》"敛时五福，用敷锡厥庶民"，五福指寿、富、康宁、攸好德、考终命。意即皇帝应将五福普遍地赐予广大庶民，以彰显天之常道。皇帝出席太和殿的大朝会时，先要驾临此殿，接受重要官员和侍卫近臣的行礼；皇帝参加祭祀活动的前一天，在这里阅视祝文。去先农坛亲耕礼时，在此查种子和农具；十年纂修一次的皇帝家谱《玉牒》修好后，在此阅视，并举行隆重的存放仪式。

保和殿意思是保持万物和谐，顺调的关系，就能使万物各得其利。明初称谨身殿，保和殿内高悬的匾额是乾隆皇帝的御书："皇建有极"，出自《尚书·洪范》。指立国有其准则，两旁柱上的对联是：

祖训昭垂，我后嗣子孙尚克钦承有永；天心降鉴，惟万方臣庶当思容保无疆。

意思是祖先的遗志、遗训明白地告诉子孙要能继承祖先的事业，永保无虞；上天的命令告知帝王，应当考虑爱护万民没有尽头。

保和殿为金銮殿的第三座殿。保和殿顶是歇山式，即庑殿顶再加一个悬山式顶，规制比太和殿要小。明代，大典前皇帝常在此更衣，清代每年除夕、正月十五，皇帝在这里宴请外藩、王公贵族及一二品大臣。除大朝外，这里还是举行殿试的地方。原来殿试在太和殿廊庑举行，清代主要在保和殿进行。所谓殿试，就是封建社会最高级的科举考试，属于国家大典，考试内容大体是回答皇帝提出如何巩固皇权统治政策方法，以及阐述孔孟之道，因而要在最高殿堂进行。

三大殿东西两侧有对称的廊庑、楼阁，太和殿东侧有文楼，清代名为体仁阁。西侧有武楼，清代改为弘义阁。东面是文华殿建筑区，文华殿是紫禁城外朝东路的正殿，位于外朝协和门以东。

西面是武英殿建筑区，武英殿是紫禁城外朝西路的正殿，位于外朝熙和门以西。这两组宫殿东西对称，与三大殿同属外朝部分。在建筑布局上是外朝三大殿的左辅右弼。

文华殿位于外朝东部。文华殿在明代初建时为皇太子的视事之所，即是储君办公的场所。由于后来几位太子年纪都小，不能处理政事，所以嘉靖十五年（1536年）便改作皇帝的便殿，著名的经筵典礼就是在此举行的，同时也是皇帝在此听翰林学士讲学，太子进学、监国的重要殿宇。文华殿后殿原名为主敬殿，后又改称成文渊阁。文渊阁是藏书的地方，黑色琉璃瓦，黑色主水，取克火之意。

> 明代初年文华殿是所谓"东宫太子"出阁读书之所，屋顶是用绿琉璃瓦……每年春秋两季还在这里举行讲学，称为"经筵"，君臣之间相互阐发儒家经典，并阐述古代经书即诗书、易经、春秋等。在文华殿后有一座小型建筑叫传心殿，是皇宫内供奉从尧舜禹汤到周公孔子神位的殿堂，从历史流传的唐尧虞舜开始，以下为夏禹商汤、周文王、周武王、周公，直到孔圣。所谓传心就是传习古代这些人治理国家的心得、经验。清代沿袭明旧制，仍在此举行经筵。①

武英殿在明代与文华殿一样，同属皇帝的便殿。清乾隆时，武英殿设宫中修书处，清代大量图书在这里编辑、刻板、刊印，世称"殿本书"。

---

① 单士元. 故宫史话[M]. 北京：新世界出版社，2004:29.

外朝和内廷的分界：乾清门广场

　　故宫全部建筑由"外朝"与"内廷"两部分组成。外朝就是故宫的前部，以太和殿、中和殿、保和殿三大殿为中心，是皇帝处理朝政、举行朝会大典、颁布政令的地方。内廷就是后宫，是皇帝和家人的生活区。

　　从紫禁城建筑布局来说，乾清门广场以南的三大殿，文华殿、武英殿为外朝。广场以北包括后三宫和东西六宫等建筑为内廷。外朝与内廷的分界线是在保和殿与乾清门之间。

　　保和殿后即乾清门广场。东西长200米，南北宽50米。正面是内廷大门乾清门。殿门左右有"八"字形琉璃照壁，清代皇帝有时听政于此。广场东西各有一门，东曰景运，以通外东路；西曰隆宗，以通外西路。

　　内廷就是故宫的后部，是皇帝与后妃、皇子们居住的地方。故宫的前半部分建筑，主要形象是严肃庄严、隆丽雄伟，用以象征皇权的至高无上,而内廷则比较富有生活气息,建筑多是院落,有花园、书斋、馆榭、山石等。内廷又可分为5个区域。内廷后宫区:以乾清宫、交泰殿、坤宁宫为中心的建筑群,是皇帝和皇后的寝宫。内廷东路宫区:后三宫的东侧有6座后妃的寝宫,叫"东六宫"。东六宫前面建有斋宫、毓庆宫、奉先殿,是皇帝去南北郊祭坛前的斋戒居所和供奉祖先的家庙。东六宫的后面是乾东五所,是皇子、皇孙们的居所。内廷西路宫区:后三宫的西侧有6座后妃的寝宫,叫"西六宫"。西六宫的前面是养心殿,明代为皇帝的便殿,清雍正以后为皇帝的日常起居之所。西六宫的后面是乾西五所,也是皇子、皇孙们的居所,乾隆年间改建成重华宫和建福宫花园。内廷外东路宫区:明代有仁寿宫、慈庆宫等宫殿,是后妃养老的宫殿区。清康熙年间在仁寿宫的旧址处改建成宁寿宫,也是供后妃居住的宫区。乾隆四十一年(1776年),此处扩建成乾隆皇帝退位养老的宫区,有皇极殿、宁寿宫,以及养性殿、宁寿宫花园、畅音阁等建筑。九龙壁以南,为皇子们居住的南三所。内廷外西路宫区:是皇太后、皇太妃居住宫区。

  后三宫是故宫内廷的主体建筑,也排列在中轴线上,分别是乾清宫、交泰殿和坤宁宫。乾清宫位于乾清门内,是后三宫之首,始建于明永乐十八年(1420年),此宫面阔9间,进深5间,高24米,是后寝最高大的宫殿。上为黄琉璃瓦重檐庑殿顶。其左右各有一座配殿,左为昭仁殿,右为弘德殿,是皇帝藏书和休息之所。明朝的14位皇帝和清朝的顺治、康熙两位皇帝都以乾清宫为寝宫,在殿内两头的东、西暖阁居住,并处理日常政务。从雍正皇帝起,皇帝的寝宫移至养心殿,但乾清宫仍是礼制的正寝,一些重要的接见仪式、大小节日的内廷礼仪和赐宴都要在这里举行。

同时，无论皇帝在哪里去世，都要在乾清宫停灵，以示"寿终正寝"。乾清宫前有日晷、嘉量、龟鹤等陈设。乾清宫前的月台上有一对微型的镀金宫殿，东侧的叫"社稷金殿"，西侧的叫"江山金殿"，合称"江山社稷金殿"，象征江山社稷掌握在皇帝手中。

在东廊庑中还有日精门、龙光门、景和门、永祥门、基化门，以通东六宫；西廊庑有月华门、凤彩门、隆福门、增瑞门、端则门以通西六宫。这些门庑互相对称。

交泰殿位于乾清宫和坤宁宫之间，建筑形制与中和殿相似，而规模较小。其平面也为方形，四角攒尖顶，面阔、进深各3间。交泰殿是明清两代皇后在节庆日接受妃嫔、命妇、宫女们祝贺和皇子们行礼的地方。清朝时，交泰殿还是收藏皇帝玉玺的重地。殿内匾额书写"无为"二字，意为通过顺应自然的方式达到天下大治。

坤宁宫位于交泰殿之北，面阔连廊9间，进深3间，重檐大殿，是皇后的寝宫。"坤"是大地的意思，"宁"是宁静、安宁之意，寓意皇后是后宫之主，母仪天下，应该有大地一样宽广的胸怀。明代的皇后都住在这里。到了清代，皇后只有在与皇帝大婚时才在坤宁宫东暖阁住上两天，之后即可在东西六宫选择一处居住。清顺治十三年（1656年），朝廷对坤宁宫进行改建，按满族的习俗把坤宁宫西端4间改造为萨满教的祭神场所。

宫殿建筑功能上的要求主要强调天子之尊，显示封建统治权的威力。因此总是以天地日月星辰等自然现象为象征。

东西六宫象征十二星辰。在东西六宫的后面各有四合院的五所建筑。东六宫后的叫乾东五所，西六宫后的叫乾西五所。这两组建筑是众多的皇子居住的地方。把这些房子象征天上的众星，这些象征日月星辰对称建筑组合，一齐来拱卫围绕着象征天地的乾清宫、坤宁宫。在这样象征性的思想指导下的设计，反映在建筑形象上，也体现出不同等级的划分。[①]

故宫的主要构成就是以中轴线上的外朝三大殿和内廷三大殿为中心，突出皇权的中心地位，在各项建制上都凸显出天子的身份，上应皇权神授，下为统治天下服务，是中央集权封建统治的外化体现。

---

[①] 单士元. 故宫史话 [M]. 北京：新世界出版社，2004:34.

## 参考文献

1. 故宫博物院. 故宫博物院［M］. 北京：故宫出版社，2010.
2. 周苏琴. 建筑紫禁城［M］. 北京：故宫出版社，2014.
3. 单士元. 故宫史话北京［M］. 北京：新世界出版社，2004.
4. 单士元. 故宫营造［M］. 北京：中华书局出版社，2015.
5. 李文君. 紫禁城八百楹联匾额通解［M］. 北京：故宫出版社，2011
6. 傅熹年. 中国古代建筑概说［M］. 北京：故宫出版社，2016.
7. 北京市古代建筑研究所. 宫殿［M］. 北京：社会科学文献出版社，2014.
8. 黄佳. 中国建筑百问百答［M］. 合肥：黄山书社，2014.
9. 李旻. 细说故宫［M］. 北京：故宫出版社，2014.
10. 姜舜源. 故宫史话［M］. 北京：社会科学文献出版社，2012.
11. 楼庆西. 屋顶［M］. 北京：中国建筑工业出版社，2015.
12. 周苏琴. 北京故宫［M］. 北京：中国建筑工业出版社，2015.
13. 朱家溍. 说故宫［M］. 北京：故宫出版社，2013.
14. 《中华文明史话》编委会. 故宫史话［M］. 北京：中国大百科全书出版社，2009.
15. 徐建融. 宫殿·陵墓［M］. 上海：上海人民美术出版社，2013.
16. 甫玉龙. 古都北京［M］. 北京：北京科技出版社，2017.
17. 侯仁之. 北京城的生命印记［M］. 北京：生活·读书·新知三联书店，2006.
18. （清）于敏中等. 日下旧闻考. 卷九国朝宫室［M］. 北京：北京古籍出版社，1983.
19. 张先得. 明、清北京城垣和城门（一）［J］. 古建园林技术，1985（3）.
20. 张先得. 明、清北京城垣和城门（二）［J］. 古建园林技术，1985（4）.

21. 张先得. 明、清北京之城门［J］. 古建园林技术, 1988（4）.

22. 张先得. 北京的城门［J］. 古建园林技术, 1988（4）.

23. 侯仁之. 元大都城与明清北京城［J］. 故宫博物院院刊, 1979（3）.

24. 罗亦鸣, 胡珊. 北京城门旧址与建筑的承传性［J］. 艺术与设计（理论）, 2007（9）.

25. 杨鸿勋. 永葆北京城的"生命印记"［J］. 北京规划建设, 2001（8）.

26. 李建平. 北京城中轴线申遗与保护［J］. 北京联合大学学报（人文社会科学版）, 2011（3）.

27. 刘昆朋. 明清北京城权利空间的探讨［J］. 华中建筑, 2011（6）.

28. 王世仁. 北京旧城中轴线述略［J］. 北京规划建设, 2007（5）.

29. 郭豹. 为百姓讲述正阳门的故事［J］. 中国文物报, 2014-07-25.

30. 董光器.《古都北京五十年演变录》节选. 1956年以前天安门广场的历史及规划建设［J］. 建筑创作, 2014（12）.

31. 姚华容, 孟丹, 王娜. 漫话旧京"皇城"四门及其他三门［J］. 城建档案, 2015（3）.

32. 王增瑜. 辽南京城考辨两则［J］. 宋史研究论丛, 2007（1）.

33. 程尔奇. 北京皇城的历史演变及其保护利用研究［M］. 北京：知识产权出版社, 2013.

34. 梁思成等. 名家眼中的北京城［M］. 北京：文化艺术出版社, 2007.

35. 陈梧桐. 明成祖为何迁都北京［J］. 文史知识, 1984（3）.

36. 刘秋霖等. 紫禁城匾额楹联［M］. 天津：百花文艺出版社, 2006.

# 从颐和园说起的北京『三山五园』遗址

"三山五园"是有清一代北京西郊一带皇家行宫苑囿的总称。具体所指学界意见不一。本书采用以下通行说法:"三山"即香山、玉泉山和万寿山。"五园"与"三山"相对应,即香山静宜园、玉泉山静明园、万寿山清漪园和平地之处的畅春园、圆明园。

# 一 颐和园

颐和园是北京西郊保存最为完整的御苑。颐和园的前身——清漪园建于乾隆十五年（1750年）。这是一座以北京西郊万寿山和昆明湖的自然山水为依托，仿杭州西湖景观建造的园林。颐和园汲取了中国历代造园艺术的精华，是中国园林最杰出的范例之一，1998年被联合国教科文组织列入世界文化遗产名录。世界文化遗产委员会对颐和园作出如下评价：

> 颐和园是中国造园思想与实践的集中体现，而这种思想和实践对整个东方园林艺术文化形式的发展起了关键性的作用。以颐和园为代表的皇家园林，是世界几大文明之一的有力象征。[1]

---

[1] 贾珺. 北京颐和园[M]. 北京：清华大学出版社，2009：286.

## ■ 颐和园的历史变迁

万寿山，金元时期因山形似瓮，被称作"翁山"。山前有湖曰"瓮山泊"。元代至元元年（1264年），为接济漕运用水需求，引昌平白浮泉水西折而南，汇集沿途十余处泉水注入瓮山泊，使瓮山泊成为一座蓄水库。湖水经流长河、高梁河，汇于积水潭，东折向南，汇入金代闸河。明初，"瓮山泊"又称"西湖"。

由于这一地带山水俱佳，人文景观也颇为丰富，金朝贞元元年（1153年）金主完颜亮在此设置"金山行宫"。元文宗天历二年（1329年），在湖西北岸修行宫寺庙"大承天护圣寺"。明宣宗宣德二年（1427年），重修大承天护圣寺并更名为"功德寺"，明世宗后逐渐废弃。明弘治七年（1494年），明孝宗时，修"圆静寺"（今排云殿位置）。明武宗时期，修建"好山园别苑"。

乾隆十四年（1749年），一项水利工程在西湖悄然启动。通过疏浚西湖，拦截西山、玉泉山、寿安山之水，开挖高水湖和养水湖，最终形成三湖蓄水库，保证了宫廷园林和周围农田的灌溉用水。经过这番整治后，西湖湖面东扩，改造出东、西两堤，又辟后湖，开南岛，使西湖与翁山形成山怀水抱的形式。乾隆十五年（1750年），为庆祝乾隆生母六十寿辰，乾隆在圆静寺旧址修建"大报恩延寿寺"。同年，翁山改称"万寿山"；西湖，仿照汉武帝昆明池习练水军之意，更名为"昆明湖"。昆明湖南接长河，北通玉河，与静明园、圆明园、紫禁城水系连成一气。

此后，十数年间，沿昆明湖东、西两堤和山前山后，相地随形，建起了各种亭台馆阁、桥梁轩榭。乾隆二十九年（1764年），清漪园（1888年更名颐和园）建成。相比畅春园、圆明园的人工叠山，静宜园的山地园林，静明园的小巧水面，清漪园山水俱佳，通过扩水堆山，景观更加开阔壮观。自此，北京西郊"三山五园"皇家园林体系正式形成。

颐和园东宫门

咸丰十年（1860年），清漪园被英法联军烧毁。光绪十二年（1886年），在慈禧主持下，以水军操练为名，开始修复清漪园。光绪十四年（1888年），为庆祝慈禧六十大寿，清漪园正式更名为颐和园，取"颐养天年""乐寿冲和"之意。光绪二十年（1894年），修复工程告一段落。修复颐和园的经费主要来自于海军经费和精英大臣的"报效"捐税。根据光绪十四年（1888年）算房的预算，正在进行的56项工程共需318万两白银，其中佛香阁78万两白银，德和园大戏台71万两白银、谐趣园35万两白银。其余建筑预算未有准确记载，但总决算应该超过了500万两白银。乾隆时期清漪园的最终决算为480多万两白银。

颐和园占地293公顷，基本依照清漪园原貌进行修建，但仅修复了前山、前湖和谐趣园地区。后山、后河和昆明湖西岸依旧是残垣断壁。同时，颐和园对清漪园也做了部分改动，如将大报恩延寿寺建筑群改为排云殿建筑群；勤政殿更名为仁寿殿；乐寿堂改为慈禧寝宫；修建了德和园大戏楼；昆明湖东、西、南分别修砌了围墙；耕织图和蚕神庙被划出园外；一些亭台水榭改建为不同的形态。此外，一些现代化设备也被引进，如主要殿堂的窗户上安装了玻璃，室内配有全套的电气照明设备，还引进了德国制造的小火轮。

光绪二十六年（1900年），八国联军攻入北京。从光绪二十六年（1900年）八月初六到光绪二十七年（1901年）八月初二，八国联军占领颐和园整整1年。园内陈设家具等被洗劫一空。

光绪二十八年（1902年），慈禧由西安返京后，立即动用巨资修复颐和园。到光绪二十九年（1903年），27项修复工程基本完工。光绪三十年（1904年），慈禧于排云殿再次举行万寿庆典，庆祝其70寿辰。

  清帝逊位后，颐和园仍是皇室财产，由清内务府管理。1914年，民国政府与清室商定，有限度地售票开放。1928年，颐和园被国民政府内政部接收，辟为公园向民众开放。中华人民共和国成立后，开始对颐和园进行全面修缮工作。1965年进行了多项改造：拆通宜芸馆正殿，在小戏楼听鹂馆内建民族餐厅。"文化大革命"期间，颐和园遭受人为破坏。1980年以后，国家再次对颐和园进行大规模整修。1990年11月，对昆明湖进行了240年以来第一次全面清淤工作。1992年和1996年，景明楼与澹宁堂分别复建竣工。1998年11月，颐和园被联合国教科文组织列入《世界遗产名录》。2004年，复建和整治了耕织图景区，恢复了清漪园时期的完整版图。如今，颐和园总面积达300.8公顷。

## ■ 颐和园的山水画卷

  俯瞰颐和园，若陆为阳、水为阴，则全园平面图极似太极图。改造后的万寿山高60米、南北最宽120米、东西长1000米，东高南伸，抱水而居。昆明湖向西北和东南两端收缩，南北最长1930米，东西最宽1600米，总水面227公顷，占全园面积的70%。湖面向西北延伸，山后有后溪河，做抱峰之态。昆明湖以西堤和支堤为界，分为里湖、北外湖和南外湖三部分。三湖中各有一岛，分别名南湖岛、治镜阁和藻鉴堂，象征传说中的蓬莱、方丈、瀛洲三仙山。里湖靠近东堤亦有南北两个小岛，南曰凤凰墩、北名知春亭。全园布局北山南水，山环水抱，形成水中有山、山中有水的格局。

从整体布局来看，颐和园分为四大部分：宫廷区、前山区、前湖区和后山后河区。

## 宫廷区

宫廷区位于颐和园东侧，由外朝和内寝区域构成。颐和园整个外朝部分为东西走向，正宫门朝东名曰东宫门，正对通往圆明园的大道。东宫门外有南北朝房，门内设两排配殿。向西即仁寿门，这是一座二柱一楼牌坊式门楼，两侧有带须弥座砖砌照壁。门内矗立着一块巨大的太湖石是光绪十五年(1889年)从睿王园移来。太湖石后即是颐和园正殿仁寿殿，相当于紫禁城的太和殿，其前身为清漪园的勤政殿。殿前有4个铜香炉、2只铜鹤、2条铜龙。慈禧垂帘听政时期，这里成为清王朝新的政治空间，慈禧常在这里接见外国使节，商谈国事。

穿过仁寿殿后假山向西即是内寝区建筑组群，皆南北朝向。玉澜堂是光绪的正式寝宫，西临昆明湖，5楹，硬山顶，前后各出3间抱厦，明爽宽敞。名字取意于"玉润澜清"，喻君子美德。东西两侧厢房名曰霞芬室和藕香榭，均为穿堂殿。出藕香榭可达昆明湖岸边。

玉澜堂后院为宜芸馆，5楹，硬山顶，乾隆时期是藏书之所。所谓"芸"者，可驱蠹虫之香草，故古之藏书处谓之"芸台"。光绪时，玉澜堂改为隆裕皇后的寝宫。"戊戌变法"失败后，玉澜堂与宜芸馆之间的通道被切断。慈禧驻跸颐和园时，光绪就被幽禁于玉澜堂。

玉澜堂与宜芸馆之间有一个中院，院内有一座掩映在高大假山后的两层楼阁，名夕佳楼。夕佳楼西面紧邻湖岸处有一条蜿蜒小路，沿路北折西行即为慈禧的寝宫乐寿堂。乐寿堂是居住区的主体建筑，由前后两进院落和东西对称的跨院构成，全部由游廊贯通。正门"水木自亲"是一座紧邻昆明湖的穿堂殿，门外为石造雕栏码头。乐寿堂，正殿7楹，歇山顶，四周有游廊环绕，南北分别伸出5间和3间抱厦，两厢为五开间穿堂。后院有九开间后照殿，西有小花园"扬仁风"。整个乐寿堂的院墙仿照江南风格，采用白墙灰瓦，墙上开有各式漏窗。

乐寿堂院内以花和石闻名。花有海棠、玉兰、牡丹、芍药等；石则有著名的湖石"青芝岫"，亦名"败家石"。相传，明万历年间太仆寺卿米万钟，喜欢园林，酷爱奇石。他在房山发现长达三丈的巨石，欲运往自己西郊的勺园中，然终因湖石体积巨大，运输十分艰难，运费奇高，直至将家产败光也只是运到了良乡，最终只好弃之于野。乾隆时，将这块巨石运到清漪园，安置于乐寿堂前。

乐寿堂院内的"青芝岫"

玉澜堂之东、仁寿殿之北是德和园，位于怡春堂旧址之上，有三进院落。德和园的核心建筑大戏楼高达22米，底层舞台宽17米，是中国现存最大的古戏楼。戏楼分上、中、下三层，分别称福台、禄台和寿台，每层皆有匾额，下层曰"驩胪荣曝"，中层曰"承平豫泰"，上层曰"庆演昌辰"。楼板中央设天井，设有机关，可以喷水、喷火、撒雪花、降落"天兵"等，非常逼真。戏台底部有一眼深井和5个方形水池，可布置水法布景。与戏楼相毗连的是两层扮戏楼，供艺人化妆、退场使用。大戏台正对面是颐乐殿，坐落在台基之上，比大戏楼高22厘米，7楹。颐乐殿两厢用木障隔成12厢，是大臣们陪同看戏的地方。颐乐殿后有5间后照殿，为皇室成员更衣休息之所。

德和园大戏楼

长廊

## 前山区

前山区面对昆明湖，主体建筑为颐和园的核心建筑组群排云殿（清漪园时期大报恩延寿寺旧址）。乐寿堂西侧的邀月门即是长廊的起点，一直向西延伸到石丈亭，共728米，共有廊、亭273间。这是中国古代园林中最长的游廊，1990年被载入《吉尼斯世界纪录》。长廊东西笔直，依山处呈弧形，中间依次点缀4座亭子，即留佳亭、寄澜亭、秋水亭和清遥亭，象征春夏秋冬4个季节。长廊东西两端分别有"对鸥舫"和"鱼藻轩"两座水榭伸入湖中。鱼藻轩北与"山色湖光共一楼"相连。长廊梁枋上画有14000多幅苏式彩画，在半圆形的轮廓（又称"包袱"）内画有小说人物、历史故事、民间传说、戏剧场景、神话故事、花鸟鱼虫、山水风光等画作。长廊北依万寿山、南临昆明湖。观赏者在游廊中穿行，向南眺望，先是松柏绿带，再是湖岸汉白玉栏杆逶迤排开，远处则是烟波浩渺的昆明湖，层层递进，宛若画中。

长廊中间是万寿山的标志性建筑排云殿，这是在清漪园大报恩延寿寺旧址台基之上重新规划设计的一组建筑群。[①] 这组建筑南北进深约 210 米，东西宽 160 米，是全园体量最大的建筑群。其前导为临湖而建的巨大的 3 楹牌楼，两面均有匾额，上书"云辉玉宇"和"星拱瑶枢"。再北是排云门，面阔 5 间，门前有铜狮子一对和十二块类生肖的太湖石。[②] 门外东西两向有短廊与长廊相接。进排云门即入殿堂区。第一进院，东西分别为云锦殿和敷华殿，院子中央有水池一方，池上有石桥。过桥即是二宫门，正殿排云殿位于二进院正中央，5 间重檐歇山顶，黄色琉璃瓦。殿前有汉白玉月台，台上分列一对熏香用铜龙、铜凤和 4 只铜鼎。大殿取名"排云"，典出郭璞诗句"神仙排云出，但见金银台"，很是符合其金碧辉煌的华丽气度。排云殿东西各有配殿一组。配殿由爬山廊直通后院耳房。两耳房之间是依山而筑的高大石台，共 89 级，台上有德晖殿。德晖殿是排云殿与佛香阁之间的过渡性建筑，起承上启下的作用。这组建筑之间也有爬山廊连接，可直抵佛香阁。

佛香阁是清漪园时期大报恩延寿寺最重要的建筑，也是万寿山的标志性建筑。佛香阁地处山腰较高处，四周用围廊围起。楼

---

[①] 大报恩延寿寺是清漪园时期的核心建筑群，位于万寿山中央。这组建筑共有五级台地，高差达 60 米。从南到北依次有三座牌楼、天王殿、大雄宝殿、慈福楼、罗汉堂、多宝殿和佛香阁、众香界、智慧海。佛香阁东西各有一院子，东院转轮藏，西院有宝云阁。转轮藏和宝云阁幸存至今。颐和园时期，北侧的佛香阁依原样重建，保留并修缮了清漪园时期幸存的众香界牌坊、智慧海无梁殿和宝云阁。

[②] 分别从圆明园和畅春园废墟移来。

阁平面呈八角形，外有四层屋檐，内为三层，攒尖屋顶。从台基到宝顶一共 36.44 米，内有 8 根巨大铁梨木擎天柱支撑。佛香阁东西两侧各有一个大型四合院，东院内有造型独特的三层转轮藏，屋顶由三个连续攒尖组成；西院内有黄铜铸造的宝云阁，重

从牌坊看排云门和佛香阁

达207吨。转轮藏和宝云阁幸存至今。佛香阁毁于咸丰十年（1860年），光绪时期依照原样重建。

佛香阁北高台上是众香界。这是一座3楹琉璃牌坊，用砖石修砌，每间有白色拱门一座，墙身为红色，顶部以琉璃装饰。众香界是佛的涅槃境界，即彼岸世界。佛教将宇宙划分为此岸和彼岸。牌坊以南是此岸，过了牌坊便是涅槃境界。牌坊的3个大门象征"三解脱门"，即空门、无相门和无作门。

再往北是智慧海，位于万寿山顶部。这是一座重檐5楹大殿，全用砖石砌成，未曾使用梁柱等构件，俗称"无梁殿"。外墙以黄、绿、蓝等各色琉璃装饰，其间布满1008个小佛龛，每龛内均有小佛像一座。"智慧海"，意谓佛的智慧如大海一样广阔无边，众香界和智慧海幸存至今。

长廊西侧尽头西北角即是清晏舫，清漪园时期名"石舫"，取"凛载舟之戒"之意，警示谨慎从政，稳固大清根基。光绪年间，改名清晏舫，取意"河清海晏"，天下太平。形制为画舫，台基形似船身，石制。上有亭榭，毁于英法联军之火。光绪时期，重修石舫，船舷处加轮。上部改建为两层西洋式楼房，平顶，首尾有两段坡顶。船身栏杆雕刻精美。

### 前湖区

东堤尽头、昆明湖南端是绣绮桥。高拱单孔，桥高9米，又称"罗锅桥"。湖水从桥下流出即是长河，此桥是来往于紫禁城与清漪园之间的水上必经之路，号称"昆明湖第一桥"。

东堤上有十七孔桥，西连南湖岛，东接廊如亭，是通往南湖岛的唯一通道。全桥长150米，宽8米，因17个桥洞而得名。

清晏舫

桥的南北两端分别刻有横联"修𬘫凌波"和"灵鼍偃月",石桥两侧的栏杆上有大小不同、形态各异的石狮子544只。

十七孔桥东端是廊如亭,位于昆明湖东岸。八角重檐,由内外三层24根圆柱和16根方柱支撑。面积130余平方米,高4.29米,是全国体量最大的亭式建筑。廊如,即宽敞开阔的样子。该亭四周开阔,清漪园时期昆明湖东岸没有围墙,东南是万顷良田,西北则是浩渺的昆明湖,登亭眺望,辽阔无际。

西堤上有6桥,由南至北分别是界湖桥、连桥、镜桥、玉带桥、桑苎桥、柳桥。①

## 后山后河区

万寿山西麓前湖与后湖衔接处的"小西泠"将水域划分为东、

---

① 光绪时期,将界湖桥与柳桥名字互换,桑苎桥更名为豳风桥。

西两个航道，由东侧航道驶入便可进入后溪河。后溪河位于万寿山北坡与北宫墙假山之间，赤霞、贝阙城关之外，长达 1000 余米，随山崖形势翕张开合。河上每个节点架设小桥一座，河段被分为 6 段，节奏变化灵动流畅。后山山形陡峭，一条中御路横贯西东，沿途有澹宁堂、花承阁遗址等小型园林和买卖街。后山还有两条山涧，名曰西桃花沟、东桃花沟。

后溪河中段是苏州街，又称后溪河买卖街，全长 270 米，采取"两街夹一河"的布局，南北两岸设置店铺。沿岸码头若干，可随时停靠，犹如江南水乡。店铺造型则是典型的北方样式，有平顶房、硬山或悬山屋顶的普通房，有长方形两层楼房、牌楼房等。每个店铺面积在 6 平方米左右。根据清代内务府档案记载，繁盛时买卖街有店铺 200 多间，囊括了各行各业，吃喝穿用一应俱全，具有浓郁的市井风情。买卖街东西两端分别建有寅辉关和通云关两座城门，水街中央有三孔石桥直通北宫门。咸丰十年（1860 年），苏州街毁于英法联军之火，但台基仍存。今天所见为 20 世纪 90 年代重建。

买卖街三孔桥之南是一组藏式佛寺，名曰须弥灵境，为后山区的主体建筑。该组建筑背南朝北，铺陈于依次升高的藏式"大红台"上，最下一层高达 10 米，并以叠石相拥。整个样式按照佛教宇宙观设计，体现了佛国世界形象。北侧入口处为牌楼，牌楼南北两面匾额分别为"慧因""慈福"。"慧因"是指思维福业，即以智慧思察脱离生死轮回之法；"慈福"是指佛赐予的福德果报。再南是正殿"须弥灵境"，9 楹，左右有配殿法藏楼和宝华楼；后部以香岩宗印阁为中心，象征世界中央的须弥山，东南西北分别有四座汉藏结合式佛殿——四大部洲，分别名曰东胜神洲（半月形)、南瞻部洲（长方形）、西牛贺洲（椭圆形）和北俱芦洲（方形），象征佛国世界的四大部洲。这四座佛殿东西或南北两侧亦分别有两座小部洲，共八座。香岩宗印阁东南侧和西南侧分别有日殿和月殿，大阁四角位置建有黑塔、白塔、绿塔和红塔，象征佛教的不同智慧。咸丰十年(1860年)这组建筑遭到英法联军毁坏。现在所见"四大部洲"组群为 1980 年按原样复建。

后溪河尽头、万寿山东是谐趣园，南部毗邻宫廷区，是一座相对独立的园中园。乾隆时名"惠山园"，仿无锡寄畅园而建。

宿云檐城关

嘉庆时改称"谐趣园"。咸丰十年（1860年），毁于英法联军之火。如今所见为光绪年间重修。"谐趣"，意在以景物之妙趣，养心性之和谐。谐趣园园门朝西，整个布局与颐和园同构——山北水南。池水居南，由后溪河引入。池东有知鱼桥，取自《庄子》典故。池北叠青石假山，布有湛清轩小院、随山势跌落的玉琴峡等景观。园西有瞩新楼，由于地势缘故，该楼园外望是一层，园内看则为两层。这种园中园的设计，有意识地加强了空间张弛的变化，自成天地。

颐和园中在险要关口处设有6处城关，虽是小型模仿之作，亦有雄浑之势。如"赤城霞起"位于万寿山东，把守后山通道；"宿云檐"位于万寿山西，把守后山通道，供奉关帝；"文昌阁"位于东岸南北方向的要路之上，是园内最大的城关，供奉文昌君；"通云"和"寅辉"位于苏州街东西两侧的山路上。这些城关下部皆为城墙墩台，台上有雉堞一周，再上就是楼亭。

清漪园兴建于圆明园全部竣工之后，彼时，乾隆慨叹圆明园为"帝王豫游之地，无以逾此"，决意不再修建园林。但是，未过多久，却以"兴修水利"和"为母祝寿"为名，开始了清漪园的雄伟规划。计成在《园冶》"兴造论"中敏锐地指出"世之兴造，专主鸠匠，独不闻三分匠，七分主人之谚乎？非主人也，能主人之人也"。[①]清漪园的成就七分源于乾隆个人的艺术构思和审美追求，同时作为盛世之君，乾隆有足够的财力和权威实现其艺术梦想。乾隆六下江南，醉心于西湖美景和江南风光。他在瓮山泊和万寿山寻找到了杭州西湖的影子，于是改山扩水，筑寺建阁，将

---

① ［明］计成. 园冶［M］. 北京：中华书局，2011：20.

南国风光移至帝京。清漪园是中国皇家园林高度的艺术总结，其将诗画园一体的美学意境推向高潮，将园林哲学表达推向高潮。然而，清漪园中的每一个艺术符号都有其历史谱系，探寻这个谱系是一件十分必要的工作。

# 二 中国皇家园林与"三山五园"

## ■ 中国皇家园林的历史谱系

清代皇家园林是中国园林发展史的巅峰之作,它继承了汉唐以来皇家园林的基本要素,又创造性地融合了各种文明和艺术的精华,达到了炉火纯青的艺术境界。清代皇家园林犹如一部艺术画卷,无一处无来历,又笔笔皆由心生。因此,解读清代皇家园林,需要沉潜入历史长河,细细寻找其由来。

中国皇家园林发展史可以从形制的形成史、意境的构造史和哲学的表达史三个方面探寻。[1] 本节侧重于前者。上古时代是形制的初起时代,坛上建屋,庭前种草。坛与庭的结构一直延续至

---

[1] 本节相关资料参阅:[日]冈大路. 中国宫苑园林史考[M]. 北京:学苑出版社,2008.

今。夏商时期，出现了宫室、台等建筑物，园内多蓄珍禽异兽。台，即用土堆砌而成的高台，帝王筑台登高，即可通神明；又可凝神眺远，观赏风景。西周时期、逐渐形成城郭宫室等级之制，主人身份不同，房屋形式亦不同；囿、沼、台的融合在周时确立，囿内种植花果树木，亦可狩猎。春秋战国时期，文化进入自由奔放的发展阶段，园囿逐渐向艺术化发展，讲求各种建筑物之间的联系与转换。根据《述异记》记载，吴王夫差依山而建姑苏台，作天池，于池中泛青龙舟。帝王在园林中泛舟嬉戏概始于此。此外，还有楚国的章华台、齐国的琅琊台、燕国的黄金台、秦国的林光宫等。这个时期的构园手法比较简单，帝王主要在其中进行狩猎和游乐。

秦代，秦始皇于渭水以南建上林苑，范围广阔，以自然林木为主，内建许多宫殿，其中尤以建于丰镐之间的阿房宫最为壮观。据称"阿房宫东西五百步，南北五十丈，其上可座万人，宏伟庞大。"秦始皇向往长生不老，在兰池宫开凿大池象征东海，池中堆土为山象征仙山，开启了园林史上人工挖池堆山的先河。

汉代时，宫殿与苑池的建筑形式渐趋多样，风格雄浑豪壮，上林苑和昆明池为其代表。武帝时扩建上林苑，依托终南山，"关中八水从中穿越，广三百里，可容千乘万骑"。内有离宫别馆数十所，二十五观、池沼十数个，还有鱼台、兽圈等。"武帝元狩四年建昆明池，三百三十二顷，容大小船只上百艘，池中有石人、石鲸，池旁建宫室"。据《西南夷传》记载，昆明池是武帝为征伐昆明国，练习水战而开凿。苑池作屯兵习武之所一直影响到清代，乾隆将清漪园西湖更名为昆明池，即取意于汉武；慈禧重建颐和园亦以习练水军为名调用海军军费。建章宫西北部的太液池开启了"一池三山"的格局，象征神仙世界的瀛洲、蓬莱、方丈，后世皇家园林皆承袭此制，寄托长生不老的理想。圆明园福海、清漪园昆明湖、静明园玉泉湖均沿袭了"一池三山"的造园理念。

魏晋时期，魏明帝曹睿扩建芳林园，在园西北部堆造景阳山，与东南天渊池相依，浓缩自然山水景观，象征中国版图西山东海的格局。这一模式对中国后世皇家园林产生了重要影响。圆明园的整体构思即承袭此意。

南北朝时期，又是一个文化大碰撞大交融的时期。以建康为中心的南方文化发展起来，南朝的园林形成了纤巧精致的风格。由于政治混乱，士人崇尚清谈，纵情于山水之间，山水诗画因而独立出来，并形成了完备的理论体系。山水诗画及其理论的发展极大地影响了皇家园林的艺术品位，促使其走向"如画美学"的意境，逐渐形成"山水园林"。昭明太子弟弟梁元帝于江陵所建湘东苑就是这个时期皇家园林的代表。湘东苑构园的手法渐趋丰富，形成移步换景、气韵生动的"山水画卷"。这种融流水、沟壑、岩石、幽谷、花木、假山、亭台楼阁于自然的手法，在清代皇家园林中得到淋漓尽致地发挥。

此外，这个时期还开启了园中仿制市井买卖景象的先例。南齐明帝建芳乐苑，苑中立市，齐明帝令宫人摆摊售卖杂肴，自己扮作市场管理者，嬉戏娱乐。

北齐武成将邺都华林苑改为仙都苑，武成之子后主纬在贫儿村作街市，摆列货物，命胡妃卖酒，宫人交易，往来无禁，三日而罢。

宫苑仿市井买卖是南朝末期帝王荒淫嬉戏之举，但此格局被后世皇家园林继承下来，清代圆明园、清漪园内均设有多条买卖街，不过，此时的买卖街更多的是其象征意义，显示了帝王的"民间情怀"。

隋唐时期，大运河的开凿进一步促进了魏晋时期的北方文化与六朝时期的南方文化的融合，导致了唐代文化的空前繁荣。隋炀帝在洛阳兴建的西苑开启了寝宫与园林的紧密相连的结构布局。据《大业杂记》和《海山记》记载，"西苑方圆二百里，洛水和瀔水从中流过，一条龙鳞渠逶迤环绕着十六宫院，宫中佳丽依其品貌居于不同院中。渠面宽二十步，上跨飞桥"。苑内造山凿湖（名北海），龙鳞渠引水入湖，海中有三山，五湖相连。后苑草木繁盛，翠荫交合。

唐代文化开放包容，气象恢宏。贞观八年（634年）所建大明宫居于天然高地之上，巍峨雄浑，其中含元殿距离平地四丈有余。由于唐代受到中亚、西南亚外来文化的影响，园林也呈现出异域风貌，如冷水循环的装置、希腊风格的柱子、建筑和牌楼中圆拱技术的运用等。这些舶来元素都与中国文化有机地融合在一起。至清代圆明园时，欧式建筑已经作为帝王雄踞天下的象征构成独立景区，长春园内的万花阵、海晏堂、远瀛观、大水法等一组欧式建筑将欧式宫殿与中国文化元素完美嫁接在一起。

宋代，皇家园林有了飞跃发展。受禅宗美学意境影响，山水园林在宋代达到巅峰。与此同时，出现了许多新的构园要素和形制。譬如，湖堤景观成为自觉的美学追求。湖中建堤起初源于水利实用目的，杭州西湖苏堤即是如此。此后，堤岸风景成为园林构建的重要要素。北宋后苑皇家园林疏泉成湖，湖中筑堤，建亭相连，堤上筑梁以通于湖，梁上建茅亭，遍植名花异草。清乾隆在昆明湖仿西湖苏堤建东西两堤，亭堤相连，其意即源自后苑园林。再如，山野景观的设置。宋徽宗在万岁山艮岳中设村居野店，夜黑风高时，偶有禽兽啼哮，野趣盎然。颐和园的耕织图景区、圆明园的多稼如云、北远山村景区，起意盖源于此。只不过后者更多体现了统治者"以农立国"的政治关怀和恬淡多元的美学趣味。又如，构石叠山、叠山筑洞的园林美学渐趋成熟。构石叠山在汉代已经出现，至宋，技艺更加成熟，尤其是太湖石成为皇家园林的重要构成要素。宋徽宗所建艮岳，始曰"万岁山"，仿余杭凤凰山，筑山而成，山周直径6.4公里，中有巨池，尤以太湖石著称，华美秀丽。宋徽宗将其艺术才华倾注于艮岳营建，有学者称：

> 艮岳及其伟大的艺术创作，特别是山丘、湖泽、奇石、树林、花卉和人工建筑的鲜明布局，基本上为数个世纪后的圆明园树立了一个令人赞叹的先例，唯一显著的区别，就是圆明园没有像艮岳那么大规模的动物园。[1]

尤其值得一提的是，宋高宗退位后所居临安德寿宫内，引水凿池，叠石为峰，其中一块巨大的芙蓉石几百年后被地方官僚进贡给乾隆，乾隆将其放置于长春园更名为"青莲朵"，今存于中山公园内。

元代，草原文化甚至欧洲文化进入，形成豪迈之风。万岁山（金人的琼华岛）的山石相传是金人取自宋艮岳之石，至元代万岁山又扩建。

---

[1] 汪荣祖. 追寻失落的圆明园[M]. 北京：外语教学与研究出版社，2010：27.

明清时代，中国皇家园林发展达到顶峰，明代出现了园林建造的系统理论。文震亨的《长物志》侧重于园林赏鉴，计成的《园冶》则全面总结了中国古代的造园理念，提炼出"虽由人作，宛自天开"的审美标准。至有清一代，"妙造自然"的园林审美境界达到中国园林艺术的巅峰。

## ■ 北京皇家宫苑的历史演变

北京，地处黄河流域，左负辽海，三面环山，临视六合，实为形胜之地。尧舜时称"幽州"，夏商时称"冀州"，周又恢复称"幽州"，置燕国于此地。北京园林的兴建可以上溯至西周时期。燕国都城"蓟"的园林是北京最早的园林，在涿州、易县一带，营建了黄金台、碣石宫等宫苑。隋代，幽州是北方的军事重镇。隋炀帝大业三年改称涿郡。隋炀帝在桑干河北岸（今大兴区）修建"临朔宫"作为驻跸之所。唐代，涿郡改称幽州。贞观十九年（645年），唐太宗为纪念辽东一战的阵亡将士，修建了悯忠寺（今法源寺），这是一座典型的寺庙园林。唐中叶以后，藩镇割据，幽州作为军事重镇，历任长官位高权重，常在幽州城郊兴建别馆。

五代以后，呈现辽宋南北对峙的局面，北京地区处在辽金统治下。辽是契丹族建立的王朝，其将"幽州"改称"南京"，又称燕京。城内建有宫阙。金朝出自女真族，金太祖天会三年（1125年），攻取了燕山府，仍用辽代宫阙。天德三年（1151年），完颜亮从上京会宁府迁都燕京大兴府，改燕京为中都。金依据宋汴京宫室制度规模，修建燕京宫殿。据《日下旧闻考》考证，金之大内当在今右安门外。根据《揽辔录》记载：

> 金之皇城周九里三十步，自龙津桥北曰宣阳门，过门则有文楼、武楼。正中千步廊，东西相对各二百间。内城正南门曰应天门，楼高八丈……西至玉华门，曰同乐园、瑶池、蓬瀛、柳庄、杏花村尽在是。琼林苑有横翠殿，宁德宫有瑶光台、瑶光楼。①

金代燕京宫阙雄伟壮丽，贞祐初年为乱兵所焚，火势月余不绝。

金在中都城内建造了诸多宫苑，有东苑、西苑、南苑、北苑等。其中，西苑又称西园，位于皇城内，接近宫城。西苑内引中都城外湖泊水（今莲花池）为太液池。此外，金还建有诸多离宫别苑。"城北离宫有大宁宫，后更为寿宁宫，又更为寿安宫。明昌二年（1191年）更为万宁宫，宫在琼华岛，上为广寒殿，②妆台在焉"。③根据《金史·地理志》和高士奇所著《金鳌退食笔记》的记载，琼华岛采用了宋朝汴京艮岳的石头。金人将这些石头从汴京载运到燕京，每运一块石头折合若干粮食，所以俗名叫作"折粮石"。

金章宗在中都西郊建有八大水院，④清代"三山五园"大多处于金代行宫旧址上，这些旧址有玉泉山芙蓉殿、金章宗行宫、香山金代行宫、梦感泉、樱桃沟金章宗观花台等。据《明昌遗事》记载，到金章宗明昌年间，形成了"燕京八景"：居庸叠翠、玉泉垂虹、太液秋风、琼岛春阴、蓟门飞雨、卢沟晓月、西山积雪和金台夕照。

元至元四年（1267年）定都燕京，在中都故城东北方建新城，

---

①③ ［日］冈大路. 中国宫苑园林史考［M］. 北京：学苑出版社，2008：101.
② 清顺治年间，将广寒殿改建为一座白色的喇嘛塔，成为北海的标志性建筑。
④ 由于史料不足，"章宗八院"具体所指与位置多数已经不可考。

至元九年（1272年）改称大都。至元十一年（1274年）建宫城，位于京城南侧。后苑位于皇城北门厚载门之北，建长庑与海子相通（今景山至地安门，与北海相连）。据《萧录》记载：

> 后苑中有金殿，殿楹窗扉皆以黄金为裹。四处尽植牡丹一百余本，高可五尺。又西有翠殿。又有花亭毡阁，环以绿墙兽闼……苑后重绕长庑，庑后出内墙，东连海子，以接厚载门。①

此外，元扩建了金代营建的离宫万宁宫。至元八年（1271年），改琼华岛为"万岁山"。据元末明初陶宗仪《辍耕录》和《顺天府志》记载：

> 其山皆以玲珑之石叠积而成。峰峦隐瑛，松桧隆郁，秀若天成。引金水河至于其后，转机运斡，汲水至山顶，出石龙口，注方池，伏流至仁智殿，后有石刻蟠龙，昂首喷水仰出，然后东西流入于太液池……左右皆有登山之径，萦行于万石中。洞府出入，宛转相迷。至一殿一亭，各擅一景之妙……幽芳翠草纷纷然与松桧茂树上下荫映，隐然仙岛也。②

太液池环万岁山，池中圆坻上建有仪天殿。元代万岁山上的"渎山大玉海"玉瓮至今仍旧放置在北海公园团城的玉瓮亭内。

明洪武初年（1368年），元大都改称北平。明代迁都北京后，永乐十五年（1417年），明成祖在元代故宫东侧，依据金陵

---

①② ［日］冈大路. 中国宫苑园林史考［M］. 北京：学苑出版社，2008：120.

宫城之例，修建皇城。此外，将元代太液池和西御苑合并为"西苑"，太液池向南拓展，连成北海、中海、南海三大水域，[①]与紫禁城只有一街之隔，形成宫苑相连的宏大布局。水中圆坻和犀山与东岸相连为半岛，圆坻上的土筑高台改为砖砌城墙，改称"团城"。太液池两岸诸多殿阁亭馆，其中旋波台有7层，又称清虚殿。从清虚殿俯瞰京城，帝都景物历历可见。每到重阳节，皇帝或登万岁山，或登清虚殿，大臣皆着重阳菊花服，饮迎霜菊花酒，是为一大雅事。此外，在皇城北部建立一独立园林，园内堆大型土山，名"万岁山"，又名"景山"。在京南郊因袭辽宋以来的旧园林建南苑。南苑古称"南海子"，地势低洼，水泽密布，林木葱郁，是行猎的好去处。辽金时，皇帝在此地"春搜冬狩，以时讲武"。永乐十二年（1414年），对辽金旧园林进行扩建，筑墙建门，修建庑殿行宫，形成燕京十景之一——"南囿秋风"。

明代北京西北郊还出现了一批寺观园林，在西山、香山、瓮山、西湖一带兴建了大量佛寺，有敕建的，也有皇亲贵族捐建的，如香山寺、碧云寺等。清代"三山五园"的营造多基于这些园林旧址之上，这些遗址成为清代西北郊皇家园林体系构建的人文基础。

清定都北京后，京城大内依明朝旧观，少有改动，多限于更名而已。但是，满族人习惯骑射的自由而自然的生活，不喜久居肃穆、严谨的宫禁之地。因此，营建离宫别苑的需求十分迫切。清王朝除继续使用和修建前代的御苑、西苑和南苑外，从康熙到乾隆，历经130多年，在北京西郊集中修建起规模宏大的"三山

---

[①] 西苑三海中的中南海现为党中央和国务院办公所在地；北海至今基本保留着乾隆时期的基本面貌，成为世界史上历史最悠久、保存最完整的皇家园林。

五园"的皇家园林体系。此外，还有热河的避暑山庄、蓟县盘山行宫以及南巡、东巡、北狩路线上的大量行宫别苑。这一时期，不仅清王朝国力强盛，中国造园艺术也达到了巅峰状态，更兼"康雍乾"三帝个人的艺术修养，共同造就了中国皇家园林的辉煌之作。

## ■ 清代"三山五园"的选址意趣

中国园林首先讲究选址。明代计成在《园冶》中专有"相地"一章，讨论基址选择的原则。他认为：

园基不拘方向，地势自有高低；涉门成趣，得景随形，或傍山水，欲通河沼。探奇近郭，远来往之通衢；选胜落村，藉参差之深树。村庄眺野，城市便家……如方如圆，似偏似曲；如长弯而环璧，似偏阔以铺云。高方欲就亭台，低凹可开池沼。[1]

园林选址，没有方向限制，取境幽静成趣为要，景观设置因地制宜。在诸多基址中，计成尤其推崇山林之地，指出：

园地惟山林最胜，有高有凹，有曲有深，有峻而悬，有平而坦，自成天然之趣，不烦人事之工[2]。

---

[1] [明] 计成. 园冶 [M]. 北京：中华书局，2011：37.
[2] 同上：39.

清代，之所以在北京西北郊营建皇家园林，首先是源于这里得天独厚的自然条件。"三山五园"皆坐落于西山之中。西山属太行山脉。以其西来，故曰"西山"。总面积3000多平方米，约占全市面积的17%。地势由西北向东南逐级降低。西山向东，即大西山山脉向北京平原前突部分是小西山。香山即坐落于小西山东坡之腹地。香山之自西向东是玉泉山和万寿山。由西山、小西山、香山、玉泉山至万寿山，自西向东层峦叠嶂，植被丰茂。

水是中国园林的精魂，理水是造园艺术的精髓。计成认为"卜筑贵从水面，立基先究源头，疏源之去由，察水之来历"，① "入奥疏源，就低凿水"，② "水浚通源，桥横跨水"，③ 指出了水在园林设计中的重要地位。如前所述，自古以来山与水是中国皇家园林不可或缺的基本元素，或以自然山水为蓝图，或无山堆山、无水凿池，皆以山水为核心，展开全园构思。北京西郊水资源异常丰富，泉水、湖水，时出时入，连为一片。明代时瓮山泊（今昆明湖）一带莲叶田田、柳堤绵绵、稻花千亩，形成"西湖十景"，被誉为"北国江南"。香山碧云寺之卓锡泉、五华观之泉水、潭水院之梦感泉、玉泉山之群泉，可谓流泉满道。因此，北京西郊独特的山水资源，成为清代皇家园林首选之地。这里满足了帝王不出京城，即可纵情于大自然的美好愿景。不仅如此，理水造园的同时，也疏通了京城的漕运和整个水利系统。

其实，北京西郊的自然景观自古即被称颂，成为历代帝王、

---

① ［明］计成. 园冶［M］. 北京：中华书局，2011：37.
② 同上：39.
③ 同上：46.

文人、寺院的造园佳处，具有悠久历史的人文景观。辽末，契丹孝章皇帝耶律淳葬于香山蟾蜍峰东侧，史称"永安陵"。辽开泰二年（1013年），建玉泉山行宫。金代，每年春秋之际都有狩猎习俗，谓之"春水秋山"，是辽代"四时捺钵"的延续。[1] 金章宗在此营建了"西山八大水院"。其中位于香山山坡的潭水院（香山寺遗址处）至有清一代发展扩大为静宜园；玉泉山的泉水院则发展为静明园。

## ■ 畅春园的盛时景象与历史变迁

畅春园，是清王朝在北京西郊修建的第一座大型皇家园林。今日已荡然无存。据《日下旧闻考》记载："畅春园在南海淀大河庄之北，缭原一千六十丈有奇"。据后人推测，其旧址大概范围是：东至颐和园路、南至西四环路、西至玉泉河路西侧、东北至恩佑寺遗址。北京修建北四环路时曾发现了园门地基遗址。旧时，这里曾流泉满道、沃野平畴、绮和绣错，是造园佳址，康熙谓之"神皋胜区"。

明朝万历年间，武清侯李伟（万历帝生母之父）在此处建清华园。据《春明梦余录》等史料记载，清华园占地1200亩，引西山泉水为湖，构建起一座美丽的水景园林。明崇祯年间出版的《帝京景物略》如此描述清华园之美景：

---

[1] "捺钵"是契丹语的译音，意为辽帝的行营。辽帝保持着先人游牧生活习惯，居处无常，四时转徙。因此，皇帝四时各有行在之所，谓之"捺钵"，又称"四时捺钵"。自辽代以来，"捺钵"一词由行宫、行营、行帐的本义被引申来指称帝王的四季渔猎活动，即所谓的"春水秋山，冬夏捺钵"，合称"四时捺钵"。

方十里，正中挹海堂。堂北亭，署"清雅"二字，明肃太后手书也。亭一望牡丹，石间之，芍药间之，濒于水则已。飞桥而汀，桥下金鲫，长者五尺，锦片片花影中，惊则火流，饵则霞起。汀而北，一望又荷菜，望尽而山，剑铓螺矗，巧诡于山，假山也。维假山，则又自然真山也。山水之际，高楼斯起，楼之上斯台，平看香山，俯看玉泉，两高斯亲，岿若承睫。园中水程十数里，舟莫或不达，屿石百座，槛莫或不周。灵璧、太湖、锦川百计，乔木千计，竹万计，花亿万计，阴莫或不接。[①]

清华园借用"对景西山"的构园技巧，登楼台远望，西山秀景一览无余，充满画意诗情。清华园被誉为"京师第一名园"。明末清初，逐渐荒废。

康熙二十三年（1684年），康熙因循清华园故迹，"少加规度，依高为阜，即卑成池"，开始建造西山第一座"避喧听政"的皇家园林。康熙二十九年（1690年），全园竣工，正式命名为"畅春园"，取其"四时皆春""八风来潮""六气通达"之意。

畅春园是平地造园的杰作，由园林艺术大师张涟、张然父子规划设计，以水景见长。全园占地60公顷，南北长1000米，东西宽600米。其中，人工挖湖堆山30余处，较大水面10余处。园中之水分别引自玉泉山和万泉河。

整座园林坐北朝南，设园门5座。正门在南墙东侧，门内为畅春园的理政和居住区。畅春园的建筑共分为两部分：宫廷区与苑林区。宫廷区位于南部，沿袭前朝后寝之定制，呈纵轴排列之势：

---

[①] 张宝章. 三山五园新探［M］. 北京：中国人民大学出版社，2014：24-25.

外朝为两进院落：大宫门、九经三事殿、二宫门；内庭亦为两进院落，有春晖宫、寿萱春永殿、后照殿。

苑林区位于宫廷区之北，以湖为界分为前湖、后湖两个部分。湖面以堤岛分割，万泉庄的泉水由西南角入园，蜿蜒曲折，贯穿湖岛，自西北角流出。以路为界分为中、东、西三路。中路是宫廷区的延续，在后照殿之北设一倒座式院落，称"云涯馆"；往北渡石桥为一系列的叠石假山，山后即为前湖。湖中有一大岛，岛上由三座主要建筑组成，即瑞景轩、林香山翠、延爽楼。延爽楼为九间三层的大楼阁，是周览全园景色的制高点，也是中路的终结点。前湖东侧有长堤一道，遍植丁香，称丁香堤，其西则有芝兰堤、桃花堤两道长堤。后湖则位于前湖之北。东路为澹宁居、剑山、龙王庙、渊鉴斋、藏拙斋、兰藻斋、太朴轩、清溪书屋（恩佑寺）、小东门和恩慕寺。西路为玩芳斋、买卖街、无逸斋、菜园、关帝庙、娘娘庙、凝春堂、蕊珠院、观澜榭、集凤轩等。[1]

园西出大西门是畅春园的属园西花园，园内有湖泊4处，沿岸建有讨源书屋、观德处、承露轩等。

畅春园以园林景观为主，素朴古雅、自然清幽。据一位曾目睹过畅春园的官吏说：

畅春园垣高不及丈，苑内绿色低迷，红英烂漫。土阜平坨，不尚奇峰怪石也。轩楹雅素，不事藻绘雕工也。[2]

---

[1] 孙大章. 中国古代建筑史（第5卷）[M]. 北京：中国建筑出版社，2009.
[2] 张宝章. 三山五园新探[M]. 北京：中国人民大学出版社，2014：43.

畅春园建成以后，康熙常常在这里处理朝政和居住，开启了清代皇帝园居理政的先河。据统计，康熙自康熙二十六年（1687年）二月二十二日首次驻跸畅春园，至康熙六十一年（1722年）十一月十三日病逝于清溪书屋，共36年，累计居住畅春园257次3800余天，年均驻园7次107天。最短者为29天，最长者为202天。可见，康熙时，畅春园成为紫禁城外的另一个重要的政治中心。

乾隆生母孝圣宪皇太后的大部分时间在畅春园凝春堂度过。乾隆四十二年（1777年），孝圣宪皇太后去世后，乾隆将畅春园特定为皇太后的御园，专供后世的皇太后居住。可是，自乾隆后期到嘉庆朝的40多年内，一直没有皇太后，畅春园始终关闭。道光时，道光皇帝以畅春园年久失修，不堪使用为由，将恭慈皇太后移往绮春园。从此，畅春园渐渐衰败下去。

咸丰十年（1860年），英法联军将园中建筑悉数烧毁。今日仅存恩佑寺山门、恩慕寺山门和东北角界墙石一块。

## ■ 静宜园的盛时景象与历史变迁

静宜园依托于香山峰峦叠翠的自然之境和幽深静谧的名胜古刹，是一处以浓郁山林风貌和佛教文化为特点的行宫所在。静宜园是"五园"中唯一以山地景观为主构筑的皇家宫囿。

香山位于小西山之东坡，是西山山梁东端的枢纽部位。坐西朝东，地形多变。主峰名曰香炉峰，海拔575米。因主峰上有巨石状如香炉，云雾缭绕，如缕缕香烟袅袅而升，故而得名香炉山，俗称香山。香山春迟秋晚，山高苦寒，与城区四时景色参差有别。

香山植被十分丰茂，覆盖率高达98%。在众多植物中，香山红叶最为著名。自金代起，香山红叶就已经成为一道著名景观。由于独特的自然和人文景观，2012年香山跻身"世界名山"。

香山自古多泉水。山之南北坡中皆有清泉涌出。香山寺观庙宇、行宫亦以泉留名后世。譬如，元时，碧云寺之卓锡泉，水声呦呦，越涧而奔；金时，五华观之泉水东南流，不逾寻丈，伏而不见，至玉泉山复出；金章宗时，行宫潭水院有梦感泉，传说是金章宗打猎时小憩于山中，梦双箭射金鹿，醒来寻梦处，掘出清泉两股，故名"梦感泉"，后乾隆赐名"双清"。

有山有水之处，古刹名僧也多。香山美景与宗教文化相映成趣，有"西山之刹以数百计，香山号独胜"之誉。最早的人文遗迹是东晋葛稚川的炼丹井。辽代阿里吉在香山兴建佛寺，寺后筑有仁佛阁（明代时尚存遗址）；唐代时，香山有永安寺、吉安寺、妙高寺；金世宗时，建香山寺，并与吉安寺连接为大永安寺；元至顺二年（1331年），耶律阿勒弥建碧云庵[①]；元仁宗重建香山寺，更名甘露寺；明代宦官擅权，禅林大盛，正统六年（1441年），宦官范宏在金代永安寺旧址上扩建香山寺，明英宗赐名"永安禅寺"；[②]明正统九年（1444年），太监韦敬、黎福喜建玉华寺；成化年间，太监郑同在永安寺西北仿朝鲜金刚山千佛绕毗卢之式建洪光寺。清乾隆四十五年（1780年），建宗镜大昭之庙。

康熙十六年（1677年），康熙在香山寺、洪光寺一代修建"香

---

[①] 明正德十一年（1516年）改庵为寺。天启三年（1623年），魏忠贤扩建碧云寺。清乾隆十三年（1748年），再次扩建碧云寺，建金刚宝座塔，罗汉堂和行宫院。
[②] 乾隆时再次修葺，赐名"香山大永安禅寺"。

山行宫",楼阁亭台质朴清雅。乾隆十年(1745年),扩建康熙行宫;乾隆十一年(1746年),行宫初具规模,正式命名为"静宜园"。所谓"静宜"本北宋哲学家周敦颐"动静有养,体智仁也"之意。乾隆四十五年(1780年),宗镜大昭之庙建成,静宜园建设告一段落。全园占地153.3公顷,宫墙长5千米。正宫门设在东部正中,东北宫墙向北开一北门,可通碧云寺。

遗憾的是,静宜园的恢宏气象今日已不可睹。人们只能通过历史文献的记载,去重绘静宜画卷。

据《日下旧闻考》记载,静宜园分内垣、外垣和别垣三部分。内垣在东南部半山坡的山麓地段,宫殿、轩榭、庭院、寺庙等主要建筑集中于此。在静宜28景中,内垣占20景,大体从南向北,从东向西依次如下:勤政殿、丽瞩楼、绿云舫、虚朗斋、璎珞岩、翠微亭、青未了、驯鹿坡、蟾蜍峰、栖云楼、知乐濠、大永安禅寺(又称香山寺)、听法松、来青轩、唳霜皋、香岩室、霞标蹬、玉乳泉、绚秋林、雨香馆等。勤政殿是静宜28景之首,位于东宫门内。①"勤政"二字取"勤政务本、勤于思政"之意。正殿5楹,南北配殿各5间,为单檐歇山带斗拱形式。大殿前临月河,后倚山麓,是乾隆驻跸临时处理政务,接见王公大臣之所。

大永安禅寺位于静宜园内垣偏南部半山腰,又称香山寺。创建于金,② 经金元明几个朝代的扩建,至清乾隆达鼎盛时期,成为静宜28景之一,位列"三山"诸寺之冠。乾隆年间,香山寺

---

① 清咸丰十年(1860年),勤政殿被英法联军焚毁,仅存殿基、月牙河及殿两侧的假山。
② 也有资料将香山寺创建追溯于唐代。

形成前街、中寺、后苑的寺院园林格局。前街是内买卖街；中寺由"香云入座"牌楼、接引佛殿、天王殿、钟楼、鼓楼、"圆灵应现"殿等组成；后苑依山就势，由三楹敞厅"眼界宽"、"詹卜香林"六方亭、"水月空明"殿、"青霞寄逸"楼和两侧的爬山游廊等构成。咸丰十年（1860年），香山寺遭英法联军焚毁，仅存石阶、石坊柱、石屏等遗迹。从香山寺西北端上山，可抵达洪光寺。洪光寺建于明成化年间，乾隆九年（1744年），洪光寺改为皇家寺院。

松坞云庄位于香山寺南侧，这是一座修建在半山腰的庭院。在东、西、北三面建有院墙，外围又建宇墙。院子正中有水池名天池。天池的水源自于院墙西侧的两眼清泉，名双清。此泉即是金章宗赐封的"梦感泉"。天池南岸即是正殿松坞云庄，5楹，东岸是致爽楼，西岸是青霞堆四方亭，北岸水中是山水清音戏台。四组建筑由游廊连接。

外垣是香山的高山区，地势险峻，面积辽阔，以山林景观为主。静宜28景中外垣有其八，从南向北顺时针排布如下景观：香雾窟、重翠庵、隔云钟、芙蓉坪、玉华岫、栖月崖、森玉笏、晞阳阿等。

别垣处在静宜园北部地带，主要由宗镜大昭之庙（昭庙）和见心斋两大建筑群组成。前者是乾隆四十五年（1780年），特为六世班禅赴京贺乾隆七十大寿而建，又称"班禅行宫"。"昭庙"音译为"觉卧拉康"，乃"尊者神殿"之意。

昭庙依山而筑，这是一座仿时轮金刚曼荼罗坛城形制、融合汉式风格的喇嘛庙。昭庙是汉藏民族团结的象征，乾隆在《昭庙六韵》中期待"雪山和震旦，一例普麻嘉"。整组建筑规模宏伟，庙门东向，主体呈方形碉式，白色条石为基，红色墙身。墙体上方四周，间隔设有藏式梯形壁窗，其上部饰以汉式单斜面遮檐。

庙宇由三门琉璃坊、都罡正殿、3层大白台、井字形重檐碑亭、4层大红台、清净法智殿、大圆镜智殿、妙观察智殿和7层八角密檐式琉璃塔组成。庙内陈设数量之大、种类之丰叹为观止。据乾隆四十八年（1783年）奏案显示：宗镜大昭之庙陈设铺垫、佛像供器等19953件，通计36555件，内金银珠玉佛像塔龛供器陈设1053件，瓷铜佛像塔龛供器陈设16162件，匣盒45件内盛小玉玩215件，御笔及臣工字画匾对法帖书籍册页挂轴经卷陈设5593件，如意痰盆、冠架扇子、铺垫毡帘、龛案桌张以及漆木铜锡等杂件项陈设13704件。咸丰十年（1860年），昭庙惨遭英法联军焚毁，陈设器物荡然无存。如今仅幸存琉璃牌坊、4个幡杆石座、白台、红台基础、御碑一座（碑亭已毁，基础尚存）和七层琉璃塔一座。

昭庙之北即见心斋，这是一座江南水景园林，始建于明嘉靖年间。

与静宜园一墙之隔的碧云寺，虽不属于静宜园，但也是重要的皇家寺庙。寺内卓锡泉水是御园北部的主要水源。乾隆十三年（1748年），建金刚宝座塔，精美高大。乾隆二十九年（1764年），修罗汉堂，内有大小佛像508尊。最有趣的是，有位"破邪见尊者"罗汉，顶盔挂甲，罩袍登靴，双手抚单膝，即是乾隆皇帝塑像。乾隆帝自称是文殊菩萨转世。

清咸丰十年（1860年）10月，香山静宜园被英法侵略者焚毁。光绪二十六年（1900年），静宜园再遭八国联军洗劫。民国元年（1912年），在静宜园中宫旧址（静宜园二十八景之一虚朗斋）建静宜慈幼院。民国六年（1917年），熊希龄在松坞云庄旧址建双清别墅。此后，大部分景区逐渐被官僚、军阀、巨商等占为私有，或被改建为饭店、工场、旅馆、医院等，破坏甚重。碧云寺内曾办过中法大学和西山中学。孙中山的衣冠冢即在金刚宝座塔石券门内。1949年3月，中共中央书记处进驻香山。毛泽东居住于双清别墅，朱德、周恩来、任弼时居于来青轩。

1956年，香山作为人民公园对外开放。此后数十年间，特别是改革开放以来，静宜景区得到了大规模的修缮和修复。尤其是2003年按照"样式雷"复建了勤政殿。这是中华人民共和国成立以来复建等级最高、单体建筑最大的一组宫殿型建筑。改革开放以来，启动静宜园二十八景复建工程，再现"三寺鼎立"（昭庙、香山寺和碧云寺）的景观格局和盛世名园文化景观。

## ■ 静明园的盛时景象与历史变迁

静明园是一座以山景为主兼有小型水景的皇家园林，坐落于玉泉山。玉泉山是西山东麓的支脉，在香山之东，颐和园之西。山体呈马鞍状，南北高，中间低，四周皆平地。山中奇岩幽洞，佛塔林立，遍地皆泉。泉水清碧，澄洁似玉，故称"玉泉"。山亦因此得名。

玉泉水源头在西山，伏地至此方出。甘洌醇厚，素色清泠，被誉为"天下第一泉"。元代宰相耶律楚材用玉泉水制墨，命名"玉泉新墨"，是上等佳品。古人常以水之轻重衡量水质，轻者优、重者劣。历代古人多以江西庐山谷帘水或长江金山水为第一，以惠山虎跑泉水为第二。相传，乾隆为了评判天下名泉，令内务府制银斗测量，其结果是：济南珍珠泉水1两2厘；长江金山水1两3厘；惠山虎跑泉水1两4厘；平山水1两6厘；凉山、白沙、虎邱、碧云寺诸水1两1分；唯玉泉、伊逊两地之水1两。于是，乾隆为玉泉亲题"天下第一泉"碑。

玉泉山泉是一组群泉，而非独眼之泉。泉群主要集中在玉泉山东麓，由北向南依次有宝珠泉、五孔闸泉组、试墨泉组、裂帛泉组、天下第一泉组；西南山麓有一进珠泉组。以上泉组共有14个泉眼，盛时总出水量在夏季每秒钟可达4吨。这些泉水以上升泉的形式喷涌而出，流出地表后形成五湖，相互贯通，环绕在玉泉山东、西、南三面。众泉之中，地处西南山麓的"玉泉"鸣若杂佩，喷雾如珠，水量最大。此泉也是"燕京八景""玉泉趵突"的所在。① 后来山泉出水量日减，乾隆只好修建"河墙烟柳"的输水工程，引香山樱桃沟水源入山。如今，水源头的泉水早已干涸。

玉泉水是宫廷用水和京师漕运的重要水源，也是京畿多条河流的总源头。玉泉水流出静明园后，向东北方流入清河，向东流入昆明湖，是为玉河（北长河），向南方流入金河。昆明湖流向京城方向的是南长河。金河在昆明湖南汇入长河。长河由北护城河东流便是坝河，进城后汇入积水潭、什刹海、西苑三海、金水河、玉河、护城河，出城后流入通惠河。清代时，皇宫饮用水皆来自玉泉山水。每天凌晨，西直门一打开城门，第一批进城的就是皇宫的运水车。

玉泉山上藏有诸多名刹古寺。元世祖忽必烈在这里建昭化寺；明正统年间，建有上、下华严寺。此外，还有香严寺、妙高寺、华藏海禅寺、圣缘寺、观音寺、朴陀寺、金山寺、崇真观等。

金代，金章宗在山之南麓建芙蓉殿，也称"玉泉行宫"。清

---

① 金章宗时名为"玉泉垂虹"，康熙时改为"玉泉流虹"，乾隆时改为"玉泉趵突"。

康熙十九年（1680年）修葺扩建原有行宫、寺庙，命名"澄心园"。康熙三十一年（1692年），"澄心园"更名为"静明园"，意在以"静明"二字概况山水林泉的风致。乾隆十五年（1750年）和乾隆五十九年（1794年）分别进行了两次扩建和修葺，将玉泉山及山麓的河湖地段全部圈入宫墙之内，成为一座以山景为主兼有小型水景的皇家园林。全园南北长1350米，东西宽590米，面积65公顷。

玉泉山的主峰高出地面50余米，若依山脊走向与沿山湖泊所构成的地貌形势，静明园可以大致分为三个景区：南山景区、东山景区和西山景区。南山景区以玉泉湖为中心，是全园建筑精华荟萃之地，也是宫廷区所在地。玉泉湖是园中最大的一处水面，东西宽约150米，南北长约200米。湖中布列三岛，沿袭了皇家园林"一池三山"的传统。这里的主要建筑和山水主要有：正殿"廓然大公"、"涵万象"殿、"芙蓉晴照"（金章宗芙蓉殿遗址）、"玉泉趵突""竹垆山房""云外钟声"和香岩寺、玉峰塔，以及罗汉洞、水月洞、裂帛洞、吕祖洞、观音洞等。

东山景区在玉泉山之东麓，以宽10米、长22米的影镜湖为中心，沿湖环列亭台轩榭，构成一座水景园。静明三十二景之"镜影涵虚""风篁清听""峡雪琴音"以及妙高寺和妙高塔即位于此。其中妙高塔是园中制高点之一。

西山景区即山脊以西的区域，这个区域内有园内最大的一组建筑群，包括道观、佛寺和小园林。道观东岳庙居中，坐东朝西，共有四进院落。之所以在此地建东岳庙，是因为乾隆以为东岳为五岳之首，去京遥远，而玉泉山林木清瑟、泽润神皋，与泰山之"不崇朝而雨天下"具有同样的神圣意义，故建庙于此。东岳庙之南邻为佛寺圣缘寺，寺内有琉璃塔一座；东岳庙之北邻小园"清凉禅窟"；东岳庙之右，转东北沿山坡磴道盘行，即是32景之"采芝云径"。清凉禅窟之北为含漪湖，含漪湖北岸临水建有含漪斋，含漪斋之东即园之角门，自香山樱桃沟引来的泉水穿此门汇入于玉泉水系。角门外的石铺御道南连南宫门，向西直达香山静宜园。

乾隆二十四年（1759年），将南宫门外的小河池拓为高水湖，与颐和园西堤外藻鉴堂周围的养水湖相连。静明园内之水经由南宫墙上的水关导引入高水湖，灌溉园外广阔的稻田。并迁畅春园得月楼于高水湖中央，更名"影湖楼"。登此楼观玉泉山、万寿山以及远近的田畴湖泊，山水相连，借景成趣。

玉泉山上最引人注目的是五座宝塔：即镇海塔、华藏海塔、圣缘寺琉璃塔、玉峰塔和妙高塔。

## 镇海塔

在玉泉山东部裂帛湖内，塔身淹没在湖中，只有刹顶的宝珠露出水面，故也称半截塔。塔为汉白玉石造，八角形，因矗于水中，不能确定级数。传说，乾隆时此塔已在湖中，扩建静明园时，乾隆好奇塔究竟有多高，命人深挖裂帛湖，寻找塔基，可是人们挖了三天三夜，仍未挖到塔基。乾隆十分纳闷。一天，他梦见一白髯老者飘然而至，对他说：这塔底下是一个海眼，石塔即为镇海而建，一旦挖到塔基，海水喷发，京师就会变成汪洋大海。乾隆惊梦，后命令立即停工。此塔保留至今。

## 华藏海塔

位于玉泉山西南侧华藏海禅寺内，坐北朝南。华藏海塔为密檐式汉白玉石塔，矗立在汉白玉平台上。塔身12米，平面呈八角形，7层，仿木结构，实心塔，无门窗。华藏塔有三大特点：第一是"无材不石"，塔基、塔身、塔顶的宝葫芦，没有一砖一木，全部用青石和白石建成；第二是"无石不雕"，塔身所用石材都精心雕镂，汉白玉平台上浮雕海浪、海马、海豚等，塔基上雕刻凤凰和西番莲，须弥座束腰上的8个面上分别雕刻记载释迦牟尼一生的《八相成道图》，就连七层密檐下的斗拱和出椽，也都是精致的"仿木"雕造；第三是"无雕不奇"，每一雕像都造型独特奇妙。咸丰十年（1860年），寺毁塔存。

### 圣缘寺琉璃塔

位于玉泉山西麓圣缘寺内，坐东朝西。建于乾隆十五年（1750年），形制与颐和园的花承阁琉璃塔一样，大约使用的是同一图纸。这是一座楼阁式与密檐式相结合的琉璃砖塔，底座为汉白玉须弥座，塔身用黄、绿、青、蓝、紫五色琉璃镶嵌而成。塔身呈不等边的八角形，东、南、西、北四个正面宽，东南、西南、西北、东北四个斜面略窄。塔身7级，通高16米，上下分为3组，第一组和第二组为重檐，第三组为三重檐。塔身四个正面拱门内都雕有佛像，塔身各面均布满琉璃砖佛龛，内均有一尊绿底金色佛像。整座佛塔共有大佛像12尊，小佛像636尊，共648尊。咸丰十年（1860年），寺毁塔存。

### 玉峰塔

也称"定光塔"，是为供奉定光佛（即燃灯佛）而建，位于玉泉山南侧主峰，立于香严寺内。玉峰塔坐北朝南，仿镇江金山妙高峰江天寺慈寿塔，为八角七级仿木构楼阁式石塔，高 47.7 米，是玉泉山的最高景观和标志，被誉为"玉峰塔影"，是颐和园不可或缺的借景。玉峰塔通身浅杏色，七层八面，八面均辟门窗，壁体很厚，内有盘旋式石梯，可层层上达。塔顶由八条垂脊交汇而成，上置葫芦宝珠形铜刹。

## 妙高塔

位于玉泉山北峰，妙高寺内，与南峰之玉峰塔遥相呼应。妙高塔是一座缅甸式金刚宝座塔，[①] 用来纪念平定缅甸战争的胜利。通塔洁白，覆钵上镶嵌着黄色琉璃环带，塔基是一座四方形台式金刚宝座，高约两米，四面开辟拱券式塔门，门顶上有悬山瓦顶遮护。塔台中间耸立着一座覆钵式塔，塔座呈八角形，覆钵体上镶嵌黄色琉璃环带，八层相轮层层缩小；塔台四角上各矗立一座圆柱形亭阁式小塔，圆形罩顶上有十三层相轮；五塔塔刹细高呈锥形，俗称"锥子塔"。咸丰十年（1860 年），妙高寺毁于英法联军大火，妙高塔幸存下来。

咸丰十年（1860 年），静明园遭到英法侵略军的焚掠，园内建筑物大部分被毁。光绪年间，静明园得到部分修复，是除颐和园外重修工程最大的皇家园林。慈禧居住在颐和园期间，常乘船穿玉带桥到静明园游览。1928 年，静明园作为国家公园向社会开放后，又修复了一些建筑物，山形水系大体如初，仍不失为一座保持着原有特色的行宫御苑。

---

① 北京的另外 3 座金刚宝座塔是：真觉寺的五塔寺塔、西黄寺的清静化城塔和碧云寺的金刚宝座塔。

## ■ 圆明三园的盛时景象与历史变迁

康熙四十八年（1709年），康熙将畅春园北边附园"镂云开月"景区赐给皇四子胤禛，并亲题园名——圆明园。取意"圆而入神，君子之时中也；明而普照，达人之睿智也"。胤禛的佛号为"圆明"，自号"圆明居士"。

圆明园经历了从康熙、雍正、乾隆到嘉庆、道光和咸丰六代帝王，见证了清王朝的兴衰荣辱。康熙时，"镂云开月"只是一个小型的水景园林，占地不足34公顷。雍正元年（1723年），雍正在圆明园原有的基础上进行扩建；雍正三年（1725年）秋，圆明园取代畅春园，成为清王朝新的离宫。与此同时，雍正对其进行了更大规模的扩建，由雷金玉担任规划设计。扩建后的圆明园，占地200公顷，拥有近200座建筑，圆明园山水格局基本形成。雍正命名了"圆明园二十八景"：正大光明、勤政亲贤、九洲清晏、镂云开月、天然图画、碧桐书院、慈云普护、上下天光、杏花村馆、坦坦荡荡、茹古涵今、长春仙馆、万方安和、武陵春色、汇芳书院、日天琳宇、澹泊宁静、多稼如云、濂溪乐处、鱼跃鸢飞、西峰秀色、四宜书屋、平湖秋月、蓬岛瑶台、接秀山房、夹镜鸣琴、廓然大公和洞天深处等。

乾隆时，对圆明园进行第二次扩建。整组园林规划纳大清丘壑江湖于其中：山起西北，水流东南，与中国大陆地势契合；宫殿区与居住区以一湖隔开，湖水形似大清疆域图；园之西北隆起一巨大假山，是大清西部昆仑山的象征；园之东有巨大的人工湖曰福海，是大清东海的象征。乾隆九年（1744年），基本形成"圆明园四十景"，新增的12景是：曲院风荷、坐石临流、北远山村、映水兰秀、水木明瑟、鸿慈永祜、月地云居、山高水长、澡身浴德、别有洞天、涵虚朗鉴和方壶胜境等。乾隆命沈源和唐岱绘制《圆明园四十景图》，历时7年方才完成。

此后，乾隆继续向东、向南拓展宫囿范围。乾隆十年至乾隆十六年（1745~1751年），在圆明园东侧水磨村北修长春园，占地约67公顷，相当于圆明三园总面积的1/5。乾隆三十四年（1769年），将位于圆明园和长春园南部的大学士傅恒的赐园"春和园"并入其中，建正觉寺和部分亭台楼阁，命名绮春园（同治时改称万春园）。嘉庆十四年（1809年），将西部若干小园并入绮春园，并建新宫门，总面积达54.3公顷。嘉庆十九年（1814年）绮春园达到全盛规模，有"绮春30景"，[①]成为嘉庆帝长年园居的主要处所之一。[②]

至此，"圆明三园"终于建成。三园呈倒"品"字格局，由垣墙相隔。三园占地350公顷，大致相当于8.5个紫禁城。园中大小水面构成完整的河湖水系，面积约140公顷；各种园林建筑约16万平方米，比故宫还多一万平方米。乾隆在《圆明园后记》中这样形容这座世界瑰宝：

> 规模之宏敞，丘壑之幽深，风土草木之清佳，高楼邃室之具备，亦可称观止。实天宝地灵之区，帝王豫游之地，无以逾此。[③]

---

[①] "绮春30景"是：敷春堂、鉴德书屋、翠合轩、凌虚阁、协德斋、澄光榭、问月楼、我见室、蔚藻堂、霭芳圃、镜绿亭、淙玉轩、舒卉轩、竹林院、夕霏榭、清夏斋、镜红馆、喜雨山房、含晖楼、涵清馆、华滋庭、茝香室、虚明镜、含淳堂、春泽斋、水心榭、四宜书屋、茗柯精舍、来薰室、般若观等。

[②] 道光元年（1821年），绮春园东路的敷春堂一带，专供皇太后、皇太妃园居之用。西路诸景仍属道光、咸丰二帝园居范围。

[③] 张宝章. 三山五园新探[M]. 北京：中国人民大学出版社，2014：117.

**圆明园**

圆明园以水域为核心，大体分为中西部和东部两个部分。中西部最大的水面为后湖，宽 200 余米；东部福海，水域广阔，南北、东西各 600 余米，连同四周小水域，共约 35 公顷，相当于北海公园的水面。福海之名，取于秦始皇令徐福渡海寻仙的故事。福海中心用嶙峋巨石堆砌成蓬岛瑶台 3 座，象征传说中的蓬莱、瀛洲、方丈"三仙山"。

圆明园宫殿区位于大宫门以北，是圆明园的核心地带。主要有正大光明殿、勤政殿和内阁、六部、军机处值房等。正大光明殿建于雍正三年（1725 年），匾额"正大光明"为雍正御笔，是举行大殿、朝会，处理政务之所，类似于紫禁城的太和殿。

九州清晏景区位于正大光明殿北，二者之间有前湖相隔。九州清晏岛后有大湖，名后湖。后湖四面有 9 个独立且由桥梁相连的小岛，人称"九州岛"，寓意九州大地河清海晏，江山永固。康熙时，这个区域是圆明园的中心地带。九州清晏由 3 座南向大殿组成：南是圆明园殿，匾额"圆明园"为康熙所题；中为奉三无私殿，这里是向皇帝呈览贡品的地方，也是举办宗亲筵席之所；北是九州清晏殿，匾额为雍正手书，是皇帝的主要寝宫。雍正十三年八月二十三日（1735 年 10 月 8 日），雍正暴毙于此。"九州清晏"之东有"天地一家春"，是妃子们居住的地方。据说，嘉庆和道光就出生在这里。"九州清晏"之西有"乐安和"，是乾隆的寝宫。

鸿慈永祜位于圆明园西北部，亦称"安佑宫"，是清代的皇家祖祠，供奉着康熙、雍正、乾隆、嘉庆、道光五代皇帝的御容，每年上元、中元、清明、先祖生辰和忌日，皇帝都必须来此叩拜。

安佑宫占地 6.5 万平方米，建筑面积 3600 平方米。坐北朝南。安佑宫门外南、西、东三面各有三门琉璃火焰牌楼一座，南面牌楼上有乾隆御书铜镀金字匾"鸿慈永祜"。主殿坐落在汉白玉石平台上，9楹，重檐歇山顶，覆盖着黄色琉璃瓦，规模宏大，格局严谨，规格高于正大光明殿，是圆明园建筑等级最高的一座建筑。殿前设有 8 座大铜缸、4 座铜炉、一对铜鹿和一对铜鹤，东西两侧设有碑亭、配殿。如今，安佑宫前龙云丹陛台阶石，一块在北京大学西门内办公楼前，一块在颐和园东宫门入口。安佑宫宫门外的两对华表，一对存于北京大学西门内办公楼前，一对存于国家图书馆古籍馆（位于文津街）院内。安佑宫前的铜鹿、铜鹤等，后被陈列于颐和园仁寿殿前。

坐石临流景区位于后湖之北，占地面积 7 万平方米。由西南部的抱朴草堂、西北部的兰亭、北部的舍卫城、东南部的同乐园及中部的买卖街五部分组成。其中，舍卫城是一座佛教建筑，建于雍正时期。舍卫城仿古印度憍萨罗国都城而建，是圆明园内唯一一座独立的城池。城墙厚实坚固，沿城环绕护城河。整个城池南北 150 米，东西宽 110 米。城内共有殿宇、房舍 326 间。康熙以来，每当皇帝、皇太后寿诞，王公大臣进奉的佛像都存放在这里，据说有数十万尊。如今，北城墙的墙体保存较为完好，东西城墙亦有几段残迹。

文源阁位于圆明园北部，舍卫城之西边，是仿宁波天一阁而建的藏书楼，用来储藏《四库全书》。四库全书卷帙浩繁，不曾付梓刊行，只手抄了 7 部，分别建阁储藏，圆明园文源阁便是其中之一。阁南向而立，前临曲池，池中竖有一玲珑剔透的太湖石，名"石玲峰"，是当年圆明园中最大、最著名的一块太湖石，与颐和园乐寿堂前的"青芝岫"齐名。如今，仅余土基，整个遗址用铁栏杆围了起来。

圆明园东部以福海为中心，环水有观澜堂、接秀山房、涵虚朗鉴等景观。方壶胜境位于福海东北海湾岸边，据说是圆明园内中最美丽、最具仙境的建筑。方壶胜境建于乾隆三年（1738年），是一组寺庙建筑。整组建筑建于汉白玉高台之上，凭水而立。前景为3座重檐大亭，呈"山"字形伸入水中；中后部有9座楼阁，分3排排列。据史料记载，其中供奉着2200多尊佛像，30余座佛塔。远远望去，整组建筑有如仙山琼阁一般，美轮美奂。

## 长春园

长春园内有澹怀堂、含经堂、淳化轩、海岳开襟、狮子林等景观，但是尤为独特而著名的是西洋楼景区，独特是由于其欧洲风格，著名则由于这里幸存圆明园的遗留物，是今天圆明园唯一的象征。

西洋楼景区位于长春园北部一横长地带，占地6.8公顷，包括6幢欧式建筑，3组大型喷泉，若干小喷泉以及园林小品。其中6幢欧式建筑沿北墙带状展开，分别是谐奇趣、蓄水楼、养雀笼、方外观、海晏堂和远瀛观等。

这组建筑建于乾隆十二年至二十四年（1747～1759年）。由西方传教士郎世宁、蒋友仁、王致诚等设计指导，中国匠师建造。建筑形式是欧洲文艺复兴后期"巴洛克"风格，造园形式为"勒诺特"风格。[①] 建筑主材为汉白玉石，在柱式、立面、基座、门

---

① 勒诺特，法国最著名的景观园林设计师。他的代表作是凡尔赛花园。

窗等部位采用欧式风格，但在细节雕饰和屋顶处则采用诸多中国元素，如琉璃瓦、砖雕、叠石等。这是中西方园林艺术的第一次整体性融合，具有非凡意义。

谐奇趣位于西洋楼景区西南部，高3层，南北两面台阶前皆有水池和喷泉，南面左右曲廊分别伸出两层八角楼厅。谐奇趣西北建有两层蓄水楼，供谐奇趣喷泉用水。

方外观位于谐奇趣北，是一座清真寺，楼基东西长16米，南北宽约10米，占地约160平方米。方外观是乾隆为容妃（香妃）所修建的。

海晏堂位于谐奇趣北部，两层11间，建于弧形石阶之上，是安装水法机械设备所在，也是园中最大的西洋楼。主楼连接一座东西向十三开间的工字形蓄水楼，楼内建有一方巨大的蓄水池——锡海，一次可蓄水160立方米。主楼石阶之下即为水池，水池两侧各排列着6只喷水动物，铜制，分别代表12时辰。每隔一个时辰，依次喷水，正午时分12只铜兽同时喷水。

大水法位于海晏堂之东，形似石龛。石龛正中有一大型狮子头，水从狮子头口中喷出，跌落于下面的半圆形七级水台，七级水台亦层层喷水，形成7层水帘。大水法南部水池中即是"猎狗逐鹿"喷水景观：水池呈椭圆菊花状，池水正中有一只铜制梅花鹿，从鹿角喷出8道水柱。鹿周围有10只铜狗，铜狗从口中喷出水柱，直射鹿身，激起层层浪花。大水法稍南东西两侧，各建有13层喷水塔，塔顶和四周皆有铜管，数十根水柱同时喷射，甚为壮观。据说，这组水法若同时开放，如山洪暴发，震耳欲聋，说话需打手势方可。

远瀛观位于大水法正北。建在石砌高台之上，5楹，汉白玉雕刻，装饰华贵典雅。这里曾是乾隆宠妃容妃（即香妃）的寝宫。这组建筑的最南端为"观水法"，正对南面的"大水法"，为观赏喷泉绝佳之处。

西洋楼景区占圆明三园总面积的2%，集欧洲异国风情佳趣于一处，甚是奇幻壮观。一位曾目睹过其盛况的欧洲传教士赞誉西洋楼：凡人们所能幻想到的、宏伟而奇特的喷泉应有尽有，其中最大者，可以与凡尔赛宫及圣克劳教堂的喷泉并驾齐驱。如今，圆明园有迹可循的遗址大多集中在西洋楼景区，包括海晏堂大锡海、谐奇趣、方外观残存石柱石台、大水法石门及喷水池等。

### 绮春园

绮春园由数个建于不同时期的小园合成，没有统一轴线布局。园内东北与西南有较大面积的水景，湖中置岛筑堤分割水面，湖渠又彼此贯通，山环水绕，布局散漫，别有自然妙趣。绮春园的宫门，在园之东南部，因其晚于圆明园和长春园的宫门半个多世纪，故名"新宫门"。

绮春园的南部，有一个相对独立完整的建筑群——正觉寺。位于绮春园新宫门之西，单设南门，后门与绮春园相通。正觉寺是一座喇嘛庙，占地12660平方米，建筑面积近3000平方米。建于乾隆三十八年（1773年），坐北朝南，山门外檐悬挂乾隆亲书汉、满、蒙、藏四种文字书写的"正觉寺"匾额。整组建筑由山门、天王殿、三圣殿、文殊亭和配殿等构成。由于独处绮春园西南墙外，而幸免于1860年和1900年两次劫难。民国时期被私人购买，改为别墅，此后又辗转为清华大学和海淀机械制造厂所占用，几经人为破坏，如今仅存山门、文殊亭、四座配殿和十数株古树。这些是圆明园幸存至今的唯一的古建筑。

咸丰十年（1860年）八月二十二日（10月6日）至八月二十五日（10月9日），英法联军多次洗劫了圆明园内的奇珍异宝，并烧毁部分建筑。10月18日至19日，英法联军将圆明园焚毁。

根据同治十二年（1873年）冬查勘，当时园内尚存有建筑13处。如圆明园的蓬莱瑶台、武陵春色、藏舟坞，绮春园的新宫门、正觉寺等。

光绪二十六年（1900年），八国联军侵占北京，圆明园残存的13处宫殿建筑再遭焚劫。根据《圆明园基质砖石记载》，当时园内残存基址砖石共119处。这是清王朝最后留下的一本关于圆明园的记载。1900年以后，圆明园逐渐进入了无政府状态。兵匪、军阀、百姓纷纷进入这座废园，导致了最后的毁灭。园内火劫之余零星分散的建筑，木桥的柱子、桩子，建筑基址的木桩，古树名木被滥伐殆尽。据说，当时清河镇上木材堆积如山，交易繁忙；而园内则炭厂林立，树枝、树根全被烧成木炭。

民国时期，圆明园遗址无人看管，继续遭受劫掠。园内凡有用之物，无论木材、石材等都被洗劫一空。这里成为北京最大的建材场。园内的方砖、青石、太湖石、虎皮石、条石、云片石等建筑材料，纷纷被运走修建私园、别墅、公路、坟墓等。

20世纪60年代，园内土地被改为农田；福海石驳岸、舍卫城残余城墙、万春园三孔桥、长春园七孔闸，以及残留的全部园墙等被全部拆除；园内残存的唯一一株古树被砍伐。后在农业学大寨的号召下，平山填湖，砍伐树木，修建工厂，圆明园遗址的山形水系消失殆尽。

直到 1976 年以后，圆明园才逐渐得到清理、修葺和保护。1988 年 6 月 29 日，圆明园遗址公园正式开放。

## 参考文献

1. 马克思恩格斯选集（第1卷）[M]．北京：人民出版社，1995．
2. ［明］计成．园冶［M］．北京：中华书局，2011．
3. ［日］冈大路：中国宫苑园林史考［M］．北京：学苑出版社，2008．
4. ［法］勒内·格鲁塞．草原帝国［M］．北京：商务印书馆，1998．
5. 张宝章．三山五园新探［M］．北京：中国人民大学出版社，2014．
6. 历史文化地图：三山五园［M］．北京：中国地图出版社，2013．
7. 史元海．颐和园匾额楹联浅读［M］．北京：中国文史出版社，2016．
8. 侯仁之等．名家眼中的圆明园［C］．北京：文化艺术出版社，2007．
9. 萧默．建筑的意境［M］．北京：中华书局，2014．
10. 高大伟．三山五园［M］．北京：北京出版社，2015．
11. 贾珺．中国皇家园林［M］．北京：清华大学出版社，2013．
12. 贾珺．北京颐和园［M］．北京：清华大学出版社，2009．
13. 北京市颐和园管理处．颐和园故事［M］．北京：中国文联出版社，2014．
14. 易明．颐和园长廊彩画故事全集［M］．北京：中国旅游出版社，2012．
15. 孙大章．中国古代建筑史（清代卷）［M］．北京：中国建筑工业出版社，2008．
16. 北京古建筑研究所．园林［M］．北京：北京出版集团公司北京美术摄影出版社，2014．
17. 阚红柳．海外三山五园研究译丛［C］．北京：首都师范大学出版社，2015．
18. 中国史学会．中国近代史资料丛刊·第二次鸦片战争（第2册）［M］．上海：上海人民出版社，1978．

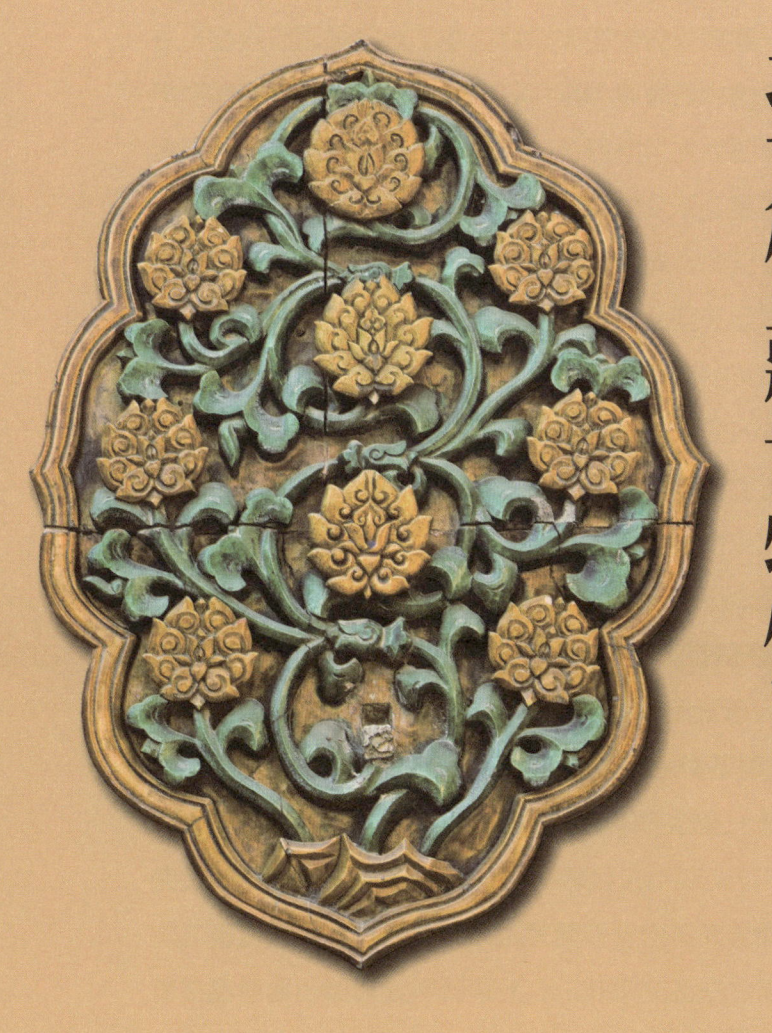

# 从北京故宫博物院说起的北京馆藏博物馆

# 一 北京故宫博物院

## ■ 故宫博物院

故宫是明、清两代皇宫,1961年被国务院公布为第一批全国重点文物保护单位,1987年被联合国教科文组织列入《世界遗产名录》,2007年被评为首批国家5A级景区,2008年被列为国家一级博物馆。

故宫博物院成立于1925年,建立于故宫及其收藏的基础之上,是兼容建筑、藏品与蕴含其中丰富的宫廷历史文化为一体的国家一级博物馆,位于北京市中心,前通天安门,后倚景山,东近王府井街市,西临中南海。[1]

---

[1] 北京市文物局,首都博物馆联盟. 走进博物馆[M]. 北京:北京出版社,2013:2.

故宫博物院是中国古代遗址性的博物馆和历史博物馆的综合体。它是一座同时兼具宫廷历史遗迹、古代建筑、古代艺术和清宫藏书档案几大特性相互交融的博物馆。收藏的历史文物年代跨度久远，上自原始社会，夏、商、周，下到明、清朝乃至于现代，它是一座巨大的文化艺术宝库。故宫博物院举世闻名，它拥有无与伦比的文化遗产及其无比丰富的历史、科学、艺术价值，它不仅属于中国人民，也属于世界人民。

故宫博物院作为宫廷建筑遗址和历史博物馆，具有户外建筑遗址展示的开放性；同时作为历史博物馆，也具有室内典籍文物展示的功能。

故宫博物院是一座古代建筑博物馆。故宫是明清两朝皇宫遗址，当人们走进故宫时就已经置身于古代建筑艺术陈列展中。紫禁城宏观、微观的建筑结构布局，各种建筑材料、建筑工艺、建筑功能等都是中国古代劳动人民智慧的体现，值得我们去研究、学习，解开雕梁画栋、屋角飞檐之后的秘密，建筑史本身也是一

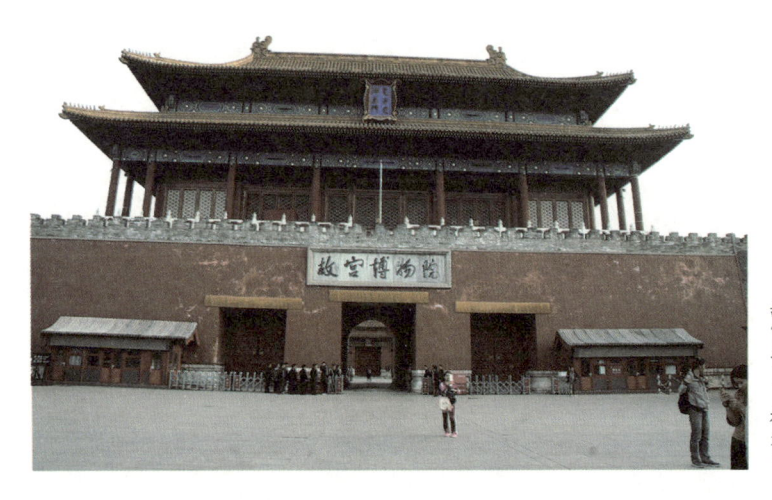

故宫北门：神武门

部社会文化史。为了让参观者能进一步了解故宫，了解古代建筑，博物院举办过古代建筑专题展，比如"紫禁城宫殿建筑艺术展""宫阙述往展"等。

故宫是一座古代艺术博物馆。它藏品来源，除了继承前朝保存下来的以外，更有八方朝贡、宫廷自制、民间搜求，这使得紫禁城的奇珍异宝精美绝伦、浩如烟海。故宫博物院成立了各种研究中心进行科学研究。历朝历代，都有精品，文物品类一应俱全：青铜、玉器、陶瓷、书画、丝织刺绣、竹木牙骨……集中了中华民族的艺术瑰宝。古代艺术品专题展馆是地点、门类固定的院内长期陈列。比如，武英殿设书画馆、文华殿设陶瓷馆、承乾宫设青铜器馆、钟粹宫设玉器馆、景阳宫设金银器馆、皇极殿东庑设石鼓馆。又如，石鼓馆中有10块鼓形的石头，各刻有一首诗，据考证石鼓是战国时秦献公时期的文物，记录了渔猎活动，字体为大篆类，处于金文向小篆演进的过程中，这体现了中国古代文字的演变，具有重要的史料价值。

故宫是一座清宫藏书档案馆。故宫博物院成立后就继承了明清两朝数以千万计的明清档案和清宫藏书。

清宫藏书极为丰富，主要来自前代皇室遗存，天下搜集购求和当代撰写、手抄、刊刻的新书。继承前代遗存和广求天下遗书，皇宫会聚了许多极其罕见的宋、元孤本，而明清的刻本、写本（抄本），则是清宫藏书的一个重要来源，尤其是自康熙时期，在宫中武英殿设了修书处，整理、刊刻图书，使清代内府刻书成为历代之最。清宫藏书展：比如在武英殿举办的"盛世文治——清宫典籍文化展"。在武英殿东配殿举办的"尽善尽美——殿本聚珍展",展览以武英殿修书处的成立、发展为主线,分"经史举要""史籍管窥""子集通览""丛类选粹"四个单元,展示殿本书编、刻、印、装俱精的风貌。①

故宫博物院遗址和文物展示主要有下列几种形式:

### 皇宫建筑遗址展示和说明

故宫大部分建筑遗址都开放供参观,遗址开放的宫殿前有介绍说明牌,便于观众了解各个遗址的修建历史、特点和功用。比如保和殿的介绍,清楚地告诉观众保和殿的修建历史、作用,使观众对古代建筑有一个大概的了解。

### 宫廷史迹原状陈列

故宫博物院力求还原故宫主人们某个历史时期在某个殿堂的生活原貌的陈列展示,比如外朝三大殿、内廷三大殿以及西六宫等处。这种展示再现当时当地古代人们生活状况,让参观者感同身受。对特定的历史文物摆放、功能以及建筑物的作用进行直观地说明,是观众最为感兴趣的展示之一。比如,太和殿的金銮殿、金砖墁地、轩辕宝镜,看一看就能感知到帝王统治的威势;看到乾清宫的正大光明匾,人们就会想到清雍正帝之后的建储制度:把写有储君之名的传位诏书放在匾额之后,等皇帝去世后再公布天下由谁来继承;坤宁宫的大炕,一看就能想象出当时在这里蒸煮祭肉,当值参祭的大臣吃祭肉的情景。

---

① 故宫博物院. 故宫博物院 [M]. 北京:故宫出版社,2010:66-69.

## 宫廷历史常设陈列和临时展览

这种展览往往以某种主题为中心，集中展示与主题相关联的文物，介绍相应的知识，是对文物的分门别类、细化研究和展示。如陈列于宁寿宫区的珍宝馆、陈设于奉先殿的钟表馆、陈列于畅音阁、阅是楼的戏曲馆。珍宝馆自开设以来，受到参观者的热烈欢迎和喜爱，珍宝数量多，又是宫廷御用的珍宝，规格很高，是平常很难见到的，让观众大开眼界。各种各样的珍宝体现了中华民族的高超技艺和智慧。精雕细刻的玉器珍玩，翡翠玛瑙制作的摇钱树，金子做的酒杯、酒碗，皇后戴的凤冠……琳琅满目、令人目不暇接。通过展览可以学到很多古代文化知识，比如玉的文化贯穿中国七千多年的文化，它是中国的一种特殊文化，充溢了中国整个的历史时期，因此而形成了中国人传统的用玉观念，这就是尊玉、爱玉、佩玉、赏玉、玩玉。君子爱玉，希望在玉身上寻到天然之灵气；玉质地温和圆润，适宜长期把玩、佩戴。许慎《说文解字》称玉有"五德"：

玉，石之美者。有五德：润泽以温，仁之方也；䚡理自外，可以知中，义之方也；其声舒扬，专以远闻，智之方也；不挠而折，勇之方也；锐廉而不忮，絜之方也。

古人喜欢玉，以物喻德，表达自己的君子气质和理想追求。"玉"文质彬彬可比君子，所谓温润如玉，是仁的表现；看到外面就知道里面是否纯净，表里如一，是正直道义的体现；声音敲击音韵动听，传之清脆，表明玉具有智慧，可以传达给他人，是智慧的表现；玉质坚硬，喻君子外圆内方，有坚定的节操，宁为玉碎不为瓦全，是勇敢的表现；被切割后锐利而不伤人，是自我约束、廉洁的表现。又如：《尔雅·释器》："肉倍好，谓之璧；好倍肉，谓之瑗；肉好若一，谓之环。""好"，是雕琢玉器中的圆洞，"肉"是圆形玉器的玉质部分。"玉璧"：肉即边，好即孔，边为孔径的两倍便是"璧"。"玉瑗"是"好"大于"肉"，外边的宽度是中孔直径的二分之一的玉器叫"瑗"。"玉环"，是"好""肉"相当，外边的宽度和中孔圆的直径正好相等的玉器叫"环"。而"玦"的形制比较特殊，就是外边上有一个缺口的圆形玉器。"玉玦"是有缺口的玉，古人佩戴在腰间，当要对重要事情做出决断时，往往会手摸玉玦，以示下决心。"玉璜"是礼器。各种专题展览打破时代、地域、品类的界限，自由地组合归类，灵活机动、合理安排运用，带领观众走进众妙之门。

清代青玉云龙纹瓮

## ■ 故宫博物院藏品

　　故宫博物院藏品主要是清宫遗存和通过搜求、收购、捐献等方式得来的物品。清宫遗存主要由四部分组成：一是清王朝和清皇室在政治、经济、文化、生活、宗教等方面的历史遗存，即宫廷历史文物；二是明清皇宫数百年间收藏的文玩字画之类的古代艺术珍品；三是清宫藏书和档案；四是故宫古建筑群之外的少量明清宫廷建筑文物和文物资料。

### 第一大类就是宫廷历史文物

　　这些文物是清宫中大量反映朝廷政务、帝后生活、宫廷文化、宗教信仰等历史遗物。朝廷政务方面的文物有玉玺、红绿头签、建储匣等；武备巡狩方面的有盔甲、腰牌、兵器等；生活文物有床、桌椅、穿的戴的等；宗教文物有佛像、唐卡、祭法器等。

　　它们的首要功能是使用，而不是收藏、赏玩，是历史性而不是艺术性，但它们本身就是一件件不可多得的艺术珍品，既是艺术珍品同时也是实用品。比如，宝座、卤簿、玺册、车马、冠服配饰、佛像法器，等等。典章制度是国之大法，朝廷、宫廷的各种重要活动，要受典制约束，并往往通过盛大的典礼仪式加以体现。《大清会典》中的"典礼"，记叙了历代相袭沿用的五礼：吉礼，如祭祀；嘉礼，如登极、朝贺、册封、大婚等；军礼，如大阅、亲征、命将、献俘等；宾礼，对外国宾客的礼节及国内官员、士庶间的礼节；凶礼，皇帝至士庶的丧礼。这五礼，涵盖了国家的礼制，宫廷的仪规。因此，典章文物中很重要的一类，是典礼

金累丝嵌珠宝五凤钿

中使用过的文物。比如典礼中使用的重要文物中和韶乐、丹陛大乐的乐器。中和韶乐是古代宫廷雅乐，在朝会、受贺、大婚、颁诏等大典礼中，皇帝升座、降座时，或皇太后、皇后在内廷受贺，升座、降座时演奏；由金、石、丝、竹、匏、土、革、木八种材料制成，16种60多件乐器组成。丹陛大乐有大鼓、方响、云锣、箫、笛、笙等22件乐器，在文武百官行礼时演奏。博物院所藏清代宫廷玉器近2300件。①

## 第二大类是故宫博物院里收藏的古代艺术珍品

这些艺术珍品来源多样，有的是皇宫藏品；有的是当朝当代宫廷自造，如清代景德镇陶瓷专供宫廷，也有的来自各地的贡品，贡品包括国内贡品和国外贡品。风格多样，技艺高超，可谓巧夺天工。

---

① 故宫博物院．故宫博物院［M］．北京：故宫出版社，2010：200-205．

清乾隆时内务府造办处设有各类作坊数十个，例如做钟处、如意馆、珐琅作、镀金作、累丝作、錾花作、镶嵌作、银作、玉作、牙作、砚作、木作、漆作、匣作、画作、裱作、广木作、灯作、裁作、花儿作、绦儿作、穿珠作、皮作、绣作、铜作、枪作、眼睛作、玻璃作、舆图作、弓作、鞍甲作、刻字作、杂活作等。①

技艺高超的工匠们常年为宫廷服务，由此打造出浩如烟海的宫廷珍玩。

## 第三大类是清宫藏书

清宫藏书最辉煌的时期是康、雍、乾三朝，尤其是乾隆时期乃至嘉庆初年。中国最大的类书《古今图书集成》始修于康熙四十年（1701年），至雍正六年（1728年）印制完成。全书分历象、方舆、明伦、博物、理学、经济等六编，共一万卷，五千册。《四库全书》是乾隆时期纂修的一部大型丛书，14年编成，收录图书3500种，合三万六千余册。《古今图书集成》和《四库全书》保存了大量文化典籍，有很高文献价值。故宫藏书主要在文渊阁、昭仁殿、摛藻堂等处，文渊阁是清代宫中建成的一座最大的藏书楼，藏《古今图书集成》《四库全书》。昭仁殿存放从宫中各处藏书中收集选出善本呈览，列架于昭仁殿内收藏，里面有乾隆皇帝亲笔题写"天禄琳琅"匾挂于殿内，宋辽金元明五朝刊本俱全。昭仁殿距离乾清宫较近，方便皇帝前去阅读。摛藻堂存放着《四库全书荟要》，乾隆经常前去观书。

---

① 故宫博物院. 故宫博物院［M］. 北京：故宫出版社，2010：236.

### 第四大类主要是故宫宫廷建筑文物

故宫宫廷建筑文物，比如，金砖、烫样、玻璃画、建筑构件等。其中"金砖"指的是紫禁城宫殿建筑中，太和殿等室内墁地的方砖。

这种砖为苏州窑专为皇宫烧造的，因砖料细腻、质地紧密，敲起来有金石声，故名"金砖"。据文献记载，其选料极精，工序复杂，取土到烧成出窑需一年之久。故宫博物院收藏有自明代永乐年间到清代晚期历朝所产，刻有烧造年代、地点、窑户的金砖六百余块。[①]

---

[①] 故宫博物院. 故宫博物院 [M]. 北京：故宫出版社，2010：321.

# 二 北京馆藏博物馆

## ■ 博物馆的定义

国际博物馆协会（International Conference of Museum, ICOM）自 1946 年成立伊始就对博物馆进行定义：是为公众开放的美术、工艺、科学、历史以及考古学藏品的机构，也包括动物园和植物园。在 1951 年、1969 年和 1971 年 ICOM 曾对总定义进行多次修改。1974 年国际博物馆协会第 11 届大会通过《国际博物馆协会章程》中，进一步完善了博物馆定义：它是一个不以营利为目的的、为社会和社会发展服务的、向公众开放的常设机构，为研究、教育和欣赏的目的，征集、保护、研究、传播并展示人类及其环境的见证物。1989 年在海牙举行的国际博物馆协会第十六届全体大会通过的《国际博物馆协会章程》中，再次强调了这一定义。随着全球化进程和世界各国博物馆的发展，2007

年这一定义有了新的修订，即"博物馆是一个为社会及其发展服务的、向公众开放的非营利性常设机构，为教育、研究、欣赏的目的征集、保护、研究、传播并展出人类及人类环境的物质及非物质遗产"。

我国对于博物馆的定义和认识，也经过了多次修订。20世纪30年代中期，中国博物馆协会定义博物馆是：作为文化机构，不是专为保管宝物的仓库，是以实物论证为基础而做开展教育工作的组织和探讨学问的场所。1949年中华人民共和国成立以后，对博物馆定义分别进行了两次大的讨论与修订。1956年召开了全国博物馆工作会议，这是中华人民共和国成立后的第一次全国大会，这次会议明确提出了博物馆的三大基本特征和两项基本任务：博物馆是科学研究机关、文化教育机关、物质文化与精神文化遗存或自然标本的主要收藏所，以及为科学研究服务、为广大人民群众服务两项基本任务。十年"文化大革命"期间，博物馆工作基本处于停滞状态，但配合基本建设的考古工作还没有完全停止。

1979年，全国文物工作座谈会通过的《省、市、自治区博物馆工作条例》中对博物馆定义重新规范梳理：博物馆是文物和标本的主要收藏机构、宣传教育机构和科学研究机构，是中国社会主义科学文化事业的重要组成部分。博物馆通过征集文物、标本，进行科学研究；举办陈列展览；传播历史和科学文化知识；对人民群众进行爱国主义教育和社会主义教育，提高全民族的科学文化水平，为中国社会主义现代化建设做出贡献。

2005年，文化部通过了《博物馆管理办法》，再次修订了博物馆定义：它是收藏、保护、研究、展示人类活动和自然环境的见证物，经过文物行政部门审核、相关行政部门批准许可取得法人资格，向公众开放的非营利性社会服务机构。这一定义与1974年国际博物馆协会的定义有相似之处，也标志着我国博物馆事业和博物馆研究走出国门，与世界接轨，探索新发展道路。

## ■ 北京馆藏博物馆的定义和类型

随着社会经济水平的飞速提高，我国博物馆的类型越来越多。博物馆分类的依据各有侧重，大体有下述几种：①

根据博物馆职能划分，可分为四类：一是全职能型博物馆，它集展品的收集和保存、科学研究、陈列教育三大职能于一身，如中国国家博物馆、首都博物馆；二是保存型博物馆，它以实地保存为重点，古代的宫殿、庙宇、教堂、陵墓及人类活动遗址、伟人和名人故居、古代艺术保存地等，包括遗迹博物馆、纪念馆等；三是具有教育和研究职能的博物馆，主要指研究所或者学校设立的博物馆，一般不对外开放，有些仅供研究和内部使用，即便是展览也只针对某一特定群体；四是具有娱乐职能的博物馆，偏重观光消遣，如著名的"迪士尼乐园"就是代表。

根据展品的保存场所划分，可分为三类：一是室内展览型博物馆，这是最基本的博物馆，大部分博物馆属于这个类型，也是我们所说的"馆藏博物馆"；二是室外展览型博物馆，因为这类博物馆的展品过大，不易容纳于室内，或者展品在室外展出更能体现它自身魅力，如动物园、植物园、巨大的雕像、建筑物等；

---

① 黎先耀，张英. 世界博物馆类型综述 [J]. 中国博物馆，1985(4).

三是原状保存型博物馆，这类博物馆包括社会历史和自然史两大类，如国家公园、名胜古迹、民俗村、史迹园、山川森林博物馆等。

根据服务对象分类，以参观人群的年龄、职业、趣味等作为标准。

根据管理情况而言，有公立和私立之分。

根据博物馆的规模，依据其建筑的大小、藏品、经费、职工数量和观众多少，分为大中小三种类型。

根据陈列内容，这也是现阶段全球博物馆比较倾向采用的标准，如美国博物馆分成历史类博物馆、艺术博物馆、自然科学博物馆、工业博物馆和综合博物馆。

首都北京具有非常丰富的博物馆资源，按照陈列性质划分大致可分为六类：历史文化类，如故宫博物院、中国国家博物馆、首都博物馆等40座；人物纪念类博物馆14座，如北京鲁迅博物馆、毛主席纪念堂、宋庆龄故居等；文化艺术类博物馆，像中国美术馆、北京艺术博物馆、炎黄艺术馆、中国传媒大学传媒博物馆等29座；民族宗教类博物馆，如民族文化宫博物馆、中国佛教图书文物馆、中央民族大学民族博物馆、北京服装学院民族服饰博物馆等8座；还有自然科学类博物馆10座；科学技术类如中国科技馆等17座。[①]上述博物馆如果按现行的管理体制分，则有完全面向公众开放的普通社会类博物馆；半开放性的博物馆如各高校博物馆、学校博物馆。此外，还有各具特色的民间的私人博物馆，如陈丽华的北京中国紫檀博物馆和马未都的观复博物馆。

---

① 数据来自北京市文物局官网，http://www.bjww.gov.cn/wbsj/bwgznSearch.htm。

每座城市都有属于自己的博物馆，如同记忆的宝盒，储藏着过去，照亮着现在，启迪着未来。北京馆藏博物馆，不同于其他城市的特色博物馆。它收藏着的中华民族生息繁衍的历史记忆，收藏着北京古城的文化记忆。当外地游客或者外国游客游览北京时，总会将博物馆作为旅行的终点，在博物馆中驻足流连提取着这座古老而又现代的城市的回忆，在藏品中汲取艺术、历史和人文等多重文化营养。

我国著名的文物学家、博物馆学家苏东海先生曾指出，博物馆的核心价值是什么？是博物馆中的收藏，是遗产，即人类生存及其环境的物证。[①]每个博物馆因馆藏文物的不同，其定位、功能和社会影响力也不同。北京市内有代表性的三大综合类型的博物馆：其一是故宫博物院，展现的是皇家文化历史，代表着物化历史的极致。其二是首都博物馆，代表了北京城市文化的内涵，其丰富的文物收藏见证了北京城市发展的轨迹。"北京地区出土的大部分文物均收藏于首都博物馆"，这些文物，展现中华文化发源、形成、融合的全过程，是中华多元文化的体现。[②]其三是国家博物馆，是整个中华文化的体现，肩负着向百姓传播和向国际展示的双重历史文化任务。国家博物馆展示的中国面貌，是中国历史中最精美的部分，其藏品也是国家级精品。

---

[①] 曹兵武. 关于博物馆的核心价值——苏东海先生访谈录[N]. 中国文物报，2007-12-28.

[②] 姚安. "首都，我的博物馆"的新理念与实践——北京多元文化遗产的保护[J]. 国际博物馆（全球中文版），2008（Z1）.

## ■ 北京城的客厅——首都博物馆

首都博物馆（Capital Museum）简称"首博"，位于北京长安街西延长线上、白云路的西侧，复兴门外大街 16 号，原馆址是"北京孔庙"。它是集收藏、展览、研究、考古、公共教育、文化交流于一体的博物馆，是隶属北京市政府的大型综合类博物馆。首都博物馆以展示北京五十万年人居史、三千年城市史、八百年建都史及其无比丰厚的文化遗存为主业，兼及收集、整理、修复、研究、保管北京地区的历史文化遗产的重任。同时也是新北京与世界进行文化交流的一个重要场所。它作为北京市的中心博物馆，代表了北京城市文化的内涵，见证了北京城市发展的轨迹，收藏、展示、研究、传播北京的悠久历史与灿烂文化，以及中外历史的优秀文化。简而言之，首博的基本功能是典藏京城历史，薪传世界文明。[①]

作为北京地区的综合博物馆，与京城众多博物馆相比，它的特色体现在何处？在这座城市中的角色是怎么样的？从收藏角度而言，它的收藏量比不上国家博物馆和故宫博物院；在文化传统的传承上，也不及故宫博物院的影响力；论周边环境，也比不了中华世纪坛。它的规模以及社会对它的期盼，用"城市客厅"定位更准确，更能反映博物馆在现代城市中的地位和作用。[②]

这个定位形象地说明了首博与社会公众之间的关系，它亲切、

---

[①②] 上海博物馆,中国博物馆协会博物馆管理专业委员会. 博物馆馆长讲博物馆：石窟、丹青、吉金，文化传承与命运［M］. 北京：北京大学出版社，2013：133.

热情、大方、开放，迎接八方来客到"客厅"与北京城、北京市、北京人聊聊"历史家常"，参观"家中各类摆设"，放松身心，让灵魂和头脑沉浸在丰富多彩的文化氛围中。离开时，"神清气爽"，带着满足和愉悦，创造自己的历史。基于这样的定位，首博在建筑设计和室内展区的规划体现出"开放性、市民性、地域性和时代性"的特征。①

开放性体现在馆内设计上，将博物馆的公共大厅放在检票区之外，成为城市的交流空间，与城市空间形成连续整体，打破用地和城市街道的界限，形成自然过渡。一根椭圆形斜柱自上而下，自内而外斜出外立面，造型独特，有古代青铜器破土而出寓意。

进入中央大厅，也步入了首博的礼仪大厅，面积约为2000平方米，34米高，开阔而敞亮。大厅的南侧矗立着体积很大的文物，这是550年前明代北京的著名牌楼"景德街"牌楼。景德街是历代帝王庙的前街。历代帝王庙供奉的是中国历史上的圣贤先王。牌楼原在景德街的入口处，书写"景德街"字样，有景仰先贤美德的含义。它被中国著名建筑学家梁思成先生视为"北京市最美的牌楼"。1955年因拓宽马路的需要而被拆除，其构架被保存下来，经过修复处理，放在了博物馆的中央，恰位于首博的中轴线上。

展馆有地上五层和地下二层。地下二层是文物库房和设备机房区。地下一层是精品展区，文博服务、艺术交流、饮食、休闲区域。一层有入口大厅、临时展厅和多媒体放映厅。曾经引发全国观览热潮的"西汉海昏侯出土文物展"，就是在一层的临时展厅举办的。

---

① 崔恺. 构筑城市的客厅——首都博物馆[J]. 中国建筑，2006（9）.

观众看完特展之后，通过自动扶梯或者观光电梯，来到西侧二层、三层的基本常设展区，了解北京3000年的建城史；四层和五层是民俗展区，展现老北京的民俗风情和京剧发展历史。博物馆东侧的椭圆斜筒内举办首博的各类专题展览，有青铜器、佛教精品和玉器精品展。管理办公室与文物修护保护中心在南楼。观众入口从北、东、西门进入大厅，免费领票咨询后就可以前往展厅参观。层层开放式的休息平台将扶梯和直梯相连，提供了简洁的流畅导向与明亮的休息空间，东侧椭圆形展厅各层之间用螺旋形坡道相连，观览更具连续性。观众结束参观后到达地下一层休息区，购物休息，从地下一层的出口竹林庭院返回地面出馆。

　　市民性具体表现在首博为了市民的文化休闲活动提供良好的服务。在每层专门设置了喝水区域，有免费直饮水和收费饮料贩卖机可供选择。还提供儿童推车、母婴休息室、北京旅行咨询等服务。参观的人看可通过无障碍通道、无障碍电梯、自动扶梯、

首都博物馆内「景德街」牌楼

首博东侧巨大的斜柱

观光电梯、步行楼梯等多种方式到达展厅。除此之外，博物馆还贴心地考虑到"客人们"驾车到来时的停车问题，首博专门开辟出地上停车场供观众停车。

地域性从建筑规划角度而言，用建筑空间的尺度、规模表现北京大气的城市特色，以及用北京本地的建筑材料界定不同的空间界限。首博正门的外立面是石质灰色幕墙，象征北京曾经拥有的城墙，也联想起了胡同、四合院；广场起坡传承古代高台建筑风格；在大厅北门外地面上有一个清代丹陛，出自北京的先农坛，镶嵌在正门的出入口。博物馆内部的装饰也有传承文化的韵味：北广场和大堂地面所用石材，来自房山，这是明清北京城营造的石材供应地；方形展厅完全用榆木板包裹，因为榆树是京城胡同里最常见的树木；圆形展厅以青铜器作代表，上面的饕餮图案效仿燕地青铜礼器的纹饰，按一定比例放大。青铜、木材与砖石的大量运用代表着久远的历史。

时代性就是用现代的建筑语言，反映城市的变化、都市的生活，用传统定义现代，用过去展望未来。首博独特的建筑形象体现在其一个夸张、巨大的屋顶。大屋顶的造型借鉴了中国传统宫殿建筑的阿庑殿顶样式，为了打造这样的屋顶，建筑人员选择了多种现代材料复合而成，并且进行了多次防风测试。钢结构棚顶、玻璃幕墙、高大空间和通透的视觉效果顺应了当代建筑趋势。建筑中将浓郁的民族特色和鲜明的现代元素有机结合，用先进的现代建筑理念营造出传统氛围。

首都博物馆的展览陈列以首都博物馆历年收藏和北京地区的出土文物为基本素材，吸收北京历史、文物、考古及相关学科的最新研究成果，借鉴国内外博物馆的成功经验，形成独具北京特色的现代化展陈。据首博官方统计资料，截至2015年末，博物馆的总建筑面积63390平方米，常设展览藏品数量5622件，向世人揭示了北京五十余万年历史文化的变迁，展现北京文化独特的魅力与风采。

**首博的常设展览**

常设展有《古都北京·历史文化篇》和《京城旧事——老北京民俗展》。《古都北京·历史文化篇》是首都博物馆展陈的核心，表现了恢宏壮丽的北京历史及不断递升并走向辉煌的都城发展史。它讲述了北京地区自周口店猿人到1949年中华人民共和国开国大典的完整历史，以及从封国采邑到边陲重镇再到中央首都的发展历程。用文物展陈展现一个个惊天动地、可歌可泣的历史片段。陈列以周口店猿人头盖骨复制品（原件在20世纪30年代遗失）为开始，拉开北京文明的序幕；黑陶和玉琮说明在上宅遗址曾有过人类定居现象和祭祀活动；铁刀铜钺说明金属器时代的到来。

房山琉璃河的重大考古发现集中体现了商周时期北京先民的礼乐情况，考古学家发掘出的鼎、爵、尊、壶、簋等宴饮器物作为祭祀物品，特别是簋，是西周时期著名的青铜器，宋代史书曾有记载，器物内壁有近200个字的铭文，曾经失传，后来在"文化大革命"期间，北京的废品回收站收集到很多青铜器碎片，经过拼接检验后发现原来是宋代史书中记载的班簋，碎片重新修复成为完好的青铜器。戈、矛、戟、剑、弩等青铜武器彰显王室权威，镇馆之宝的克盉、克罍是盛水用的器皿，体量不大，内刻铭文大意是周武王将燕地封给召公奭，其长子克到燕地就封，为第一代燕侯，这两段铭文记载了这样的史实，为北京三千年的建城史说法提供了有力佐证。

青铜，在中国古代主要是铜和锡的合金，是人类技术发展史上的重要发明。在5000多年前的马家窑文化时期，古人开始使用青铜制品。[①] 夏、商、西周、春秋、战国是中国的青铜时代，青铜铸造达到鼎盛，是当时生产力进步的体现。同时青铜器还是礼乐文化的载体，以"明尊卑、别上下"彰显、维护等级制度。在青铜器时代，随着社会生产力的发展，人们的思想观念、习俗和审美趣味也随之变化发展，令青铜器在形制、装饰花纹、器物

---

[①] 马承源. 中国古代青铜器[M]. 上海：上海人民出版社，2016:70.

青铜器克盉（复制品）及铭文拓片　　　青铜器克罍（复制品）及铭文拓片

组合及铭文也呈现不同的时代风貌。商代的青铜器经历了从简单到复杂的过程，器量也逐渐增多。从重平衡、对称，商前期用饕餮纹、夔纹作为装饰主题，有肃穆神秘之感，后期是细密的云雷纹为底纹，主题采用高浮雕形式表现，有些浮雕还分为多个层次，涉及当时的战事、王室与贵族的关系及王室的祭祀。

西周时期的青铜器同商代相比，器物造型更丰富，出现了新器型。在装饰花纹中，西周早期还延续着商代晚期的具有神秘庄严之感的饕餮、云雷花纹，从中期开始，风格出现了变化，鸟纹是西周青铜器装饰的主题，且种类繁多，飘逸流美。[1] 西周时期的铭文内容，涉及当时的政治、军事等内容，铭文中也有记录掌管者的信息，[2] 如一件堇临簋，其内底铸有铭文一行八字："堇临

---

[1] 李学勤. 青铜器入门 [M]. 上海：商务印书馆，2015:60.
[2] 戴克成. 读懂中国青铜器：文化、形式、功能与图案 [M]. 南京：译林出版社，2016:139.

作父乙宝尊彝"，堇临是这件青铜器的主人，堇临铸造此器是为了祭奠自己的父亲乙。及至春秋时期，铜器铭文多反映列国诸侯、卿大夫之事。战国时代的铭文，记事内容减少，或记铸器是由与铭主，或记负责监制器物的职官、工匠，或记器物的置用地点与掌管者。

青铜器在中国国家博物馆中也有展出，主要以青铜重器为主，如"后母戊"青铜鼎、"子龙"青铜鼎、"盂"青铜鼎、"天亡"青铜簋、春秋晚期蔡侯墓青铜器及战国辉县固围村青铜器。同样，故宫博物院作为皇家收藏品的中心，自然也少不了青铜器藏品，观览者若将这三家博物馆的青铜器展品相连观览，对中国古代青铜艺术发展历程就有更直观的体会和感悟。

从春秋战国到魏晋隋唐，北京是抵御游牧民族入侵的军事屏障，皇帝在这里设置郡县、册立封国，进一步加速此地的繁荣和发展。展区开辟出单独区域展示。"金海陵王迁都""元积水潭码头""明北京保卫战""清盛世京师"被设计为四个独立的主题场景，着力展现北京建都的关键事件和北京成为首都后的繁荣与危难。

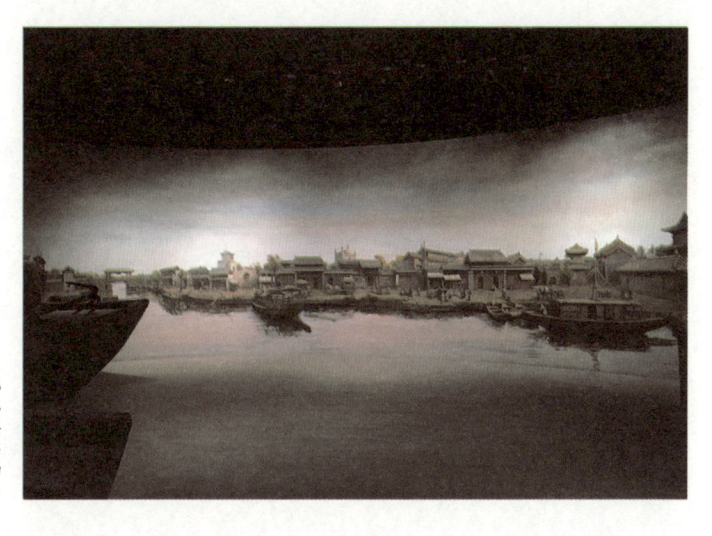

元积水潭码头

"金海陵王迁都"的展示空间模拟金代宫殿建筑，内部安放有出土于房山金陵的完颜阿骨打帝后棺椁，一幅巨大的全景图描绘着当年金中都在夕阳斜照下的壮观景象，壁挂电视滚动播放着真人扮演的海陵王力排众议、迁都北京的情形，将发生在1153年决定北京命运却又鲜为人知的事件传递给观众。当观众步入"明清保卫战"主题展厅，会发觉自己仿佛站在1449年的德胜门箭楼上，看到蒙古骑兵正从对面滚滚袭来，随着投射光线的变化，一队队明朝武士悄悄躲进城外民宅，等待敌人陷入于谦将军布下的天罗地网。突然，背景音乐变得急促紧张，德胜门箭楼上万箭齐发、炮火轰鸣，伏兵鱼贯而出杀向迫近城墙的瓦剌部队，经过一番血腥鏖战，明军歼灭敌人，大获全胜，保卫了城池，令百姓免遭屠戮。

北京建都始于10世纪，是中原农耕文化和塞外游牧文化碰撞融合的结果。随着北京作为政治、文化、经济中心地位的确立，北京的奇珍异宝和艺术精品增多起来，它们代表了10世纪后中国社会生产的最高水准与主流趋势，铭刻着皇家的非凡烙印，这就有了首博的精品陈列展，分别是《古代瓷器艺术精品展》《古代书法艺术精品展》《古代绘画艺术精品展》《古代玉器艺术精品展》《古代佛教艺术精品展》。首都博物馆馆藏文物共20万件(套)，内含一些精品，特别是在金代玉器、元代瓷器、汉传佛教与藏传佛教的造像等方面有自身的特色。目前在首博13个展厅中陈列的藏品约6000件，是总收藏量的很小一部分，却是最具代表性的一部分，它们是北京历史与文化形成发展过程的可靠证据。[1]

---

[1] 上海博物馆，中国博物馆协会博物馆管理专业委员会. 博物馆馆长讲博物馆［M］. 北京：北京大学出版社，2013:133.

景德镇窑青花凤首扁壶

如《古代瓷器艺术精品展》中的元代瓷器独具特色,如双耳连坐瓶,具有现代设计意味,青花凤首扁壶因造型完整而罕见于世。雍正时期的珊瑚红珐琅彩瓷瓶为御窑烧制而成,文物价值和艺术价值都难以估量。《古代玉器艺术精品展》中的重头戏是金代的玉器,器型基本都是标准器。《古代佛教艺术精品展》以汉传佛教和藏传佛教的佛造像、法器与袈裟,尤其是佛像的造型艺术,精美程度往往超过古代印度的佛造像。

北京这座城市有着无与伦比的辉煌和伟大,生活在其中的百姓勤劳勇敢、智慧坚强。《京城旧事——老北京民俗展》从衣食住行、婚丧礼仪、娱乐游戏等各方面介绍清末民初老北京上层人家的生活风俗和历史文化,具有代表性,是北京民俗文化的展现。在这个展厅中,用生活实物、微缩模型和播放相关电影片段,营造出轻松喜庆气氛:"洞房花烛美姻缘"揭示了传统婚事的种种礼仪;"降龙诞凤添人丁"展示了夫妻二人得子后的喜悦;"古稀大寿福如海"是家族和睦、儿女孝顺的典型场景;"爆竹辞旧迎新春"渲染了北京百姓过大年的热闹氛围。这四个场景运用灵活的人工照明,采用半实景化复原的陈列方式,生动描绘了清末民初胡同人家的匆匆往事,令观众浸入在当时的环境中,了解老北京的风土人情。这也是北京历史文化中不可缺少的生动篇章。①

这些固定展览,用典型文物详细叙述北京通史、北京建城史和老北京的民俗,用文化藏品展现王朝更替、宗教文化与文人雅兴。陈设布局突出北京浓郁的地方特色,见证了这座古老城市曾经拥有的流金岁月。除此之外,不断更新的临时展览是研究与观赏北京文化与其他地区文化、中国文化与世界文化交流关系的舞台。

洞房

---

① 郭小凌,薄海坤. 咏叹伟大首都 弘扬中外文明——首都博物馆礼赞[J]. 中国博物馆,2009(28).

**首博的临时展览**

　　首都博物馆方厅地下一层，专门举办临时特展。在2016年3月2日到6月26日举办的"五色炫曜——南昌汉代海昏侯国考古成果"展，引发了空前的观览热潮。除了京城的百姓争相在网络预定门票外，还吸引着外地的游客专门前来观看。海昏侯特展的魅力在于它非凡的考古挖掘意义与出土文物不可估量的价值。"海昏侯墓园"是中国迄今为止发现的保存最好、结构最完整、功能布局最清晰、拥有最完备祭祀体系的西汉列侯墓园。自2011年起开始发掘至2015年底，已经出土金器、青铜器、铁器、漆木器、陶瓷器、竹编、草编、纺织品和简牍、木牍等各类珍贵文物近2万件，数量超过著名的长沙马王堆汉墓。特别是墓葬出土的378件金器成为汉代考古之最，再加上墓穴中清理出来的10吨铜钱及墓主人成谜的身世，都令其名声大噪。[①]作为此次挖掘的主要负责人之一的江西省文物考古研究所所长徐长青这样描述海昏侯墓的意义：

　　汉代墓葬往往保藏着许多宝物，所以汉墓基本是"十室九空"，很少能发现保存如此完好的一座墓葬。正因为这个原因，国家文物局要求把它作为中国考古学的最后一座汉墓葬来挖掘。

　　除了上述原因外，此次展出还有两个更大的看点。一是汉墓主人身份的最终确认，在展出之前，考古专家猜测墓主人很有可能是汉武帝之孙刘贺。就是汉代在位时间最短（21天）、史称"汉

---

① 贺勇. 五色金铜玉炫曜汉气度［N］. 人民日报，2016-02-19.

废帝"的皇帝，后被封为"海昏侯"的刘贺。二是展出的器物，是海昏侯墓出土的金器、玉器和青铜器的精华部分，数量超过之前在南昌的展出。

海昏侯墓集中出土金器数量为478件，重达115千克，其中大马蹄金5个、小马蹄金10个、麟趾金10个，其余为金饼和金板等金器。经过称重，大马蹄金约250克，小马蹄金约40克，与考古记载250克马蹄金的规制吻合。这些保存完好、数量集中的马蹄金、麟趾金和金饼是迄今我国汉墓考古发现最多的一次。[①] 马蹄金中间空，上面有麦穗纹装饰，里面有四爪挂钩，可能是用来镶嵌玉器一类的装饰。根据《汉书·武帝纪》记载：

> 太始二年（公元前95年）三月，诏曰："有司仪曰，往者朕郊见上帝，西登陇首，获白麟，以馈宗庙，渥洼水出天马，泰山见黄金，宜改故名。今更黄金为麟趾、褭蹄，以协瑞焉。"

汉武帝认为自己得到了上天的授意，他祭拜上天时捕获了白麟，水边也出现了天马，白麟和天马都是罕见的祥瑞，所以武帝下旨铸造了一批黄金。汉武帝的黄金来自汉朝的酎（zhòu）金制度，所谓"酎金"，是自汉文帝时期开始实行的献金制度。有封地的王侯将相，按照封地的大小和人口，在每年八月宗庙祭祀时献上黄金。所献黄金如果分量或成色不足，有削县、免国的惩罚。《史记·平准书》记载：至酎，少府省金，而列侯坐酎金失侯者百余人。这是武帝对控制和打击贵族势力，维护大一统局面的一种

---

[①] 江西晨报. 发现海昏侯[M]. 南昌：江西教育出版社，2016：89.

海昏侯墓出土的金饼

海昏侯墓出土的麟趾金

政治手段。汉武帝曾借检查酎金不足为名，削弱和打击列侯实力，因此王侯一级的高等级贵族都会储备大量黄金，作为安身立命的保障。这批出土的马蹄金、麟趾金是汉武帝"协祥瑞而制"，主要用来赏赐效忠汉室、建立军功的大臣，存世稀少。因此王公贵族以拥有马蹄金和麟趾金为荣宠和身份的象征。黄金在西汉成为"上币"，只在王侯将相之间流通。海昏侯墓出土的这批黄金的价值不可估量，即便是在西汉时期，黄金的价值也非常高。根据出土的"居延汉简"及成书于汉代的《九章算术》和《汉书》的相关记载，一斤黄金可以买五十石粮食，如果按《墨子·杂守》中日二升、三升、四升的吃粮情况，以一人一天吃四升计算，可以吃 1250 天，大概三年左右，也就是说，西汉一斤黄金可以购买一个人三年左右的粮食，足以说明黄金在西汉的珍稀与高价值。

海昏侯除拥有安身立命的金器外，还有其他钱财。2015 年 3 月考古工作者在清理海昏侯北阁时发现了十余吨重、约 200 万枚的五铢钱堆，彰显墓主人身份的高贵和显赫。古人对葬礼极为看重，有"视死如生"的传统，主张厚葬。出土的五铢钱堆，反映了西汉时期"赙赠"制度，人死后，当朝同僚、宗族亲属对丧礼都有不菲捐赠。出土的五铢钱堆，经过考古人员测量，最高处有 1.35 米，考古人员经过多日摸索后，找到这些五铢钱的摆放规律，解开西汉时期"一贯是多少文"的谜题，用实物证明了中国古代"千文一贯"的钱币校量制度。在此之前这一制度的文献史料记载可追溯到宋代，南昌海昏侯墓出土的文物，证明这一校量方式可能最早起源于西汉，这也意味着，这一发现将以 1000 文铜钱为一贯的校量制度向前推进了千余年。[①]

在出土的文物中，除了珠光宝气的器物之外，还有更多的文物相继问世，如竹简，上书"孔子智道"等二十四字。有专家指出，其中的"智道"就是《汉书·艺文志》所载《齐论语》第二十二篇的篇题"智道"，这部竹简很可能为失传 1800 多年的《齐论语》。考古人员还发现了孔子衣镜，可能是中国最早的孔子画像。衣镜中内容丰富，上有题字，记载了孔子的生平以及孔子父母、弟子颜回、子贡的信息。这表明在 2500 年前，儒家文化已经传入江西，其传入者很有可能是孔子的弟子，位列 72 贤者。海昏侯墓中还有大量的青铜制器和乐器，出土的乐器包括两套编钟、一套

---

① 江西晨报. 发现海昏侯 [M]. 南昌：江西教育出版社，2016：87.

编磬、琴、瑟、排箫等，形象再现了当时西汉列侯的用乐，遵循着周礼中"王宫悬、诸侯轩悬、卿大夫判悬、士特悬"的等级要求。海昏侯墓中出土了多盏造型各异的青铜宫灯，一对造型设计精巧的雁鱼灯，堪比长信宫灯。它的灯罩设计为两片弧形板，左右转动可以调节光线的方向，还可以挡风，保证一定的照度；点燃灯油或白蜡后产生的油烟被灯罩挡住，不会乱飞，只能向上进入雁和鱼的体内，雁腹是空心的，可放置清水，湮灭掉燃烧的烟尘，避免空气污染，灯具又有了环保的属性；此外组成整盏灯的雁首颈、雁体、灯盘和灯罩四个部分均可自由拆装，方便清洗或者擦拭。即便是汉人普遍席地而坐的席子，都有造型精妙的席镇与之相配。席镇虽为常见的家居用品，在海昏侯这里有着鹿、雁、龟等多种造型，有些还镶嵌了宝石。上述这些出土文物，向人们展示出汉代王室贵族的生活形态，重礼、尚儒、精致、优雅和奢华。

这次专题特展命名为"五色炫曜"，出自司马相如《长门赋》中的"五色炫以相曜兮"，形容物之美好。从汉赋中取义与特展所展示的历史年代相符，又体现出所展金铜玉漆的木色彩绚烂，耀眼夺目，这既是对展览文物价值的客观描述，也是展览蕴含汉代文化的高度概括。

海昏侯墓的考古挖掘展，运用现代传播媒介和资源，最大限度地把考古、知识、展览与社会热点结合起来，兼具学术性和社会性，让生僻变得热门，让文物珍宝走出宝塔，接触公众和社会，讲述它自己的那段历史。公众通过参观展览学习考古知识、了解研究成果，这种形式最直观、最便捷，也最受公众欢迎。展览架起了考古与公众之间的一座桥梁。

"五色炫曜——南昌汉代海昏侯国考古成果"展放在首都博

物馆举办，还是源于首博的功能和地位，以及承办展览的经验。2008年北京奥运会时期，国家博物馆还没有开放，首都博物馆实际承担了国家博物馆的参观接待任务，开始累积接待大流量看展的接待经验，这也是海昏侯特展在首博进行的一个原因。海昏侯的特展，即便是一票难求，但实际看展的秩序依然是有条不紊。好的展览需要有好的接待方案，才能让观众有美好的参观体验。

现在的首都博物馆早已成为北京的新地标建筑之一，对于它所收藏和展示的文物而言，是个背景；对于丰富多彩的都市生活而言，它也只是其中一个场所。博物馆的魅力不仅在于它的建筑形态与空间布局，更重要的是它对文化、历史和艺术活动的经营和策划。空间、建筑是固化的社会文化形态，而在空间中活动的人才是社会活力的创造者。今天的世界各国都非常重视博物馆教育。博物馆的教育功能，是将固化的文物转变为社会化文物。让文化、历史、艺术走向普通观众，走向大中小学生，青少年从小接受历史的熏陶，在博物馆中用知识与文化去沁润和滋养，实现人的全面发展。

# 参考文献

1. 北京联合大学. 博物馆的数字化之路［M］. 北京：电子工业出版社，2015.
2. 刘宏宇. 呈现的真相和传达的策略：博物馆历史展览中的符号传播和媒介应用［M］. 北京：人民日报出版社，2016.
3. 单霁翔. 从"馆舍天地"走向"大千世界"关于广义博物馆的思考［M］. 天津：天津大学出版社，2011.
4. 郑奕. 博物馆研究书系：博物馆教育活动研究［M］. 上海：复旦大学出版社，2015.
5. 苏东海. 博物馆的沉思：苏东海论文选（卷三）［M］. 北京：文物出版社，2012.
6. 苏东海. 博物馆的沉思：苏东海论文选（卷二）［M］. 北京：文物出版社，2006.
7. 上海博物馆，中国博物馆协会博物馆管理专业委员会. 博物馆馆长讲博物馆：石窟、丹青、吉金，文化传承与命运［M］. 北京：北京大学出版社，2013.
8. 姚安. 博物馆12讲［M］. 北京：科学出版社，2016.
9. 戴克成. 读懂中国青铜器：文化、形式、功能与图案［M］. 南京：译林出版社，2016.
10. 马承源. 中国古代青铜器［M］. 上海：上海人民出版社，2016.
11. 李学勤. 青铜器入门［M］. 北京：商务印书馆，2015.
12. 江西晨报. 发现海昏侯［M］. 南昌：江西教育出版社，2015.
13. 庞朴. 文化的民主性与时代性［M］. 北京：中国和平出版社，1988.
14. 梁漱溟. 中国文化要义［M］. 上海：上海人民出版社，2011. 5.
15. 北京市文物局，首都博物馆联盟. 走进博物馆［M］. 北京：北京出版社，2013.
16. 宋向光. 博物馆定义与当代博物馆的发展［J］. 中国博物馆，

2013（12）.

17. 郭小凌, 薄海坤. 咏叹伟大首都 弘扬中外文明——首都博物馆礼赞［J］. 中国博物馆, 2009（2）.
18. 沈平. 民俗展陈内容设计理念初探［J］. 中国博物馆, 2007（2）.
19. 陈克. 广义的博物馆的概念［J］. 中国博物馆, 1987（12）.
20. 贺勇. 五色金铜玉炫曜汉气度［N］. 人民日报, 2016-02-19.
21. 故宫博物院. 故宫博物院［M］. 北京：故宫出版社, 2010.
22. 周苏琴. 建筑紫禁城［M］. 北京：故宫出版社, 2014.
23. 单士元. 故宫史话［M］. 北京：新世界出版社, 2004.
24. 单士元. 故宫营造［M］. 北京：中华书局, 2015.
25. 李文君. 紫禁城八百楹联匾额通解［M］. 北京：故宫出版社, 2011.
26. 傅熹年. 中国古代建筑概说［M］. 北京：北京出版社, 2016.
27. 北京市古代建筑研究所. 宫殿［M］. 北京：北京美术摄影出版社, 2014.
28. 黄佳. 中国皇家建筑百问百答［M］. 合肥：黄山书社, 2014.
29. 李旻. 细说故宫［M］. 北京：故宫出版社, 2014.
30. 姜舜源. 故宫史话［M］. 北京：社会科学文献出版社, 2012.
31. 楼庆西. 屋顶［M］. 北京：中国建筑工业出版社, 2015.
32. 周苏琴. 北京故宫［M］. 北京：中国建筑工业出版社, 2015.
33. 朱家溍. 说故宫［M］. 北京：故宫出版社, 2013.
34. 《中华文明史话》编委会. 故宫史话［M］. 北京：中国大百科全书出版社, 2009.

# 从北京服装学院博物馆说起的北京学校博物馆

# 一　北京服装学院博物馆

## ■ 北京服装学院与民族服饰博物馆建设

北京服装学院民族服饰博物馆是北京服装学院的一所学校博物馆，坐落在学院中部西侧的综合楼三层。民族服饰博物馆作为一所学校博物馆，其建设、发展是和学校自身的建设、发展分不开的，这所博物馆也体现了高校的人文历史属性和高校改善民生、服务社会发展的功能。

北京服装学院位于和平街北口樱花东路甲 2 号，毗邻中日医院、元土城遗址公园、北京化工大学、对外经贸大学、中医药大学、中国日报社等，科教人文气息浓厚。北京服装学院前身是原纺织工业部于 1959 年建立的北京纺织工学院，设有纺织、染化两个专业，校址在北京市朝阳区定福庄，是纺织工业部八大纺院之一。1961 年，学校根据国家"大纺织、大化纤"规划、"解决人民穿衣困难问题"的战略需要，更名为北京化学纤维工学院，增设化学纤维专业和基本有机合成专业，着重发展化纤、染整、化纤机械等学科。"文化大革命"时期，学校下放江西分宜县，1971年并入北京化工学院，保留原有化学纤维、基本有机合成、染整工程和化纤机械等专业。1977年，学校复校，学校从定福庄迁到现址；1987年，更名为北京服装学院，增设服装艺术设计、染织艺术设计、服装表演等专业。北京服装学院是我国第一所以服装命名，艺工为主，艺、工、经、管多学科协调发展的公办全日制普通高校。高校负有服务社会的职能，行业性专业学校更是有着具体的服务行业对象，以教学培养具体行业人才，以科研解决具体产业问题。北京服装学院的发展沿革（特别是学校两次更名和具体专业的增设、侧重）反映了我国经济社会发展中轻工业发展和人民生活水平提高的历史进程，即从"布票"标志的衣料短缺到人民穿衣衣料问题得到解决从而讲求服装、服饰设计的演进。北京服装学院在这一历史进程中作出了突出贡献，其办学历史就是新中国服饰史、服装工业发展史的一部分。[①]

学校博物馆属于学校的附属单位，以学校的建设和发展为基础，学校只有历史悠久、实力雄厚、发展良好，才能够为学校博物馆建设提供更好的资源和平台。北京服装学院民族服饰博物馆以北京服装学院服饰相关专业的悠久历史、雄厚实力为依托，在民族服饰博物馆建设方面，具有其他学校博物馆和社会博物馆不可比拟的实力和得天独厚的优势。

---

① 刘元风. 服装名校之路——北京服装学院院长刘元风教授建校50周年之际谈办学 [N]. 纺织服装周刊，2009（36）:53；周永凯. 适应社会需要坚持特色办学提升教学水平 [J]. 纺织教育，2009(5) : 1.

博物馆是征集、保藏、陈列和研究代表自然世界和人类物质精神文明的实物，并为公众提供相关实物参观、知识学习、精神教育、审美欣赏、情感熏陶的文化机构和场所。所以，博物馆是人类文明的宝库，储藏并熏陶、培育着人类各民族成员的历史文化、科学知识、精神情感、理念梦想，对人类文明起着保存延续、积淀孕育、推动促进的巨大作用。北京服装学院民族服饰博物馆属于民族历史文化博物馆、大学博物馆和专业性博物馆。

博物馆在收藏、展陈基础上具有突出的研究、教育、传播功能。学校是人类社会中最早、最大的教育、研究机构，具有承载人类文明、探索科学知识、传播人类文化、推动社会发展的职能。博物馆也产生于学校，比如人类历史上的博物馆最早可以追溯到公元前3世纪的亚历山大博物馆，属于一所教育和研究机构；[1] 1905年，张謇在今江苏省南通市建立的我国第一个现代公共综合博物馆——"南通博物苑"，也是我国第一个学校博物馆；1913年，原交通部所属北京铁道学院设立交通博物馆，展陈工务、机务、车务和图籍仪器机械等实物；1921年北京大学研究所国学门设立古物陈列室；1926年清华大学国学研究院与历史系联合设立考古陈列室。无论国内、国外，博物馆都是最先在学校建立起来的，在院系具有的相关专业基础上设立的，以校内师生为服务对象，具有明确的教学科研功能，属于学校博物馆。这也说明博物馆是学校必要的组成单位。不仅如此，时至今日，学校博物馆仍是博物馆中的重要部分、突出力量，具有数量众多、馆藏丰

---

[1] ［美］爱德华·P. 亚历山大，玛丽·亚历山大. 博物馆变迁［M］. 南京：译林出版社，2014:4.

富等特点，比如牛津大学博物馆现有4家博物馆、1个植物园和3个学术收藏馆，其自然博物馆藏品近600万件，皮特沃瑞斯博物馆有50万件人类学和考古学标本，每年参观者达200多万人次；美国哈佛大学有13家博物馆，包括5所艺术博物馆、8所科技博物馆、4个数字化收藏及展示馆，其皮巴迪考古学与人类学博物馆有600万件藏品、50万件图像资料，艺术博物馆下辖3个分馆，收藏25万件艺术品。[1] 学校博物馆是指由学校依托于自身历史和学科基础，建立的收藏、展示、研究相关门类藏品的博物馆，作为学校附属单位由相关部处管理，属于学校校园文化、专业教学、科学研究、学科建设的组成部分，一般位于学校校园内。

高校博物馆是为了教育、研究、欣赏的目的，由高等学校利用所收藏的文物、标本、资料等文化财产设立并向公众开放，致力于服务高等教育发展和社会文化发展的社会公益性组织。[2]

从北京服装学院南门进入后向西绕过实验楼再向北，即来到位于校园中部西侧、绿树掩映中的综合楼。综合楼中有图书馆、会议室和民族服饰博物馆。北京服装学院作为我国第一所以服装命名的公办全日制普通高校，以纺织服装行业相关学科为立校之本，服装服饰学科的实物性、实践性、实验性、历史性要求其教

---

[1] 北京大学塞克勒考古与艺术博物馆. 培养创新型人才的好园地　彰显教书育人功能的大平台. [A] // 王琳瑗等. 解密高校博物馆——全国高校博物馆文化育人发展研究报告 [C]. 上海：上海交通大学出版社，2016:120.

[2] 引自《国家文物局、教育部关于加强高校博物馆建设与发展的通知》（文物博发〔2011〕10号）。

学科研必须结合服装服饰的实物和历史，民族服饰历史博物馆成为学校建设不可或缺的一部分。北京服装学院充分认识到学校专业博物馆的重要意义，高度重视学校博物馆的建设，从1988年开始筹办民族服饰博物馆，收集、收购民族服饰实物，在1999年40周年校庆之际开始博物馆试展，2000年经北京市文物局批准正式成立，成为我国第一家服饰类专业博物馆。它不仅属于高校人文历史类专业博物馆，也是集收藏、展示、交流、科研、教学为一体的基础性教学科研平台和文化研究、交流机构，更是对民族服饰文化感兴趣的社会公众观赏民族服饰珍品、领略中国服饰文化的宝地。博物馆旨在为教学、科研提供专业化资源，成为民族服饰文化的典藏库、基因库，服务社会，传承、创新、弘扬中国传统文化，向世界传达中国文化的丰富和厚重，成为中国服饰文化交流、研究的良好平台。民族服饰博物馆积极探索博物馆馆藏建设、展陈布置、科学研究与教学实践、设计实践相结合的新思路、新途径，积极开展民族服饰文化与现代设计的教学、科研和实践活动，设有民族服饰文化方向硕士点，也是学院博士项目的科研、实践基地。①

北京服装学院民族服饰博物馆展厅面积达2000平方米，设有少数民族服饰厅、汉族服饰厅、苗族服饰厅、金工首饰厅、织锦刺绣蜡染厅、奥运服饰厅、图片厅等7个展厅和1个供参观者学习、了解、交流民族服饰传统技艺的中国民族传统服饰工艺传习馆。博物馆收藏有中国各民族的服装、饰品、织物等1万余

---

① 民族服饰博物馆在北京服装学院隆重开馆[J]. 北京高等教育，2001（6）：36.

件，还藏有 20 世纪 30 年代极为珍贵的彝、藏、羌族人的生活服饰的图片近千幅，共同构成了北京服装学院民族服饰博物馆的收藏特色。依托北京服装学院的专业优势和特色收藏，民族服饰博物馆精心办展，其"衣冠王国——中国民族服饰精品展"荣获2001~2002 年度"全国博物馆十大陈列精品——最佳制作奖"（国家文物局主办、中国博物馆学会、中国文物报社等承办），是目前国内最好的服装专业博物馆之一。北京服装学院博物馆是北京市首批免费向公众开放的 33 家博物馆之一，已被正式授予"北京市爱国主义教育基地""北京市科普教育基地""北京市青少年外事交流基地"等称号。[①]

### 悠久的民族服饰史

民族服饰史是和民族文明史、民族科技进步结合在一起的。人们对服饰的材质、实用、审美和工艺等的追求与探索永不停歇，服装的材料和制衣技术发展得越好，服装服饰就会越丰富、舒适，民族服饰文化史由此灿烂而辉煌。就民族服饰博物馆而言，越是对民族传统服饰精心布展，越能使观者体味民族服饰的发展演变以及古人孜孜以求、百折不挠的伟大精神，体会到科技进步的重要性。

"人之始也，与禽兽无异，知有母而不知其父，知有爱而不知其礼……茹毛饮血而衣皮革。"[②]"上古衣毛而冒皮"（《后汉书·舆服志》）。皮革在可塑性、便捷性、保暖性、舒适性等方面有显著

---

① 民族服饰博物馆在北京服装学院隆重开馆[J]. 北京高等教育，2001（6）：36.
② 吴乘权. 纲鉴易知录[M]. 北京：红旗出版社，1998:7.

不足，伟大的人类先祖从自然物中找到更为优越的材料加工制衣，与钻木取火、制取熟食等共同维系、促进了初民的生存与发展。人类文明史就是一部人类服饰材料发展史、制衣技术史、服饰文化史。现代服饰材料、款式、颜色多种多样，历史上的服饰同样如此。我国古代衣服主要材料有蚕丝、葛麻、动物毛羽、棉等。"养蚕制丝以织帛"是中华民族的一大发明。其具体起源主要有古代伏羲氏化蚕桑为绵帛、黄帝元妃嫘祖教民育蚕制丝以供衣服两种传说。

嫘祖首创种桑养蚕之法，抽丝编绢之术，谏诤黄帝，旨定农桑，法制衣裳，兴嫁娶，尚礼仪，架宫室，奠国基，统一中原，弼政之功，没世不忘。是以尊为先蚕。①

考古资料证明，在商代时期丝绸的织作和利用就已普及开来，秦汉时期，我国丝织手工业进入成熟期，分布面积广、生产规模大。孟子勾勒其政治理想图景时，提出"五亩之宅，树之以桑，五十者可以衣帛矣"（《孟子·梁惠王上》）。反映了丝帛在古人生活中的重要性和普遍性。耕作以果腹御饥，织造以蔽体御寒，织与耕在生产生活中同等重要，也普遍见于古人吟咏，比如：

上山采蘼芜，下山逢故夫。长跪问故夫，新人复何如？新人虽完好，未若故人姝。颜色类相似，手爪不相如。新人从门入，故人从阁去。新人工织缣，故人工织素。织缣日一匹，织素五丈余。

---

① 引自赵蕤《嫘祖圣地》碑文。

将缣来比素，新人不如故。①

《孔雀东南飞》中也有古代女性学习织裁、日常织作的描写：

十三能织素，十四学裁衣……鸡鸣入机织，夜夜不得息。三日断五匹，大人故嫌迟。

历代政府大多将绢帛丝制品作为赋税的一种，并设立官办机构组织、管理丝织品的生产。《红楼梦》的作者曹雪芹是江宁织造曹寅之孙，明、清都在南京设局织造宫廷所需丝织品，"江宁织造"是清代专门生产御用和官用缎匹的官办机构。2009年，由吴良镛设计的江宁织造府复建再造工程完工；2013年，江宁织造府（南京江宁织造博物馆）对公众免费开放。博物馆内有江宁织造史料陈列、红楼文学馆、中国云锦展、中国旗袍博物馆。②国内丝绸也很早就向国外输出，汉武帝时派张骞出使西域、遣卫青、霍去病北击匈奴，使匈奴远遁，打通了西域通道，无数中外商队载货行走其上，沟通中西，形成了横贯亚洲大陆的贸易通道。因为中国外售货品以丝绸为主，于是人们将此商路称为"丝绸之路"。中国的蚕桑、丝织技术也随之外传至波斯、罗马、日本等国，促进了当地相关技术和经济生活的发展。③

---

① 引自《玉台新咏·上山采蘼芜》。
② 根据南京市江宁织造博物馆官网的相关资料整理。
③ 赵翰生. 中国古代纺织与印染[M]. 北京：商务印书馆，1997；周天. 中国服饰史[M]. 北京：中华书局，2010.

丝绸生产在以桑养蚕、蚕吐丝成茧之后进入选茧、剥茧、缫丝、练丝工序。选茧是将霉烂、残破、偏小等茧剔除；剥茧是将松乱茧衣剥除；缫丝就是水煮蚕茧，使蚕茧中的丝素和丝胶分离，将蚕丝抽引出来，几根合为一缕，络上丝车。

簌簌衣巾落枣花，村南村北响缲车。牛衣古柳卖黄瓜。酒困路长惟欲睡，日高人渴漫思茶。敲门试问野人家。

麻叶层层苘叶光，谁家煮茧一村香，隔篱娇语络丝娘。垂白杖藜抬醉眼，捋青捣麨软饥肠，问言豆叶几时黄？[1]

《浣溪沙》是苏轼在徐州任太守时所作，描绘了淳厚的农村田园风光，其中就包括煮茧、缫丝。为使生丝更加纯净柔顺，以利于染色和提高蚕丝本身的材质，需要练丝以进一步除去其残留的丝胶和杂质。练丝方法主要有草木灰浸泡兼日晒法、猪胰煮练法、木杵捶打法。未脱胶的丝被称作生丝，脱胶后则称为熟丝。缫丝、络丝步骤是分别使用手摇缫车或脚踏缫车、丝篗、络车，其后以经架等整经工具将篗子的丝平行排列地卷绕到经轴上，然后穿筘、上浆，进入纺纱环节。纺纱环节主要是丝络加捻和卷绕，形成纱线，以供织造。纺纱机具最初只是纺锤，后来发展到手摇纺车、脚踏纺车、大纺车、水转大纺车。[2]

用于纺捻纱线的纺轮在新石器时代已经出现，几乎存在于已发掘的每一个新石器遗址墓葬中。其中河北武安县磁山早期新石

---

[1] 引自《浣溪沙》。
[2] 赵翰生. 中国古代纺织与印染 [M]. 北京：商务印书馆，1997.

器文化遗址中的四件陶纺轮距今已有七千三四百年。在长江下游浙江余姚县河姆渡遗址有一批木制的织机部件，据研究为水平式踞织机（腰机）。①

织造基本原理是将线材依次彼此交替穿插，使其横纵错落交叉、密织成形，一般称竖线为经线、横线为纬线，"言礼之于天地，犹织之有经纬，得经纬相错乃成文，如天地得礼始成就"。②织造工具先后有原始织机、斜织机、立织机、罗织机、提花机等。

中国民族服饰工艺传习馆可谓民族服饰博物馆的"馆中之馆"，其依托于其他展厅，将具体服饰成品的制作工具按序展陈，使民族服饰制作流程、工艺向参观者呈现出来，甚至可供参观者

中国民族传统服饰工艺传习馆，纺机、织机等

---

① 沈从文. 中国古代服饰研究 [M]. 上海：上海书店出版社，2011:23.
② 引自《春秋左传正义·昭公二十五年》。

亲自动手操作，使参观者直观地了解、切近地感受民族服饰制作知识及古人的精思妙想，辛苦劳作以维系生存、促进发展的坚韧探索的伟大精神。

古代丝织物主要分为纱、绮、绢、罗、绸、缎、绫、锦、缂、蜀锦、宋锦、云锦、织金锦等。缂丝原称织成，是以蚕丝和熟丝分别为经纬线，用小梭子挖织的通经断纬技术织造的高级显花织品，具有正反面图案相同的特点，工艺复杂、成品精美，主要用于制作帝王贵胄参与祭祀等重要活动的吉服。吉服即礼服。"公侯九卿之下，（衮服）皆为织成"。[1] 因其表面花纹与地纹（图案与素地）的结合处呈现一丝明显断裂痕，犹如刀割镂刻而成，故宋代时又开始称作刻丝、剋丝、克丝、缂丝。[2] 北京服装学院藏有缂丝服饰。

青蓝缂丝五彩金龙龙袍（民族服饰博物馆藏）

---

[1] 引自《后汉书·舆服志》。
[2] 赵翰生. 中国古代纺织与印染 [M]. 北京：商务印书馆，1997.

上图为缂丝龙袍，大襟右衽，马蹄袖，左右开裾，片金缘，是清代有爵位王公所穿用的礼服，又称吉服袍。[①]封建社会的服饰，特别是皇帝、王公、大臣等的服饰具有突出的等级特征，即在服饰质料、款式、颜色、纹样、饰物、穿着场合等有着具体而繁复的规定，用以区分身份地位，在遮体避寒、审美风致之外，赋予服饰以封建政治意识形态内涵。所谓"圣人所以制衣服何？以为绤蔽形，表德劝善，别尊卑也"[②]"贵贱有级，服位有等……天下见其服而知贵贱，望其章即知其势"（贾谊《新书·服疑》）。而平民百姓也有相应的服饰规制，比如：

出门时裤子上罩的裙子，其规律化更为彻底。通常都是黑色，逢着喜庆年节，太太穿红的，姨太太穿粉红。寡妇系黑裙，可是丈夫过世多年之后，如有公婆在堂，她可以穿湖色或雪青。[③]

民族服饰的传统工序、技艺除织造之外，还有染、绣。刺绣是伴随着织物的诞生而逐渐兴起的，其用丝、棉线在布帛、绸缎上借用针的运行形成花纹图案。"厥篚织文"（《尚书·禹贡》），《孔安国传》："织文，锦绮之属。"孔颖达疏："绮是织缯之有文者，是绫锦之别名，故云锦绮之属，皆是织而有文者也。"清代女著名刺绣艺人丁佩撰《绣谱》是中国古代有关刺绣工艺的专著，共分《择地》《选样》《取材》《辨色》《程工》《论品》六篇，通过

---

① 北京服装学院民族服饰博物馆，青蓝缂丝五彩金龙龙袍展品说明。
② 严勇. 清代服饰等级［J］. 紫禁城, 2008(10):70.
③ 张爱玲. 张爱玲全集（第6册）：流言［M］. 北京：北京十月文艺出版社，2012.（张爱玲《更衣记》）.

与绘画、书法等比较，来讲解刺绣的一般规律、美学原则、具体技法等。刺绣在民族服饰中运用极广，刺绣的种类很多，有辫绣、锁绣、绞绣、堆绣、马尾绣、绉绣、数纱绣、十字绣、打籽绣、蹙金绣、锡绣、镂空绣、剪贴绣，等等。织、绣、染不仅形式多样、工艺精湛，更有其丰富的文化内涵。古人还运用织、染、绣的绘画功能，以花纹图案来描绘原始图腾、记述历史神话、再现风情民俗、寄寓精神向往，使其价值远远超出了实用与装饰的作用。南京云锦织造技艺、中国传统蚕桑丝织造技艺等已入选联合国教科文组织《人类非物质文化遗产代表作名录》，黎族传统纺染织绣技艺已列入联合国教科文组织《急需保护的非物质文化遗产名录》。[1]织染绣品厅展示的是各民族的织锦、蜡染、刺绣品，现藏千余件真品，能够反映中国民间织染绣的一般面貌。[2]

在众多民族服饰中，苗族服饰因其支系众多（一百余个）而尤为丰富多彩，风格各异。民族服饰博物馆特辟苗族服饰厅，展示苗族不同支系的服饰，藏有苗族百余个支系的服饰两千余件，精品颇丰，极具学术研究价值和艺术观赏价值，收藏水平在同类研究机构中首屈一指。[3]对于苗族服饰文化，沈从文先生这样描写：

> 凡是到过中南兄弟民族地区住过一阵的人，对于当地人民最容易保留到印象中的有两件事：即"爱美"和"热情"。"爱美"表现于妇女的装束方面特别显著。使用的材料，尽管不过是一般

---

[1] 王福州. 锦绣中华衣被天下：传统织染绣文化浅识[N]. 人民日报,2014-02-09(12版).
[2][3] 根据民族服饰博物馆官网相关资料整理。

木机深色的土布，或格子花，或墨蓝浅绿，袖口裤脚多采用几道杂彩美丽的边缘，有的是别出心裁的刺绣，有的只是用普通印花布零料剪裁拼凑，加上个别的风格的绣花围裙，一条手织花腰带，穿上身就给人一种健康、朴素、异常动人的印象。再配上些飘乡银匠打造的首饰，在色彩配合上和整体效果上，真是和谐优美。并且还让人感觉到，它反映的不仅是个人爱美的情操，还是这个民族一种深厚悠久的文化①

  金工首饰厅陈列着藏族、蒙古族、苗族、瑶族、侗族、维吾尔族、柯尔克孜族等民族的诸多金工首饰。这些饰物精品工艺精湛、造型巧妙、风格独特，充分地显示了各民族工匠的高超智慧和卓越才能，具有深厚的文化意涵和典雅的美学品格。在传统观念中，银饰可以辟邪、祈福，中国许多民族都有佩戴银饰的习惯，苗族尤其崇尚银饰。由于居住分布不同，各地苗族在银饰打扮的喜好和多寡上也不尽相同。例如黄平、施秉苗族妇女喜戴银凤冠，雷山西江苗族妇女喜佩戴银牛角，台江施洞苗族妇女喜欢头插银雀和齿形银角，并且耳坠特别大，重达半斤以上。苗族头饰早有记载，"秦汉间说，蚩尤氏耳鬓如剑戟，头有角，与轩辕斗，以角抵人，人不能向"（《述异记》卷上）。蚩尤头上之角当为图腾崇拜，既为获得力量，也为夸饰力量威猛。②

---

① 沈从文. 花花朵朵·坛坛罐罐：沈从文谈艺术与文物 [M]. 北京：中信出版集团, 2016:359.
② 杨鹓. 我国三大方言苗族的服饰形态 [J]. 新美术, 1994(4):47.

黄平苗银凤冠（来自贵州黄平县，民族服饰博物馆藏）

上图来自贵州黄平县的苗银凤冠由花丝镂空栀子花拥簇构成顶部，寓意爱情美满；花香吸引了象征强健威猛的"如意郎君"螳螂，寓意组建幸福家庭；另搭配蝉，寓意周而复始、子孙万代生生不息；还有多子多福蝴蝶装扮，诉说着从爱情到结婚到孕育新生命的历程。正前方缀饰吉祥太平的凤凰，上方有展翅飞翔的神灵鸟，对爱情、对家庭、对子孙驱邪消灾，下部围帕上有龙纹、狮子纹、鱼纹。无数的祈愿集于凤冠，吉祥如意、生殖崇拜信仰文化在银凤冠中大放异彩。[1]

---

[1] 沈晓. 黔东南苗族银饰传统图案中的生殖崇拜文化研究[D]. 南宁：广西艺术学院硕士论文，2014.

民族服饰博物馆还有图片厅作为补充。图片厅展出的是一批20世纪30年代，由著名民族学家、摄影家庄学本先生拍摄的民族考察图片。这些照片内容十分丰富，非常清晰、真实地记录了当时彝族、羌族和藏族社会历史、政治经济、宗教文化和生活习俗、服饰演变方面的情况，而且有些内容在社会历史发展的过程中已经完全消失了，所以极具民族学价值和历史价值。①

服饰是人类文明的结晶，服饰文化是历史文化的重要组成部分。虽然服饰是生存所需，但服饰的具体材料、样式、颜色的选取和寓意等却是文化的产物，历代服饰流变史也就是民族文化发展史。中华民族各民族文化的互动融合也体现在服饰文化的相互借鉴上。北京服装学院民族服饰博物馆通过少数民族服饰厅、汉族服饰厅、苗族服饰厅、金工首饰厅、织锦刺绣蜡染厅、奥运服饰厅和图片厅、中国民族传统服饰工艺传习馆实现了对民族服饰历史文化的保存与展现，为北京服装学院师生的教学、科研、创作提供了不可或缺和取之不尽的宝贵资源，也为社会公众领略民族服饰历史文化之美提供了审美的殿堂，对传统文化的传承与发展具有很大意义。

---

① 根据民族服饰博物馆官网相关资料整理。

# 二 北京学校博物馆

## ■ 北京学校博物馆的缘起与发展

我们现在使用的"博物馆"一词源于拉丁词 museum（希腊文为 mouseion），最初指的是缪斯女神的神庙，后来逐渐演变为如今的含义。最早的博物馆当属公元前 3 世纪由托勒密一世及其子托勒密二世建造的亚历山大博物馆。博物馆位于埃及亚历山大港，属于一所教育和研究机构，由多个学院组成，聘有多位著名学者，如欧几里得、阿基米德、阿波罗尼奥斯、厄拉多塞、卡拉玛考斯、埃拉图斯提那斯、阿里斯顿、亚里士特楚斯等数学家、物理学家、天文学家、语法学家、诗人、哲学家，他们的工资由埃及国王和罗马皇帝支付，即享受皇家待遇。他们的教育、学习和研究并不是凭空而为，而是基于收藏的大量图书和实物，即收藏的众多图书和实物如莎草纸手稿（手卷）以及亚历山大大帝收集的很多书籍、冥想者雕像、天文和外壳仪器、象鼻和兽皮，还有众多植物、动物，成为现代意义上博物馆、植物园、动物园的源头。正因如此，亚历山大博物馆成为当时地中海世界的教育、科研和文化中心，众多著名学者聚集于此进行教学、研究，在物理学、数学、天文学、地理学、动植物学、文学、史学上都取得了辉煌成就，为人类文明的发展做出了巨大的贡献。①

现代意义上的博物馆形成于17世纪的欧洲。1682年，英语中博物馆（museum）一词首次被使用，用来形容艾莱斯阿什莫尔（eliasashmole）绅士捐给王公贵族和绅士们的私人收藏发展而来，成为今天众所周知的公共教育机构。但是现代博物馆还有另一个来源：集市。人们总是乐意看见奇珍异宝，而在集市上设计某些节目来吸引公众付费观看也有着悠久的历史。②

博物馆有不同的具体定义，比如：

博物馆是一个为社会及其发展服务的、向公众开放的非营利性常设机构，为教育、研究、欣赏的目的征集、保护、研究、传播并展出人类及人类环境的物质及非物质遗产。（国际博物馆协会）

---

① ［美］爱德华·P.亚历山大，玛丽·亚历山大. 博物馆变迁［M］. 南京：译林出版社，2014:4.
② ［英］蒂莫西·阿姆布罗斯，克里斯平·佩恩. 博物馆基础［M］. 南京：译林出版社，2016:8.

博物馆促使人们通过探索藏品获得灵感、进行学习和娱乐。她们是受社会所托收藏、保管人工制品和标本并向公众开放的机构。[1]（英国博物馆协会）

一个有组织的常设非营利机构，主要以教育或美学为目的，有专业工作人员，拥有和利用实物，保护这些实物，并定期向公众展出这些藏品。[2]（美国博物馆联盟）

博物馆通过收藏、保管和诠释这个世界上的事物为公众作出特有的贡献……它们包括政府和私人经营的人类学、艺术史和自然历史博物馆，水族馆、树木园、艺术中心、植物园、儿童博物馆、历史遗址、自然中心、天文馆、科学技术中心和动物园……虽然它们的宗旨有所差别，但是它们的非营利的组织形式和为公众服务的义务是相同的。[3]（美国博物馆联盟《职业道德准则》）

博物馆，简而言之，就是一栋建筑，里边储藏藏品，用于观察、研究和欣赏。[4]（皇家苏格兰博物馆道格拉斯·艾伦）

通过这些定义，我们可以了解到博物馆的服务对象是社会公众，目的是收藏、研究、展出、传播自然与人类的物质及非物质遗产，性质是非营利的常设机构，具体可分为人类学、艺术史和自然历史博物馆、艺术中心、历史遗址，甚至包括水族馆、树木园、植物园、儿童博物馆、天文馆、科学技术中心和动物园等。所以我们可以简要地将博物馆定义为征集、保藏、陈列和研究代表自

---

[1][3] [英]蒂莫西·阿姆布罗斯，克里斯平·佩恩. 博物馆基础[M]. 南京：译林出版社，2016:10.

[2][4] [美]爱德华·P.亚历山大，玛丽·亚历山大. 博物馆变迁[M]. 南京：译林出版社，2014:2.

然世界和人类物质精神文明的实物，并为公众提供知识、教育和欣赏的文化机构和场所。博物馆是人类文明的宝库，储藏着并熏陶、培育着人类各民族成员的历史文化、科学知识、精神情感、理念梦想，对人类文明有着保存延续、推动促进的巨大作用。

以上对博物馆的历史渊源、定义的梳理，都说明教育和研究是博物馆的不可或缺的重要属性和功能。可以说，博物馆的自然属性就是学校，是研究、教育的场所，历史上的亚历山大博物馆即是明证。现代的博物馆也是一所广义的学校，社会大众游览其中，可以获得相应的知识、文化熏陶、审美欣赏等。当然，基于其特有的教育、研究功能，博物馆也成为学校的重要组成部分，以其藏品的展示、研究成为学校课堂不可或缺的教育平台。博物馆的发展历史也是如此，学校博物馆和非学校博物馆交相发展。1671年，第一座大学博物馆在巴塞尔建成；12年后，牛津大学建立了阿什莫林博物馆；1753年，英国议会购买了汉斯·斯隆数目巨大的私人收藏（主要以自然科学藏品为主），并在此基础上建成大英博物馆；1793年，法国开放卢浮宫，作为法国的博物馆，博物馆走入公众生活。[①]

所谓学校博物馆，应当是指由学校依托于自身历史和学科基础建立的收藏、展示、研究相关门类藏品的博物馆，作为学校附属单位由相关部处管理，属于学校校园文化、专业教学、学科建设的组成部分，一般位于学校校园内。校史馆专以学校历史的文献、照片、实物等为收藏、展示、研究对象，是学校博物馆的重

---

[①]［美］爱德华·P. 亚历山大，玛丽·亚历山大. 博物馆变迁［M］. 南京：译林出版社，2014:7.

要类别。

中国的现代博物馆起源与发展也表明了博物馆和学校的上述紧密联系。中国现代博物馆起源于学校博物馆。1905年，晚清状元、实业家张謇将建设中的通州师范学校公共植物园规建为"博物苑"，在今江苏省南通市建立"南通博物苑"，隶属通州师范学校管理，张謇自命为苑总理，孙钺为苑主任。初建时，藏品分天产（即自然）、历史、美术、教育四个部分，展馆有南馆、中馆、北馆三座主要建筑，室内展陈有古物、标本、艺术品、模型，室外展陈有活体动植物、大型文物标本等。博物苑是一座中国古代苑囿与西方博物馆理念融合的"园馆一体"的现代公共综合性博物馆，同时也是我国第一个学校博物馆，对我国的博物馆建设起到了示范和推动作用。张謇在《上南皮相国请京师建设帝国博览馆议》和《上学部请设博览馆议》的奏折中提出"且京师此馆成立以后可渐推行各行省而府而州而县必将继起庶使莘莘学子得有所观摩研究，以补益于学校。"明确提出在北京建立博物馆，并推行至全国各级行政区，以供学子观摩研究，补充促进学校的教育。[①]

辛亥革命后，在著名教育家、时任国民政府教育总长蔡元培的提议下，由鲁迅具体负责，于1921年7月在安定门内国子监成立国立历史博物馆筹备处，委派胡玉缙为主任，以太学的辟雍礼器等古物百余件为基本陈列品，征集一些文物，并将一些国学故物作为建馆的基本藏品。后迁往故宫午门，1926年10月正式对外开放，这是我国第一个国立公共博物馆。其后历经历史演变，

---

[①] 梁丹. 北京早期博物馆概述[J]. 中国博物馆，1988（12）：82.

成为今天的中国国家博物馆。1914年2月，北洋政府内务部在紫禁城成立古物陈列所，将接收清朝沈阳故宫、承德行宫的各种文物二十余万件珍品，选择一部分在故宫展出，并开放故宫十余座宫殿。1925年10月，北京故宫博物院正式成立。它以紫禁城三大殿以北的内廷为院址，这是中国第二座国家博物馆，也是藏品最多、最精、规模最大的博物馆。1913年，交通部所属北京铁道学院的交通博物馆建成，馆址在北京府右街。展陈有工务、机务、车务和图籍仪器机械四个部分，分别在两个展室陈列。其中有清光绪七年（1881年）由我国改制的中国第一台火车头。另外还陈列有铁路沿线出土的一些文物。这是一座教学实习型博物馆，是北京最早的学校博物馆。[1]

1916年，蔡元培被任命为北京大学校长，他借鉴欧美教育理念与实践，对北京大学进行全方位的改革，其中包括成立各科研究所，以提高学校的科学研究水平。自1918年草创，到1921年成立了北京大学研究所国学门，其中包括歌谣研究会、风俗调查会、方言研究会、明清史料整理会及考古学会5个研究会。创立之初以古物的调查与发掘作为重点，故设立考古学研究室，下设古迹古物调查委员会，聘请罗振玉为通信导师，并开展古物古器的收集，同时建立古物陈列室，存放和陈列风俗物品、古物及明清档案，供师生和社会公众参观研究，使其兼具民俗、档案、考古博物馆的性质。[2]沈兼士也曾在《国学门建议书》中提出希

---

[1] 梁丹. 北京早期博物馆概述［J］. 中国博物馆，1988（12）：82.
[2] 江琳. 留学生与近代中国的文物保护［J］. 徐州师范大学学报（哲学社会科学版），2008（4）：11.

望以各学会为基础将国学门建成"大学附属之博物院"。1925年12月，北京大学召开27周年纪念会，国学门同时开放，与会者先后参观考古陈列室、明清史料陈列室、风俗和歌谣陈列室。顾颉刚认为：

> 我们对于考古方面，史料方面，风俗歌谣方面，我们的眼光是一律平等的。
>
> 我们决不因为古物是值钱的古董而特别宝贵它，也决不因为史料是帝王家的遗物而特别尊敬它，也决不因为风俗物品和歌谣是小玩意儿而轻蔑它。在我们的眼光里,只见到各个的古物、史料、风俗物品和歌谣都是一件东西，这些东西都有它的来源，都有它的经历，都有它的生存的寿命。
>
> 它们是研究的最好的材料，因为它们能够清楚地表出历史的情状。[1]

他提出了将物质与非物质文化遗产统一起来、平等看待的观点，这在当时是颇有前瞻性的。

1925年，清华国学研究院成立，梁启超、王国维、陈寅恪、赵元任、李济、林志钧等先生为导师，吴宓、梅贻琦先生先后担任研究院主任。研究院提出："欲研究吾国古代之文明，人类进化之程序，典籍以外，尤必藉于实物及遗迹之考察也"，将出土文物的搜集和实地考察作为获取史料的重要途径。1926年，历

---

[1] 董恩强. 顾颉刚学术思想评析：以《一九二六年始刊词》为中心[J]. 福建论坛(人文社会科学版),2015(6):134.

史系成立，陆懋德当选为系主任，在他提出的《筹办历史系计划书》中的第六点意见便是仿照北大考古学室"添设考古学室以资参考证"，并拟聘请国学研究院的王国维和梁启超为顾问。在梁启超、王国维等先生的推动下，清华国学研究院与历史系联合设立考古陈列室，共同组成考古学室委员会，李济担任主席，开展考古调查、发掘和文物征集、陈列、研究。这就是清华大学学校博物馆的源始。1926年3月，李济、袁复礼两位先生带队进行了山西夏县西阴村仰韶文化遗址的发掘，将部分文物陈列在清华大学的文物陈列室中，供师生参观、研究。[①]

北京铁道学院的交通博物馆、北京大学的古物陈列室和清华大学的考古陈列室都成立于20世纪初期，是北京最早的学校博物馆，这些博物馆都与所在学校、院系的专业紧密相关，具有专业性很强的实物或古物，都由专业教师发起倡议并担任建设任务，对专业教学、学科建设、科学研究起到了巨大促进作用，对学校博物馆建设事业起到了开创和探索之功。

## ■ 北京中小学的百年名校博物馆

北京作为六朝古都，特别是近世元明清、民国、现代中国的首都——政治、经济、文化中心，是一所历史文化名城。北京城本身就是历史文物，具体体现在具有众多遗迹遗址、名人故居和

---

① 吴兴星. 清华历史系的早期发展 1926-1935［D］. 武汉：华中师范大学，2012；江琳. 民国高校学术群体与文物保护事业论析［J］. 商丘师范学院学报，2015.

众多历史悠久、优势突出的高等学府、中小学校。比如清华大学（建于1911年）、北京大学（建于1898年）和北京市教委评选中小学首批33所"百年学校"。中小学首批"百年学校"有北京东城区府学胡同小学（建于1368年）、北京市第四中学（建于1907年）等。这些学校大多校园本身就是文物古建，是人文历史文化的博物馆。在这些校园中漫步就仿佛徜徉在历史文化的海洋里，人人得以感受体味那遥远绵延、深厚温暖的民族文化历史。每至暑假，清华大学和北京大学校门外、校园内就会出现长长的参观队伍和如织的游人，这不仅是因为清华、北大是全国最著名、排名最靠前的两所学校，更多的是这两所学校历史悠久、校园历史遗迹众多，本身就是历史博物馆的缘故。在校园自身之外，因为历史悠久，这些学校同时也都各自建有校史馆，对自身历史发展等进行梳理研究、陈列展示等，很多高校还利用自身学科历史和学术优势，建立了不同的专业博物馆乃至综合博物馆。所以，北京学校博物馆是北京博物馆的重要组成部分，我们探讨北京博物馆，不能忽视北京的学校博物馆。

我们首先介绍历史悠久的、著名的中小学校中较具代表性的北京汇文中学、北京师范大学京师附小、北京市东城区府学胡同小学、北京市第一六六中学等。

北京汇文中学前身是美国基督教会"美以美会"附设的"蒙学馆"。1871年（清同治十年）美国基督教美以美会在北京崇文门内设立教堂，并附设蒙学馆，教授"四书""圣经"。随着学生数量的增加，1885年，在蒙学馆的基础上成立怀理书院。1888年，增设大学部，名为"汇文书院"，取"融汇中西文化之精华"之意，分设文、理、神、医、艺术等科。因遭遇火灾，1902年，美国教会又在崇文门内船板胡同内扩大校址，重修校舍。1912年，学校更名为"汇文大学校"，规模更大、设施更完备。1918年，"汇文大学校"大学部与通州协和大学和华北协和女子大学合并为"燕京大学"，迁至海淀区今北京大学校址；原校址留下大学预科和中学两部，定名为"汇文学校"，蔡元培先生曾亲自为汇文学校题写校名和校训。1919年，学校进步学生高举校旗，参加"五四"爱国运动。1926年3月18日，在"三·一八惨案"中，学生唐耀昆、谢戡牺牲；11月，汇文中学地下党支部建立，彭雪枫任党支部负责人。学校以"智仁勇"为校训，蔡元培先生为之题释："好学近乎智，力行近乎仁，知耻近乎勇"。学校先后更名为京师私立汇文中学、北平市立第九中学。中华人民共和国成立后私立汇文中学被北京市人民政府接管，改名为北京市立第二十六中学。1959年，因建设北京火车站需要，学校自崇文门内船板胡同迁至崇文门培新街6号建新校园。1984年，学校落成革命烈士纪念碑和彭雪枫烈士石雕像。1989年，校名恢复为北京汇文中学。1997年3月18日，学校成为"青少年爱国主义教育基地"。在悠久的办学实践中，汇文中学形成了深厚的人文积淀和历史传统，培养出以彭雪枫、王大珩、王忠诚等为代表的著名革命家、科学家，为中国的现代教育作出了重要贡献。[1]

北京师范大学京师附小，前身是清朝义塾，位于报子胡同14号（现西四北四条胡同），光绪九年（1883年）改为正红旗官学，成为当时的八旗学校之一。学校先后更名为八旗高等小学堂、京

---

[1] 根据汇文中学官网相关资料整理。

师公立第四小学堂、北平市立第四小学堂、北平市立报子胡同实验小学校、北平师范附属小学、北京师范学校附属第一小学、北京第二师范附属第一小学、西城师范学校附属第一小学、起宏图小学、西四北四条小学、北京师范大学京师附小。京师附小自创建至今的 130 余年间，学校历经自封建主义清朝到民国，再到社会主义新中国的长久和巨大的社会历史变革，可谓国家、民族历史的见证，也是我国初等教育建设、变革的参与者、见证者，是我国初等教育史的一个缩影，既饱经沧桑而又极具荣耀，积淀了深厚的历史文化底蕴。学校在西四北四条胡同里的两处校址，分为南北两个院落；北院主体为操场和教工办公区，院内仍留着当年的古朴门墩；南院则保留了三进院落，每进院子中有三间红墙灰瓦平房是目前国内保存最为完好、最具老北京四合院风格的建筑之一。[1]

北京市东城区府学胡同小学，位于北京市东城区府学胡同65号，前身是创建于 1368 年的大兴县学，永乐元年（1403 年）改北平为顺天府，学校始称府学，成为明清两代顺天府府学。光绪二十五年（1899 年），府学东半部被改为学堂，即顺天府高等小学堂。1912 年后，先后改名为京师公立第十八小学校、北平市市立府学胡同小学、北京市三区中心小学、府学胡同小学。府学小学的办学历史悠久，迄今已有 600 多年历史，可谓我国传统县学、府学与近现代初等教育改革发展历史的见证者、参与者。此外，学校庙学合一，完整地保留了校园内庙（大成殿）、堂（明伦堂）、

---

[1] 育人之沃土　英才之摇篮——西四北四条小学百年纪实［N］.新京报，2016-04-19.

阁（奎星阁）、祠（文天祥祠）"四位一体"的传统文化建筑，是一所不折不扣的历史文化博物馆。学校还拥有现代化的教育设施，将校园中传统与现代很好地融合在一起，构成了传统与现代交融的历史文化、教育历史博物馆。①

北京市第一六六中学，位于京市东城区灯市东口同福夹道，前身为1864年美国赴华传教士裨治文(Elijah Coleman Bridgman)的遗孀贝满夫人(Eliza J. Gillett Bridgman)在北京灯市口创设的蒙学性质的"贝满女塾"，由此开创了女子教育的先河。1895年发展为四年制贝满女子中学；1905年，增设大学课程，成立华北协和女子大学；1922年发展为三三制完全中学，后曾改称北平私立贝满女子中学、北平市第四女子中学、五一女中、北京市第十二女子中学、北京市第一六六中学。贝满女中是北京第一所由外国人开办的女子国际学校，也是北京第一所实行"分科教学"和"班级授课制"的国际学校。一六六中学迄今已历经150余年沧桑。②

可以说，这些历史悠久的中小学本身就是历史、就是博物馆；同时这些中小学还都建有校史馆、校史展厅、校史研究室等校史展陈和校史研究机构，对本校的沿革变迁、教育发展等历史予以展示和研究，是北京学校博物馆的重要组成部分。2012年8月，北京市教委评选"北京市百年学校"，其中要求"学校要重视校史资料整理和研究，积极开展校志、年鉴、大事记的编写工

---

① 根据府学小学官网相关资料整理。
② 一六六中学官网·学校简介，http://www.bj166z.cn/a/xxgk/xyjs/；童萌，陈希. 从贝满女中看近代北京的女子体育[J]. 档案文化，2014(8).

作，设有校史馆或校史展览室"，共评出首批33所北京市"百年学校"。[①]

这33所"百年学校"共12所中学、20所小学、特殊学校1所，其中东城区11所、西城区13所、海淀区2所，通州区、顺义区、昌平区、大兴区、怀柔区、密云县（今密云区）、延庆县（今延庆区）各1所。具体如表1所示。

表1　　　　北京市首批"百年学校"名单

| | | | |
|---|---|---|---|
| 西城区 | 北京第一实验小学<br>北京第二实验小学<br>北京市西城区顺城街第一小学<br>北京市西城区黄城根小学<br>北京市西城区宏庙小学<br>北京市西城区西四北四条小学<br>北京市宣武师范学校附属第一小学<br>北京市第三中学<br>北京市第四中学<br>北京市第十四中学<br>北京市第三十一中学<br>北京市鲁迅中学<br>北京师范大学附属中学 | 东城区 | 北京市东城区府学胡同小学<br>北京市东城区灯市口小学<br>北京市汇文第一小学<br>北京市东城区回民实验小学<br>北京市东城区前门小学<br>北京市东城区金台书院小学<br>北京市第一中学<br>北京市第二中学<br>北京市第二十五中学<br>北京市第一六六中学<br>北京汇文中学 |
| | | 通州区 | 北京市通州区潞河中学 |
| | | 昌平区 | 北京市昌平区西贯市回民小学 |
| 海淀区 | 北京市海淀区香山小学<br>北京市盲人学校 | 大兴区 | 北京市大兴区第一小学 |
| 顺义区 | 北京市顺义区仁和中心小学 | 密云县 | 北京市密云县第二小学 |
| 怀柔区 | 北京市怀柔区第一小学 | 延庆县 | 北京市延庆县第一小学 |

---

[①] 老校魅力历久弥新［N］．京华时报，2012-09-18；北京33所"百年学校"挂牌不为人知的百年校史［EB/OL］．http://news.xinhuanet.com/edu/2012-08/30/c_123647910.htm.

## ■ 北京高校校园博物馆

　　与中小学博物馆相比，高校博物馆在学校博物馆中更突出，具有数量多、比例大、种类多、面积大的特点。这是因为中小学校因为专业力量、校园面积等方面的限制，在博物馆方面实力略显欠缺，大多只有校史馆或校史展厅，而且实行封闭性教学，不向社会开放，更专注学校内对学生的校史校情教育、陶冶学生情操等。北京作为明清和近现代中国的政治经济文化中心，高等教育资源丰富、历史悠久，北京共有 60 余所公立本科高校，很多成立于 1949 年前。众多高校都建有校史馆，很多高校还凭借自己的学科专业优势和社会资源等建设了相关专业博物馆。一方面梳理、展陈学校的悠久的办学历史；另一方面收藏、陈列相关专业藏品，与国家级、市级等公立博物馆、行业协会博物馆、企业博物馆等共同构成了首都丰富的博物馆资源。此外，因为建校历史悠久，而且依托北京历史文化名城资源，许多大学校园本身或分校区就是博物馆。比如清华大学校园、北京大学校园、中国人民大学"铁 1 号"老校区、北京师范大学北校区等。

　　以清华大学为例。清华大学因清华园而得名。清华园原为皇家园林，历康熙、雍正、乾隆、嘉庆、道光、咸丰、同治、光绪、宣统皇帝，多以之为游览、宴饮、居住之地。康熙命名为熙春园，道光分熙春园为东西两园，工字厅以西部分称近春园，以东称清华园，分赐皇子。1860 年，英法联军焚毁近春园，清华园幸免。后因卷入义和团运动，清华园被清廷收回。1909 年，依托美国退还的部分"庚子赔款"，外务部设立游美学务处；1911 年，游美学务处和筹建中的游美肄业馆迁入北京西北郊的清华园，将肄业馆定名为"清华学堂"，是清政府设立的留美预备学校，1912年更名为清华学校；1913年清华学校将近春园等地并入；1914年美国建筑师墨菲规划校园，其后建成图书馆、体育馆、科学馆、大礼堂等早期建筑；1925年设立大学部，创建国学研究院，著名的梁启超、王国维、陈寅恪、赵元任"四大导师"等曾在此任教；1928年更名为"国立清华大学"；1937年抗日战争全面爆发后南迁长沙，与北京大学、南开大学组建国立长沙临时大学；1938年迁至昆明改名为国立西南联合大学；1946年迁回清华园，其后逐渐发展为今日的清华大学。[1]

清华大学历史悠久，校园包含清华园之工字厅、古月堂、水木清华等清代皇家园林古建筑和图书馆、科学堂、大礼堂等民国西式建筑。从清华西门进入，沿清华路前行，路旁是郁郁葱葱的树林，二校门不久就映入眼帘。二校门位于清华路北侧，坐北朝南，是一座青砖白柱三拱牌坊式建筑，门楣上"清华园"三字为晚清才子叶赫那拉·那桐所书，始建于1909年，为清华最早的主校门，见证了清华大学的百年历史。1933年校园扩建，新建西门，这座最早的校门就处于校园之中了，于是被称为"二校门"，是清华校园内代表性建筑。从二校门向北就是草坪、清华大礼堂、日晷和清华学堂等。大礼堂位于草坪北侧，草坪南侧是日晷，草坪西侧是一教、二教、科学馆，草坪东侧是清华学堂、同方部、旧水利馆等，从一教、二教之间向西，路北侧即是工字厅和古月堂，再向西就是熙春园和近春园。

---

[1] 根据清华大学官网相关资料整理。

清华学堂

　　大礼堂位于草坪北侧，与二校门隔大草坪相望，大礼堂和图书馆、体育馆、科学馆是清华早期四大建筑，是清华建校以来第一批大规模建筑。设计者墨菲仿照当时美国大学校园典型布局规划了清华早期校园和建筑。大礼堂1920年建成，建成时是国内高校中最大的礼堂。大礼堂是一座罗马式和希腊式的混合风格的古典柱廊式建筑，整个建筑下方上圆，庄严雄伟，象征着清华人"坚定朴实、不屈不挠"的精神追求。大礼堂是当时爱国学生集会场地，见证了多次反帝爱国运动，如今仍是校内师生会议、文娱活动的重要场所。[1]

　　大礼堂西侧土山上有闻亭。闻亭是一座古式六角亭，建校初原为一座钟亭，内有大钟，按学校作息时间鸣响，后为日寇所毁，抗战胜利后，清华复校，重建钟亭，为纪念闻一多先生，特名之

---

[1] 根据清华大学官网相关资料整理。

为"闻亭"。"闻亭"二字由潘光旦教授书写，亭内匾额为闻一多先生1921年的同级同学集资修建。1986年，清华师生在闻一多先生逝世40周年之际，修建了闻一多雕像。闻一多先生的高洁人格、崇高情怀并未远去，在礼堂之侧、水木清华之畔，流动在清华的历史与校园中。

工字厅原名工字殿，是皇家园林清华园的主体建筑，为清代康熙帝的熙春园，在乾隆时期为皇帝御园。道光皇帝把熙春园分为东西两园，分赐其第五子惇亲王、第四子文宗，工字厅以西部分称近春园，又称四爷园，工字厅以东部分（包括工字厅）称清华园，又称小五爷园。工字厅迄今已有近四百年历史，见证了清朝从康乾盛世到晚晴由盛转衰的历史，也见证了清华百年历史。其前后两大殿中间以短廊相接，构成工字形建筑平面，俯视似"工"字，故以"工字殿"名之，属于中国古建筑布局组合名称。工字厅大门上悬门匾"清华园"，乃咸丰皇帝所赐，清华园也由此得名。清华学堂于1911年4月29日在清华园开学，即在工字厅举办开学仪式。工字厅先是作为学校学务处办公室，后成为学校文化活动、对外交往中心，1924年印度诗人泰戈尔访华时曾下榻于此。2005年，工字厅获"联合国教科文组织亚太地区文化遗产保护奖"。现在人们提到工字厅，一般是指以工字殿为主体的古式大庭院。工字厅庭院古朴、曲廊朱栏、水磨砖墙、清瓦花堵、草木繁盛、静谧清幽，行走其间，仿佛徜徉在历史的长河中。

工字厅后厦为"水木清华"正廊，其上匾额"水木清华"为康熙皇帝御笔。咸丰皇帝由此命名工字厅为"清华园"。"水木清华"为景色清朗秀丽之意，出自"惠风荡繁囿，白云屯曾阿。景昃鸣禽集，水木湛清华"（晋·谢混《游西池》）。正廊之北就是水木清华的主体景观——荷花池,荷花池是清华园水系两湖一河之一(水木清华荷花池、近春园荷塘和万泉河),水流从西侧高处飞瀑流入,从东侧流出,池北为山林,池边杨柳垂条,并有两亭。山林环绕、廊亭杨柳、荷花流水,其景四季优美,被称作清华园"园中之园",廊柱所悬殷兆镛名联恰以形容其美:

槛外山光,历春夏秋冬、万千变幻,都非凡境;窗中云影,任东西南北、去来澹荡,洵是仙居。

1978年,清华大学于荷塘北侧树立朱自清教授塑像以志纪念,塑像洁白如玉,象征着先生的高洁人格。

工字厅西南、一教以西的园林中有甲所,为西式单幢砖木建筑,1917年始建时有甲所、乙所、丙所,为建校初校领导居住地。[①]冯友兰先生女儿宗璞回忆道:

清华园内工字厅西南,有一片小树林,这里藏着一段历史和一段我一生中最美好的记忆。幼时觉得这里树高草密,一条小径弯曲通过,很是深幽,是捉迷藏的好地方。树林的西南有三座房屋,当时称为甲、乙、丙三所。甲所是校长住宅。最靠近树林的是乙所。乙所东、北两面都是树林,南面与甲所相邻,西边有一条小溪,溪水潺潺,流往工字厅后荷花池。我们曾把折好的纸船涂上蜡,放进小溪,再跑到荷花池等候,但从没有一只船到达。1928年10月,父亲到清华工作……先在南院十七号居住,1930年4

---

[①] 姚雅欣,田芊. 清华园名人故居与新林院八号[J]. 古建园林技术,2009(1).

月迁到乙所。从此,我便在树林与溪水之间成长。抗战时,全家随学校去南方,复员后回来仍住在这里。我从成志小学、西南联大附中到清华大学,已不觉树林有多么高大,加上溪水逐渐干涸,这里已不再只是儿时的快乐天地,而有着更丰富的内容。1952年院系调整,父亲离开了清华,以后不知什么时候,乙所被拆掉了,只剩下这一片青草覆盖的地方。在乙所的日子是父亲最有创造性的日子。除教书、著书以外,他一直参与学校的领导工作……作为一个教育工作者,他爱学生。他认为清华学生是最可宝贵的,应该不受任何政治势力的伤害。他居住的乙所曾使进步学生免遭逮捕。1936年,国民党大肆搜捕进步学生,当时的学生领袖黄诚和姚依林躲在我家,平安度过了搜捕之夜……临解放时,又一次逮捕学生,女学生裴毓荪躲在我家天花板上。[①]

古月堂建于清朝道光年间,是位于工字厅西侧的独立庭院,门前两只白色石狮,最具特色的垂花门至今保存完好。初建时为园主书房,建校后曾为教师宿舍,王国维、梁启超、朱自清等曾居于此,清华初招女生后改为第一座女生宿舍(汪健君教授有诗记曰:"古月堂前几变更,昔年济济聚群英。一从女禁开簧畲,两度繁花共月明。"),杨绛等曾居住其中。现为清华大学总务机关与外事部门办公处所。

古月堂西侧便是近春园。近春园原为清咸丰皇帝的旧居,是康熙皇帝熙春园的中心地带,道光年间,熙春园分为东西两园,工字厅以西部分称近春园。近春园的核心景观是荷塘及其中岛屿,

---

① 宗璞. 怀念父亲冯友兰 [J]. 名人传记月刊,2010(9):56-61.

岛南北各有一桥与岸边相连，岛上原有临漪榭，后因咸丰十年（1860年）第二次鸦片战争英法联军火烧圆明园，慈禧为获得建筑新园的材料，下令拆除。现岛上有仿古修复的"临漪榭"，另有"荷塘月色亭"、纪念吴晗先生的"晗亭"与吴晗先生雕像，并有近春园遗址纪念石碑。此处荷塘就是1927年朱自清任教清华大学时所写的著名散文《荷塘月色》中的荷塘：

沿着荷塘，是一条曲折的小煤屑路。这是一条幽僻的路；白天也少人走，夜晚更加寂寞。荷塘四面，长着许多树，蓊蓊郁郁的。路的一旁，是些杨柳，和一些不知道名字的树。没有月光的晚上，这路上阴森森的，有些怕人。今晚却很好，虽然月光也还是淡淡的……曲曲折折的荷塘上面，弥望的是田田的叶子。叶子出水很高，像亭亭的舞女的裙。层层的叶子中间，零星地点缀着些白花，有袅娜地开着的，有羞涩地打着朵儿的；正如一粒粒的明珠，又如碧天里的星星，又如刚出浴的美人。微风过处，送来缕缕清香，仿佛远处高楼上渺茫的歌声似的。这时候叶子与花也有一丝的颤动，像闪电般，霎时传过荷塘的那边去了。叶子本是肩并肩密密地挨着，这便宛然有了一道凝碧的波痕。叶子底下是脉脉的流水，遮住了，不能见一些颜色；而叶子却更见风致了。

月光如流水一般，静静地泻在这一片叶子和花上。薄薄的青雾浮起在荷塘里。叶子和花仿佛在牛乳中洗过一样；又像笼着轻纱的梦。虽然是满月，天上却有一层淡淡的云，所以不能朗照；但我以为这恰是到了好处——酣眠固不可少，小睡也别有风味的。月光是隔了树照过来的，高处丛生的灌木，落下参差的斑驳的黑影，峭楞楞如鬼一般；弯弯的杨柳的稀疏的倩影，却又像是画在荷叶上。塘中的月色并不均匀；但光与影有着和谐的旋律，如梵婀玲上奏着的名曲。

  荷塘的四面，远远近近，高高低低都是树，而杨柳最多。这些树将一片荷塘重重围住；只在小路一旁，漏着几段空隙，像是特为月光留下的。树色一例是阴阴的，乍看像一团烟雾；但杨柳的丰姿，便在烟雾里也辨得出。树梢上隐隐约约的是一带远山，只有些大意罢了。树缝里也漏着一两点路灯光，没精打采的，是渴睡人的眼……①

  正可谓"水木清华，为一时之繁囿胜地"(《近春园园志》)。清华大学校园既有中国传统园林，又有民国西式建筑，校园风景优美，同时也是王国维、梁启超、陈寅恪、朱自清、赵元任、钱学森、钱钟书、曹禺、杨绛等一大批学术巨匠、著名作家曾经学习、任教、生活的地方，富于历史文化气息。其整体建筑及其中发生的历史都使清华大学整个校园成为一座大的博物馆。

  再如北京大学。北京大学诞生于1898年，初名京师大学堂，是光绪皇帝"戊戌变法"的产物；1912年改称北京大学，严复为更名后首任校长；1916年，蔡元培出任校长，进行一系列改革，北大成为新文化运动的中心、"五四运动"的策源地。1937年抗日战争爆发，北京大学与清华大学、南开大学南迁；1946年在北平复学；1952年院系调整，校园从内城沙滩红楼迁至西北郊燕园。燕园原为燕京大学校园。1918年美国美以美会、公理会、美北长老会、英国伦敦会四家基督教会将汇文大学（1888年创办，

---

① 朱自清. 朱自清散文精选[M]. 北京:人民文学出版社,2003.

初名崇内怀理书院)、华北协和女子大学（1864年创办，初名贝满女塾)、通州协和大学（1867年创办，初名公理会潞河书院)三所教会学校合并，初名北京大学，聘司徒雷登为校长。1921年在北京西郊购买前清废园，聘请美国建筑师亨利·墨菲进行总体规划和建筑设计，墨菲依照中国古典样式，依托旧有古典园林建筑，建造了近代中国规模最大、环境最优美的校园。① 1952年高校院系调整，燕京大学被撤销，其学科分别并入北京大学、清华大学等院校，校园由北京大学接收迁入，所以北京大学校园又称燕园。

燕园地处北京市西郊，有山有水，自然地理条件优越，金代就成为著名风景区，明清两代在此大修园林。明代万历年间，米万钟修建"勺园"，又称"米园"，于今在未名湖畔仅存遗址纪念碑，提示着人们遥远历史中的园林。勺园西侧又有"清华园"，乃明万历皇帝生母慈圣李太后之父武清侯李伟所建，所以又名"李园"。两园皆在明末清初时毁于战火。康熙年间在勺园旧址上兴建弘雅园，嘉庆时更名为集贤院，弘雅园是清帝在圆明园临朝时上朝官员的入值退食之所，1860年毁于英法联军。② 康熙皇帝在清华园原址处修建畅春园，在其北修建圆明园；雍正皇帝时扩建圆明园；乾隆皇帝在圆明园东侧修建长春园，在两园南侧修建绮春园（又名万春园)，在勺园原址整修春熙园，整修圆明园东侧熙春园。故有圆明园、长春园、绮春园、春熙园、熙春园"圆明五园"之称。

---

① 罗义贤. 司徒雷登创建燕京大学之肇始[J]. 贵州教育学院学报（社会科学版），2005(6).
② 杨虎. 史说勺园[J]. 中国高等教育，2003(19).

后来，乾隆皇帝将春熙园赏赐给和珅，和珅大兴土木，堆山开湖，建亭起楼，筑台造阁，并建石舫，即今之未名湖和石舫，名之为淑春园。嘉庆皇帝时和珅被处死，家产罚没，淑春园分为两部分，西部为鸣鹤园，现北大西校门就是当年鸣鹤园的宫门。淑春园的东北部改为镜春园，光绪年间在镜春园和鸣鹤园之间修建朗润园（又名春和园），晚清时三园逐渐荒废。后来，美国基督教会购买废园，建立"燕京大学"，1952年，北京大学迁入燕园。

燕园内景观众多，比如鸣鹤园、未名湖、博雅塔、图书馆等。未名湖是和珅淑春园的一部分，湖中石舫乃仿圆明园中石舫而建，后石舫上建筑毁于英法联军纵火焚烧，仅余基座，燕京大学在修建校园过程中，对未名湖一带的旧景观进行整修。在为湖命名时，候选名称皆不如意，钱穆先生遂以"未名"为名，[1] 石舫基座相邻有翻尾石鱼，湖东南有博雅塔，湖南有埃德加·斯诺墓，湖西南山坡上有六角钟亭。

1898年，京师大学堂藏书楼建立，是我国最早的现代新型图书馆之一。辛亥革命后，京师大学堂藏书楼改名为北京大学图书馆。北大百年校庆之际，建筑学家吴良镛设计的北京大学图书馆新馆建成，位于未名湖畔，建筑风格传统与现代融合，端庄巍峨，与周围原有建筑风格相融合，成为校园新的标志性建筑。[2]

博雅塔位于未名湖东南，本为水塔，1924年燕京大学于此打井以供校园用水，为与未名湖风景和燕园古典建筑相协调，设计建立塔式水楼。水塔由当时燕京大学哲学系教授博晨光的叔父

---

[1] 唐克扬. 未名的未名湖 [J]. 读书，2009(9).
[2] 根据北京大学官网相关资料整理。

博雅塔

捐资兴建，故以其姓氏命名为"博雅塔"。

北京大学是中国现代教育的肇始，开创了中国最早的文科、理科、社科、农科、医科等大学学科，是近代以来中国高等教育的奠基者。[1]无论是未名湖还是博雅塔，北京大学校园内的古代、近代建筑都与北大师生共同书写了北大的辉煌历史，共同构成了丰富深厚的校园历史文化，形成了具有浓厚历史文化氛围的校园博物馆。

---

[1] 根据北京大学官网相关资料整理。

中国人民大学"铁1号"旧址。中国人民大学的前身是1937年诞生于抗日战争烽火中的陕北公学，以及后来的华北联合大学和华北大学。1950年10月，以华北大学为基础合并组建中国人民大学，成为中华人民共和国成立后创办的第一所新型正规大学。中国人民大学旧址位于东城区平安大街东部张自忠路3号（原称为东四铁狮子胡同1号），俗称"铁1号"。[1] 原属于清和亲王府，后改为贵胄学堂，中式建筑多被拆除，改建为巴洛克风格的西式楼宇建筑；其后历经改建，先后作为大清海军部、袁世凯总统府、段祺瑞执政府。1950年10月3日，中国人民大学开学典礼在这里隆重举行。现今，每年五六月份，许多人大毕业生都将"铁1号"作为毕业留影的一站。绿树掩映下，斑驳的光影中，清代的庭院、民国的楼宇向人们诉说着历史的沧桑。[2]

北京师范大学北校区，又名西城校区，原为辅仁大学校址，位于定阜街1号。辅仁大学，前身为建于1925年的北京公教大学的附属辅仁社（大学预科）。1912年，《大公报》创办人英敛之与复旦大学创办人马相伯共同撰写《上教宗求为中国兴学书》，提倡在北京建立一座天主教大学，其后英敛之、马相伯于香山静宜园建立"辅仁社"。1925年北京公教大学创立，永租李广桥西街10号原涛贝勒府作为北京公教大学校址，建造辅仁大学新楼，并在校内开设附属辅仁社，作为升入大学的预科，英敛之任社长，1927年更名为私立北京辅仁大学，1929年更名为私立北平辅仁大学。当时，辅仁大学与北京大学、清华大学、燕京大学并称"北

---

[1] 根据中国人民大学官网相关资料整理。
[2] 杨教. 北京有个"铁1号"[J]. 北京纪事,1997(6).

平四大名校"。1926年，英敛之因病逝世，其子英千里于1927年任辅仁大学教授兼秘书长，1949年赴台湾后促成辅仁大学复校并任校长。襄助英敛之创办辅仁社、辅仁大学的马相伯也是中国著名教育家，他尽捐田产，先后创办震旦大学、复旦大学。北京师范大学的前身是创办于1902年的京师大学堂师范馆，1923年更名为北京师范大学，是中国历史上第一所师范大学。1952年辅仁大学和北京师范大学合并。此前北京师范大学位于和平门外新华街，辅仁校区位于其北，故称之为北校区，是北京市文物保护单位，今为北京师范大学继续教育学院。辅仁大学新楼为砖混结构，使用中国古建筑手法，古色古香，富有历史感，使游览观赏者感受到英敛之、马相伯等筚路蓝缕，办学兴教，开创、推动中国近代教育事业以启蒙国民、疗救国家的伟大精神。[①]

清华大学校园、北京大学校园、中国人民大学"铁1号"老校区、北京师范大学北校区等都是北京历史文化和学校历史文化的见证者、保存者、传承者。这些校园是北京历史文化古城的重要组成部分，同样，这些校园博物馆也是以北京历史文化古城为资源，双方有着潜在的、巨大的互相促进作用。

## ■ 北京高校专业性及综合性博物馆

许多高校还建有专业性或综合性博物馆和校史馆，比如北京大学赛克勒考古与艺术博物馆、中国人民大学博物馆、清华大学校史馆等。

---

① 师兴. 修学旅行感知人文北京[N]. 北京商报,2012-04-26.

北京大学赛克勒考古与艺术博物馆位于鸣鹤园东北，于1986年破土奠基，1993年5月开馆，展厅面积约2000平方米，是全国高校中唯一的一所考古与艺术博物馆，由北京大学和美国友人阿瑟·姆·赛克勒博士（Dr. Arthur M. Sackler）合作建成。赛克勒博士是美国知名医药学家、慈善事业家和艺术品收藏家，他热爱中国传统文化，搜集了大量的古代文物，赞助建造了三座亚洲艺术博物馆：美国首都华盛顿特区的赛克勒美术馆、美国哈佛大学的赛克勒博物馆和中国北京大学赛克勒考古与艺术博物馆。除赛克勒博士捐赠的藏品外，博物馆还收藏有北京大学研究所国学门1922年成立的考古研究室古物陈列室及其后北京大学博物馆收藏的藏品、燕京大学史前历史博物馆的藏品、1952年设置考古专业后从田野考古发掘现场带回来的教学标本、博物馆筹备期间各地文物、考古机构赠送或调拨的展品。所以，博物馆藏品种类丰富、数量众多，藏品分为石器、铜器、甲骨、陶器、瓷器、书画、碑帖等几大类共有两万余件藏品，其中多为中国考古学教学典型标本，如旧石器时代重要考古地点出土石器，新石器时代不同考古文化典型器物，商代的甲骨文，西周古墓和遗址出土的铜器、玉器等，以及陶瓷、钱币、封泥和民俗文物等。博物馆以"考古传递理性，艺术激励创新"为理念，展览分为两部分：一部分是中国考古学教学标本系列展，按时代和考古学文化顺序陈列，分为旧石器时代、新石器时代、夏商周时期、战国时期、秦汉时期、三国两晋、南北朝、隋唐时期、宋辽金元明时期七个部分；另一部分是考古学系近年考古工作成果展，按工作地点集中陈列，已展出的有"金牛山人""山东长岛北庄新石器时代聚落遗址""山西曲沃曲村晋文化墓葬""河北磁县观台窑址"等。①

上述展览对北京大学考古系的教学、科研,对开展学术交流、宣传普及考古学知识、弘扬中国传统文化都起到了巨大的推动作用。

中国人民大学博物馆于2009年经北京市文物局批复成立,是以历史文物、艺术作品和学校历史并举,集收藏、展示、研究、教育于一体的公立综合性博物馆。展馆建筑面积5000多平方米,有校史展、"北国春秋——北方文物展"、"尺翰之美——中国传统家书展"、"遥远的记忆——于阗文书展"、"耕读传家——徽州文书展"、"股海遗珍——中国百年股票展"和"沈鹏书法作品展"等。其中"北国春秋"文物陈列分为8个单元,立足于北方地区,重在反映北方民族与中原王朝数千年来的历史画面,展现中华民族多元一体格局形成的历史进程。②

清华大学校史馆。从清华大学西门沿着清华路一路向东,走过清华路与学堂路交叉路口后,新清华学堂、蒙民伟音乐厅和校史馆组成的红色连体建筑跃然眼前。校史馆展览通过文字、图片、实物以及影像资料展现清华大学的百年发展史和前辈学子求学经历、工作成就、精神人格等,比如王国维、闻一多、朱自清、曹禺、杨振宁、李政道、钱学森、钱伟长、钱三强等大师的学籍卡、成绩单、答题卷、实验报告、教材、公费旅美志愿书、照片、信件、

---

① 陈晓丽. 赛克勒,了解中国文化的重要窗口[J]. 大学生,2015(11):38-39；北京市文物局首都博物馆联盟. 走进博物馆——北京地区博物馆大全[M]. 北京:北京出版社,2013.

② 北京市文物局首都博物馆联盟. 走进博物馆——北京地区博物馆大全[M]. 北京:北京出版社,2013.

文字等。一件件从历史中走来的展品，向参观者呈现着展品所见证的历史、所包含的展品主人的思想人格，使参观者受到了很好的学校历史文化和前辈学人伟大精神的熏陶。

北京共有60余所公立本科高校，绝大多数高校都有校史馆或校史陈列室、展厅；没有校史馆的个别高校也已将校史馆、博物馆纳入工作计划，展开相关调研和文物资料征集、馆舍设计招标建设等工作。很多高校都依托自己的专业建立了专业性质的博物馆，有的学校还建立了人文艺术性博物馆，有的学校建有多家博物馆。总的来看，北京高校博物馆具有良好的发展基础（见表2），发展势头较为明显，在北京建设国际化大都市和历史文化名城背景下，发展空间巨大。

表2　北京高校博物馆分类

| 人文科学类 | 历史博物馆 | 北京大学赛克勒考古与艺术博物馆<br>北京师范大学博物馆<br>北京师范大学中国古陶瓷博物馆（2016年7月校友捐赠）<br>首都师范大学历史博物馆<br>北京印刷学院中国印刷博物馆<br>中国传媒大学传媒博物馆（含校史展）<br>中国传媒大学中国广告博物馆<br>中央财经大学北京税务博物馆<br>北京物资学院物流博物馆<br>中国政法大学法庭科学博物馆<br>北京工业大学科技与艺术博物馆 | 自然科学博物馆 | 地质博物馆 | 中国地质大学（北京）逸夫博物馆<br>北京大学地质博物馆<br>中国石油大学地球科学博物馆 |
| --- | --- | --- | --- | --- | --- |
| | 民族民俗博物馆 | 中央民族大学博物馆<br>北京服装学院民族服饰博物馆 | | 生物博物馆 | 中国农业大学昆虫标本馆、土壤标本馆<br>北京林业大学博物馆<br>中国科学院动物研究所标本展示馆 |
| | 文化艺术博物馆 | 中央美术学院陈列馆<br>清华大学艺术博物馆<br>清华大学美术学院陈列馆（原中央工艺美院陈列馆）<br>首都师范大学书法文化博物馆<br>中央音乐学院音乐史陈列馆<br>北京语言大学语言文化博物馆（筹）<br>中国音乐学院国音堂中国乐器陈列馆<br>中国音乐学院中国乐器博物馆（筹）<br>中国民族音乐博物馆（无锡，无锡市人民政府、中国音乐学院、中国艺术研究院三家共建）<br>中央美术学院美术馆<br>北京舞蹈学院中国舞蹈博物馆 | | 交通运输、警察博物馆 | 北京航空航天博物馆（北京航空航天大学）<br>北京交通大学校史博物馆<br>北京警察学院博物馆（含校史展） |
| | 体育博物馆 | 首都体育学院奥林匹克教育博物馆 | | 医药博物馆 | 北京中医药大学中医药博物馆<br>首都医科大学生命与健康博物馆 |

续表

| 综合类 | 综合博物馆 | 中国人民大学博物馆（含校史展厅） |
|---|---|---|
| | 其他博物馆（校史馆） | 北京大学校史馆 |
| | | 清华大学校史馆 |
| | | 北京工业大学档案馆（校史馆） |
| | | 北京航空航天大学校史馆 |
| | | 北京理工大学校史馆 |
| | | 北京科技大学校史馆 |
| | | 北方工业大学校史馆（在建） |
| | | 北京化工大学校史馆（在建） |
| | | 北京工商大学校史馆 |
| | | 北京邮电大学校史馆 |
| | | 北京建筑大学校史馆（在建） |
| | | 中国农业大学档案与校史馆 |
| | | 北京农学院校史馆 |
| | | 北京协和医院校史馆 |
| | | 首都医科大学校史馆 |
| | | 北京外国语大学校史馆 |
| | | 北京第二外国语大学校史馆 |
| | | 北京语言大学档案馆网站校史钩沉 |
| | | 中央财经大学校史馆 |
| | | 对外经济贸易大学档案馆（校史馆） |
| | | 北京物资学院校史馆 |
| | | 首都经济贸易大学档案馆（校史馆） |
| | | 中国人民公安大学校史馆 |
| | | 国际关系学院校史馆 |
| | | 北京体育大学校史馆 |
| | | 中国音乐学院国音堂校史展览馆 |
| | | 中央美术学院校史陈列展 |
| | | 中国戏曲学院校史陈列展 |
| | | 北京电影学院校史馆 |
| | | 中央民族大学校史展厅 |
| | | 中华女子学院校史馆 |
| | | 北京信息科技大学校史馆和网上三维虚拟校史馆（在建） |
| | | 中国石油大学（北京）校史馆 |
| | | 中国地质大学（北京）校史馆 |
| | | 北京联合大学校史馆 |
| | | 中国劳动关系学院校史馆 |
| | | 中国科学院大学校史馆 |

# 参考文献

1. 王宏钧. 中国博物馆学基础［M］. 上海：上海古籍出版社，2001.
2. ［美］爱德华·P. 亚历山大，玛丽·亚历山大. 博物馆变迁［M］. 南京：译林出版社，2014.
3. ［英］蒂莫西·阿姆布罗斯，克里斯平·佩恩. 博物馆基础［M］. 南京：译林出版社，2016.
4. 吴乘权. 纲鉴易知录［M］. 北京：红旗出版社，1998.
5. 沈从文. 中国古代服饰研究［M］. 上海：上海书店出版社，2011.
6. 孙机. 华夏衣冠：中国古代服饰文化［M］. 上海：上海古籍出版社，2016.
7. 黄强. 衣仪百年——中国百年服饰风尚［M］. 北京：文化艺术出版社，2008.
8. 北京市文物局首都博物馆联盟. 走进博物馆——北京地区博物馆大全［M］. 北京：北京出版社，2013.
9. 赵翰生. 中国古代纺织与印染［M］. 北京：商务印书馆，1997.
10. 杨正文. 苗族服饰文化［M］. 贵阳：贵州民族出版社，2001.
11. 苗日新. 熙春园·清华园考·清华园三百年记忆［M］. 北京：清华大学出版社，2013.
12. 刘元风. 服装名校之路——北京服装学院院长刘元风教授建校50周年之际谈办学［N］. 纺织服装周刊，2009-09-28.
13. 周永凯. 适应社会需要坚持特色办学提升教学水平［J］. 纺织教育，2009(5).
14. 杨鹍. 我国三大方言苗族的服饰形态［J］. 新美术，1994(4).
15. 沈晓. 黔东南苗族银饰传统图案中的生殖崇拜文化研究［D］. 南宁：广西艺术学院硕士论文，2014.
16. 梁丹. 北京早期博物馆概述［J］. 中国博物馆，1988（12）.
17. 江琳. 留学生与近代中国的文物保护［J］. 徐州师范大学学报（哲学社会科学版），2008（4）.

18. 董恩强. 顾颉刚学术思想评析：以《一九二六年始刊词》为中心[J]. 福建论坛(人文社会科学版), 2015(6).
19. 吴兴星. 清华历史系的早期发展 1926-1935 [D]. 武汉：华中师范大学, 2012.
20. 江琳. 民国高校学术群体与文物保护事业论析[J]. 商丘师范学院学报, 2015.
21. 宗璞. 怀念父亲冯友兰[J]. 名人传记月刊, 2010(9).

# 从北京中华民族博物院说起的北京民间博物馆

# 一 北京中华民族博物院

## ■ 浓缩的民族大家园

中华人民共和国是一个统一的多民族国家。北京的中华民族博物院（又称中华民族园）就是一座典型的浓缩型的民族大家园。来到中华民族博物院的游览者既可以感受到特色鲜明的不同的民族文化，又可以受到民族融合的爱国主义教育，开阔自己的心胸和文化视野。

中华民族园的口号就是"一日纵览江山万里，中华五十六个民族尽在眼中。让世界了解中国，让我们认识自己"。[1]

北京北三环中轴路向北，在奥林匹克中心的西边有一片很有特色的建筑，就是北京中华民族博物院。

---

[1] 根据中华民族博物院官网相关资料整理。

北京中华民族博物院北园门口的中华民族的全家福

　　北京庞大的博物馆家族中，北京中华民族博物院是比较特殊的存在。它是北京最大的一家非国有的集中展现多民族文化特色的民间博物馆。北京中华民族博物院占地 50 公顷，是一座复原、收藏、陈列和研究中国 56 个民族文化、文物、社会生活的大型人类学博物院。

　　北京中华民族博物院的建设，得到了北京市委、市政府的直接领导和支持，得到各少数民族自治地方政府和群众的热情帮助与参与，得到海外爱国侨胞的全力资助。北京中华民族博物院（中华民族园）于 1992 年开始建设，1994 年 6 月 18 日北园建成开放，2001 年 9 月 29 日南园建成开放。园区建成开放时，由北京市委、市政府主持，举行了隆重的开幕仪式。[1]

---

[1] 根据中华民族博物院官网相关资料整理。

北京中华民族园的文化展示包括多个方面，集中了全国少数民族的传统建筑、民俗风情、歌舞表演、工艺制作以及民族美食等，成为展示民族文化差异和融合的大型园地。北京中华民族博物院分南北两园。北园内建有16个民族村寨，包括藏族、苗族、彝族、侗族、台湾高山族、朝鲜族、布依族、哈尼族、羌族、佤族、傣族、景颇族、达斡尔族、鄂温克族、鄂伦春族、赫哲族等景区。南园主要是民族博物馆和雕塑广场等大型设施，以及二十余个民族村寨，真实再现了多个民族的文化遗存。[1]

　　北京中华民族园内建有国内最大的铸铁雕塑图腾柱以及仿真的热带榕林、水中溶洞、盘龙瀑布、阿里山神木、沧源岩画等。

　　游人在参观民族村寨时，不仅可以欣赏到飞瀑流云、草原篝火、溪水、牧笛等美好景色，让人们不出北京就能尽览华夏民族的名胜；还可欣赏和亲身参与各民族的歌舞、节庆、生产、习俗活动。游客在各种充满民族色彩的技艺等表演活动中，可以获得中华民族独具特色的文化艺术享受。

　　北京中华民族园集我国众多民族传统建筑、民俗风情、歌舞表演、工艺制作、民族美食以及收藏陈列于一体，全方位展现了中华民族的风情风貌。民族氛围浓郁，特色鲜明，设计独具匠心。

　　北京中华民族园内浓缩的民族建筑群落，每组建筑都以1∶1的比例建造，重现了每个民族所特有的建筑风貌。各个民族村寨的建筑及布置都蕴含了本民族的风土人情，各民族的传统文化在餐饮、歌舞、农耕、体育、传统手工艺等方面都得到了全方位的立体化的展现。

---

[1] 根据中华民族博物院官网相关资料整理。

中华文明博大精深，孕育出丰富多彩的民族节庆。民族节庆活动集各民族的心理伦常、精神气质、价值取向、审美情趣、文化表象为一体，成为展现自身民族文化的一个窗口。举办少数民族节庆活动，充分展示"节庆"特有的喜庆性、周期性、民族性、群众性、综合性等特点，设计出为广大游客所喜闻乐见的活动内容和形式，成为北京中华民族博物院的游园特色。

北京中华民族园不定期举办傣族"泼水节"、藏族"雪顿节"、羌族"祭山会"、景颇族"目瑙纵歌节"、哈尼族"苦扎扎节"、佤族"新米节"、苗族"姊妹节"、彝族"插花节"、侗族"侗年"、达斡尔族"鲁日格勒节"、朝鲜族"老人节"、高山族"丰年祭"等民族节庆民俗展示活动。特别是傣族"泼水节"，已经形成品牌，受到广大游客的热烈欢迎。民族节庆活动，吸引了大量的游客，使游客们在游览的过程中集中享用各民族的文化大餐。

北京中华民族博物院是全国著名的旅游景点，也是首都多民族文化保护和交流的基地，集中展示了北京的民族团结和民族文化融合进步的成果。

## ■ 独特精彩的表演

北京中华民族园有许多民族风情表演。园内共有近 200 名少数民族演员，都是各地土生土长的少数民族居民，表演内容多以迎宾、送别、庆丰收、祭祀、婚庆为主题。如苗族的"上刀山"、傣族的"泼水节"等表演，充满原汁原味的少数民族特色风情。游客在参观民族村寨时可欣赏和参与各民族有鲜明地域和民族特点的歌舞、节庆、生产、习俗、竞技和技艺等表演，从而获得各民族独具特色的文化艺术享受，感受中华民族大家庭的文化的多姿多彩。

"上刀山"也称"上刀梯"，这是苗族人民喜爱的传统体育项目之一，也是苗族众多的传统体育项目中最惊心动魄的活动。登上刀梯的苗族同胞毫发无伤，不可思议，带给人们强烈的视觉冲击和震撼。"上刀山"表演活动保留了最原始的民间风味，游客可以近距离观赏，有兴趣的游人还可以亲自检验刀具的锋利程度，感受这种以苗族古老习俗带来的惊险和刺激。

在苗族的传统习俗中，每当遇到赶年场或是重大的节日，都有勇士表演上刀山。这些文化艺术活动也是少数民族先民们在险恶的生存环境中世世代代与困难做斗争，生生不息勇往直前精神的再现。中华民族普遍存在的坚强不屈的意志品质，在"上刀山"的表演中得到了生动鲜活的展现。

北京中华民族园的泼水活动从夏季开始，每天有两场。在北园傣族村寨的广场上进行，模仿傣家"泼水节"里的部分活动场景，以泼水为主。

中国的傣族有着悠久文化传统，傣族人口近百万，大部分居住在云南南部的西双版纳傣族自治州、西部德宏傣族景颇族自治州，其他则散居于云南各地。

傣族人每年都欢庆泼水节，此外，阿昌、德昂、布朗、佤等少数民族，甚至柬埔寨、泰国、缅甸、老挝等国也过"泼水节"。

在"泼水节"上谁被泼的水多，就象征着谁最幸福。这也表达了傣族人民希望彼此平安幸福的美好寓意。

北京中华民族博物院里的泼水活动既是展现傣族水文化、音乐舞蹈文化、饮食文化、服饰文化和民间崇尚等传统文化的综合

北京中华民族园泼水活动场地旁边的傣家木结构建筑

舞台，也是人们体验研究傣族历史的重要窗口，更是中华民族文化丰富多彩的生动体现，具有独特的文化传播价值。泼水表演有助于游客了解傣族感恩自然、爱水敬佛、温婉沉静的民族特性，这种民族文化基因在中华民族文化中世代传承，成为中华民族文化的一个重要组成部分。同时，博物馆里的泼水活动参加的人不分哪个民族，人人都可参与，送出或接受祝福。泼水活动成为加强不同民族文化交织融合的重要纽带，对我国民族大家庭的友好合作交流，促进社会经济文化的发展起着重要作用。

## 二 北京民间博物馆

自 20 世纪 90 年代开始，像中华民族博物院这样的民间博物馆逐渐发展壮大。据不完全统计，目前全国登记注册的博物馆超过 3000 家，其中民间博物馆就有近 500 家之多。截至 2015 年，北京地区正式登记注册的民办博物馆达 28 家。这些博物馆规模大小不等、主题各异，为参观者打开了一扇又一扇有着鲜明特色的文化之窗。

北京的民间博物馆分散在京城各处，其中朝阳区的民间博物馆数量较多。北京是一个拥有 2000 多万人口的特大城市，各种民间博物馆分散在北京的各个角落，仿佛一朵朵五颜六色承载着历史文化的"文明之花"开放在北京的大街小巷。分散性是北京民间博物馆的鲜明特征，使北京就像一座"没有围墙的博物馆"。北京的文明遗迹、文化景观随处可见，民间博物馆使北京这座历史文化名城的文化意味更加浓厚。民间博物馆的散在特色具体表现为藏品资源和资金民间性、地域分布上的广泛性和零散性。

国家或政府部门在国有博物馆建设上有整体的规划，而民间博物馆受个人收藏兴趣爱好的条件限制，更因地制宜，自由灵活。

## ■ 民间博物馆的个人收藏

"古匾横陈看千年科举兴衰，残额高悬评七百壮士得失。"这是悬挂在励志堂门前的一副对联。励志堂是北京科举匾额博物馆的展厅。2007年9月，这座位于高碑店民族文化村附近的民间博物馆正式对外开放。一看这座博物馆的名字，人们就知道这家博物馆收藏的主要是什么。

北京市文物局原副局长刘超英曾说过：

> 经济的腾飞促进了文化的发展，关注文化的人也越来越多，加上北京有很深的文化积淀，民间博物馆数量快速增长也在情理之中。[1]

近年来，民办企业和个人建立民间博物馆的热情空前高涨，民办博物馆已成为北京博物馆的重要组成部分。北京的民间博物馆许多都是在个人收藏的基础上创办的。

乱世存金银，盛世兴收藏。北京市文物局局长舒小峰认为：

---

[1] 李哲，陈振凯，张盈盈. 京城民间博物馆喜忧参半[N]. 人民日报海外版，2007-08-30.

随着藏品的增多，民间收藏家不再满足于个人欣赏藏品，而是与大众一起分享交流。因此，不少民间收藏家纷纷投入到兴办博物馆的行列中来。[①]

据舒小峰介绍，北京市博物馆没有一家盈利，缺少政府财政拨款的民办博物馆更是如此。对此，北京科举匾额博物馆馆长姚远利表示，开办博物馆不是为了赚钱，而是发自内心的喜欢，希望通过与大家分享收藏品，让更多的人了解中国的传统文化。

胡同张老北京民间艺术馆是目前北京唯一一座全面立体展示北京民间文化艺术的博物馆。全馆展览由北平味道、民间玩具收藏、精品手工艺品收藏、重温传统游戏、手工艺制作体验和京味票房茶馆6大部分组成。

其中"北平味道"是完整展示老北京市井风貌的艺术作品体系，囊括了老北京有代表性的胡同、门楼、牌楼、老店铺、老行当等。胡同张还收藏了民间玩具千余件，并设有游戏区，让参观者重温羊拐、抽汆、弹球等近几十种老北京游戏。

此外，很多难得一见的北京民间非物质文化遗产手工艺精品在这里都有展出，如果参观者对这些神秘的手艺感兴趣的话，还可以亲自做出一件属于自己的作品。

地道的京味讲解是胡同张的又一大特色，操着纯正京腔的讲解员讲述老北京的故事，和参观者一起交流对北京文化的理解和认识，共同体会老北京人的和气、热情、礼仪。

---

① 李哲，陈振凯，张盈盈. 京城民间博物馆喜忧参半 [N]. 人民日报海外版. 2007-08-30.

走进胡同张老北京民间艺术馆，便开始了一次心驰神往的老北京文化之旅，不论是土生土长的北京人还是来到北京的外地人、外国人，对胡同张老北京民间艺术馆里的老北京文化气息，都久久不能忘怀。

创办人张毓隽表示，儿时在胡同里的生活质朴而亲切，这种纯粹的老北京生活方式应该作为一种文化遗产被保护起来。于是，他便创办了这家博物馆，将老北京吃、喝、玩、乐浓缩到馆中，全方位再现老北京生活。在北京，像胡同张老北京民间艺术馆这样的民间博物馆有许多。刘超英认为，私人博物馆有效填补了国家博物馆收藏的空缺，使博物馆的种类更加丰富。[①]

## ■ 各具特色的博物馆

北京的 20 多家民间博物馆，藏品丰富多彩；展馆的装饰、布置或建筑也别出心裁，各具风格。

### 中国紫檀博物馆

沿着长安街向东，在京通快速路高碑店出口的北侧，坐落着一大片明清风格的建筑群，这就是由全国政协委员陈丽华女士投资逾两亿元人民币兴建的中国紫檀博物馆。中国紫檀博物馆是北京市向中华人民共和国成立 50 周年献礼的重点工程，也是中国首家规模最大，收藏研究、陈列展示紫檀艺术，鉴赏中国古典家

---

① 李哲，陈振凯，张盈盈. 京城民间博物馆喜忧参半［N］. 人民日报海外版. 2007-08-30.

具的专题类民办博物馆。展厅面积9569平方米。在这里可以欣赏到陈丽华馆长积累数十年珍藏的明清家具和她指导制作的传统家具。另外，参观者还可以领略到微缩的中国古建筑景观，如故宫的角楼、紫禁城御花园中的千秋亭与万春亭、古色古香的北京四合院、山西飞云楼等。这些传递着东方情韵的艺术珍品，都是由珍贵的紫檀木演绎而成。[①] 所有宫殿屋宇都由一片片紫檀小料拼凑起来，屋顶上的武士雕刻、房檐上挂着的紫檀风铃清晰可见，家具上的花纹雕刻更是精细入微，让人流连忘返。

### 北京松堂斋民间雕刻博物馆

这是全国第一家以民间雕刻为主题的民办博物馆，是全世界唯一一家"捡来的"价值连城的博物馆。博物馆成立于2001年10月，由著名收藏家李松堂先生创办。李松堂先生多年行走于北京的拆迁街巷胡同，抢救出了许多有价值的珍贵文物。

北京松堂斋民间雕刻博物馆是改革开放后国家文物总局批准在北京成立的第一批十家民营博物馆之一。松堂斋民间雕刻博物馆座落于国子监街3号，向东与雍和宫只隔一条马路，向西就是国子监。博物馆为明朝四合院建筑，是北京最具特色的四合院，也是目前北京保存最完好的明清四合院之一。大门口一对元朝上马石，雍正年间一品文官团鹤祥云图案的台阶石，一对清光绪年间"丹凤朝阳"蹲腿压面石雕；东戗檐为乾隆年间"空城计"砖雕，西戗檐为乾隆年间"月下追韩信"砖雕，两套砖雕都是乾隆年间镂空透雕的精品；门面四组清代光绪年间木雕雀替；尤其是西房

---

[①] 根据北京市文物局官网相关资料整理。

檐下的"双喜双寿"垂花镂空木雕，东房檐的"麒麟送子"木雕精美绝伦；门口为青白石明朝鼓形麒麟门墩，大门上的楹联是"佛道儒邻里，真善美人家"的万向通楹联，门裆为明朝万历镂空双狮透木雕，门楼脊瓦为乾隆二十六年的砖雕二龙戏珠衬托处宅院的古色古香。

国子监街为北京市文物重点保护街，长达680米，整条街道民宅的明清建筑雕刻构件残留不足二十件，北京松堂斋民间建筑雕刻博物馆内的明清建筑雕刻构建就有1038件。随着城市改造，北京的城墙、北京人世代居住的大部分的明清民居被拆除了，那些近千年来镶嵌在民居墙壁、门楼，体现着中国祖辈几千年生活习俗和思想文化的独特建筑构件消失了。现在，因为李松堂先生半个世纪的抢救、保护，近万件精美的民居雕刻构件在博物馆里找到了新家，平静地在古老而现代的北京延续着我们民族的美好记忆。

**御生堂中医药博物馆**

明万历三十六年创立的御生堂原是山西榆次白家药铺，距今已有400年历史。御生堂中医药博物馆陈列的展品都是白家历代传人的收藏，现任馆长柏杨是白氏第13代传人。复原御生堂老药铺是博物馆的重要工作。药柜、桌椅、板凳、药具都按原药铺场景摆放，乾隆御笔书就的"御生堂"匾额赫然悬于门上，一派古旧韵味，让人想起明清时代药铺内熙熙攘攘的盛况。

御生堂始创于明代万历三十六年（1608年），是一间中医、中药和收集古董珍玩的药铺和商号。原址在山西榆次县城东门内，先后迁至北京、河北等地。1999年，白氏后人在北京创办了首家民间中医药博物馆——北京御生堂中医药博物馆。博物馆旨在弘扬御生堂历史，宣传中国医药文化，为中医药文化研究者和中医药专业人士提供欣赏和借鉴场所。御生堂中医药博物馆文物陈列分为7部分：清代御生堂老药铺、历代中医药用具、古代中草药标本、古代中草药包装、历代医药书籍报刊、近代医方医案、百年中医药商标广告。在这里，可以目睹清代御生堂药铺景观，欣赏御生堂珍藏的数千件珍贵医药文物，了解神农、扁鹊、华佗、李时珍等历代医药名人，一览中华医药文化宝库的精华。北京御生堂中医药博物馆被专家和媒体称为"中医文化瑰宝"和"世界的中医药百科全书"，被国家中医药管理局授予"中医药文化宣传教育基地"称号，被北京市政府授予"科普宣传教育基地"称号。[1]

## 北京百工坊博物馆

"百工"一词源于春秋时期齐国官书《考工记》。元、明、清三代皇家御用工艺品都设有专门机构制造，元代称"工部"、明代称"少府监"、清代称"内务府造办处"，民间对其统称为"百工坊"。听名字就能猜得出来，"京城百工坊"是一个汇聚各种中国传统民间手工艺的制作、展示及销售于一体的机构。在古色古香的北京百工坊博物馆中，楼道以胡同的形式出现，胡同两旁的店面皆是老北京小作坊风格，红色的漆木门里精彩纷呈。在这里，可以欣赏到传说中"泥人张"的泥人、在国际上享有盛誉的景泰蓝瓷器、形象生动的牙雕和玉雕，以及精美的中国刺绣、雕漆等。

---

[1] 根据北京市文物局官网相关资料整理。

除了能够欣赏到艺术品本身外，在这里还有机会目睹民间工艺大师们的工作过程，并在他们的指导下亲手制作。正是这些工艺美术大师们构成了这所博物馆的灵魂，百工坊由此被称为一座"活"的博物馆。[①]

**北京和苑博物馆**

北京和苑博物馆位于北京著名的 CBD 商圈，地处第三使馆区，这里曾经是辽国萧太后的行宫所在地。这座园林式博物馆，从沿湖散布的和平景观石中能看到世界各国驻华大使和国际组织领袖们如何以他们的外交才华与文化底蕴呼唤和平，可以从飘扬的五颜六色的国旗中一窥各国的历史与文明。人们在非洲各国领袖们种植的国际友谊林，为非洲各国团结友谊感动的同时体味到中非友好合作的巨大发展空间；游客还能观赏到各国政要和国际知名人士赠送的礼品，"听"到各国政府代表团、艺术家、世界冠军、国际组织代表们在签满留言的钢琴上所谱写的和平乐章。在北京和苑博物馆里，每一件作品都有一个故事，每件藏品都蕴含着世界人民对和平事业的美好期望。

北京和苑博物馆是一个国际交往、世界文明对话的平台，是一个极富国际特色的民间博物馆，各种不同的文化在这里互相交流、融合。和苑博物馆成为各国首脑和政府代表团访华参观的景点，外交官、跨国企业和国际媒体经常在这里出席各种文化活动，许多国家高等学府把这里作为爱国主义和国际主义的教育基地。北京和苑博物馆也是中国世界和平基金会、北京国际和平文化基

---

[①] 根据北京市文物局官网相关资料整理。

金会与联合国教科文组织举办"和苑和平节"的发源地。它被国际社会尊誉为"小联合国"。①

北京拥有众多的颇具特色的民间博物馆。各类民间博物馆都以"突出个性""彰显特色"作为追求目标,在文物(标本)征集、宣传教育、展示交流等方面,涌现了一批具有鲜明个性的博物馆。这既满足了老百姓丰富的文化审美需求,也体现出北京的包容以及文化的交流和融合。

## ■ 有趣儿的博物馆

北京的民间博物馆不仅极富个性,而且富含趣味。博物馆里一般都是老物件的展览,但北京民间博物馆和故宫博物院这类的官方博物馆差别很大。故宫里面展出的都是皇家文物,而民间博物馆收藏的大都是老百姓日常生活常见的普通又有趣的物件:从科举匾额到紫檀家具;从民间建筑雕刻到马文化;从百年老电话到鼻烟壶紫砂;从皮影艺术到老北京原汁原味的胡同,丰富多样,无所不包。北京民间博物馆深受不同人群的欢迎和喜爱,游客在休闲娱乐过程中自觉或不自觉地感受到文化的巨大包容性。

### 中国马文化博物馆

自古以来,随着马的驯养和它在人类生产生活中的作用日益重要,马已经成为人们很喜欢的动物。到了现代社会,机器逐渐取代马的地位。但人们对马这个人类的老朋友依旧情有独钟,专

---

① 根据北京市文物局官网相关资料整理。

门为它们建了博物馆。

中国马文化博物馆位于八达岭长城西侧的阳光山谷马术俱乐部内,是由国家马术协会、马业协会、延庆区人民政府、北京马语者文化艺术研究所共同创办的以"马文化"为专题的博物馆。

中国马文化博物馆是中国第一所也是亚洲最大的马文化、马艺术、马精神、马历史博物馆。博物馆分为文字史料、雕塑、名人绘画、专业摄影、英式美式、蒙古风俗6大展区,陈列上千件艺术展品。中国养马简史、汉武帝夺汗血宝马等文史内容,让参观者了解中国马文化的源远流长。以徐悲鸿大师为代表的国内外十几位画马名家的力作,可以使人们获得完美的艺术享受;世界顶级马术摄影大师的经典作品,将骏马瞬间的精彩凝固成永恒;马头琴的动人故事、美国西部牛仔拓荒路上的艰辛、英国马术大赛上的惊险刺激和人马配合的至高境界,让游客感受到不同人文背景下浓浓的马文化氛围。[①]

### 北京崔永平皮影艺术博物馆

北京崔永平皮影艺术博物馆于2004年4月22日正式开馆,为我国古老的濒临失传的民间艺术——皮影戏建立了一个生存与传承的空间。中国皮影戏艺术的起源距今已有2000多年。据史料记载,皮影戏始于汉、兴于唐、盛于宋,遍及全国。皮影戏艺术是中国古代劳动人民利用"光"和"影"的自然科学原理,巧妙结合民间绘画、雕刻工艺而发明创造的一种通过光线照射下的影子活动来表演故事的戏剧形式。皮影戏是目前世界上唯一的以

---

① 根据北京市文物局官网相关资料整理。

平面造型为手段来直接进行演出的戏剧艺术品种，被誉为"电影艺术的鼻祖"。崔永平先生从事皮影戏艺术40余年，编、导、演过《孟姜女》《孙悟空智取金钱豹》《水漫金山》《宝莲灯》《哪吒闹海》《小英雄雨来》《山羊和狼》《儿童乐》等优秀剧目，撰写出版专著《怎样演皮影戏》，发表论文《中国皮影史略论》《神秘奥妙的皮影戏艺术》等30余篇，是我国著名的皮影戏制作、编导和表演艺术家以及理论研究领域的专家。皮影艺术博物馆保存了影视艺术发展的历史，对现代文化艺术形式的发展提供了研究、借鉴的平台，成为中华古老文化传承的重要支撑。[1]

### 中国北京鼻烟壶紫砂壶博物馆

这是北京唯一一座以鼻烟壶为专题的特色博物馆。博物馆展出面积3000平方米，分为常设展览和临时展览，博物馆的常设展览有"袖珍艺术——鼻烟壶展览"及"古今紫砂精品展"。常设展览从不同角度为游客介绍了鼻烟壶的来源及分类，其中有清朝珍宝——古月轩类鼻烟壶展览及其他材质珍贵的内画鼻烟壶展览。在"古今紫砂精品展区"，参观者可以看到紫砂大师——顾景舟的作品，还能欣赏到当代名家的紫砂精品。除了常设展览外，博物馆还举办若干临时展览。博物馆拥有多媒体区、互动区、品茗区及交流区。让游客在参观之余，尽情享受博物馆的乐趣。为提高公众收藏意识，博物馆还常年举办公益活动及相关收藏讲座，传播相关的文化知识，扩大文化影响力。

---

[1] 根据北京市文物局官网相关资料整理。

中国鼻烟壶紫砂壶博物馆是由衡水习三内画艺术有限公司投资兴建，它也是海内外首家中国鼻烟壶紫砂壶博物馆。2011年6月在北京高碑店民俗文化街开馆，全国政协委员、国家工艺美术大师、冀派内画创始人王习三担任荣誉馆长。中国鼻烟壶紫砂壶博物馆的宗旨是：收藏、研究、展示中国鼻烟壶、紫砂壶在各个时期特别是近现代以来所创造的物质文化遗产；记录中国鼻烟壶、紫砂壶的非物质文化的过程；尝试以新的形式保护和传承非遗手工艺，探索非物质文化遗产文化资源可持续发展的新模式，从而实现其更加有效地保护、展示和传承非物质文化遗产，达到物质和非物质文化资源的有机结合。

**北京百年世界老电话博物馆**

固定电话曾经是生活中的奢侈品，后来被手机取代，固定电话如今更多是在办公室中使用。对电话感兴趣的人们见到的多是现在时髦又方便的电话样式，以前的电话什么样见过的人并不多，有兴趣通过电话来了解科技的发展和历史的变迁就需要专业人士讲述了。

北京百年世界老电话博物馆位于北京市西城区德外大街乙十号泰富大厦4层，馆长车志红是通信专业大学毕业生。毕业后在某国外电话代理公司从事电话研究开发工作，工作之余的最大爱好就是收藏设计奇特的电话机。从1989年开始，在近20年的时间里，他收藏了2000多部古今中外的电话机。2006年，他建立北京百年世界老电话博物馆的申请获得了北京市文物局的批准。走进博物馆，架子上放着的、墙上挂着的、桌子上摆着的、地上铺着的全是电话机，游客仿佛置身于一个电话机的世界。从最早由发电机带动的磁石电话墙机，到 20 世纪 30 年代电影《雷雨》周公馆中手摇式电话，再到红军长征中能发电的军用话机，再到 70 年代中国国家领导人专用的"红线一号"电话，还有 80 年代牛仔裤兴起时的牛仔裤形象的电话，以及猫王形象的能唱歌的电话机，嘴唇的、高跟鞋的、足球的、汽车的、动物的等各种造型的电话机在这里应有尽有。

北京百年世界老电话博物馆是中国唯一一个电话机专业博物馆，也是世界上唯一的以世界电话机发展历史为主题，全面反映世界电话发展的电话机专业博物馆。博物馆收集的电话藏品涉及了世界六大洲的 100 多个国家和地区，涉及对人类电话机发展有突出贡献的近 50 个国家的上百个品牌。除电话机外，还有世界近 100 多个国家电话题材的邮票和几十个国家电话机题材的电话卡，几百本不同时期、不同国家和地区，国内不同省、市、单位反映电话机发展历程的电话号码本，以及其他几百件见证电话发展的相关藏品及展示电话机起源、世界电话发展、中国电话发展的珍贵史实资料。另外，博物馆还开发了一系列以电话机（通信产品）为载体的文化创意产品。本着科普服务大众的原则和贴近社会的宣传基调，老电话博物馆经常举办不同内容的电话专题展览，科技文化的影响不断扩大。①

## 北京老爷车博物馆

2009 年 6 月 8 日，中国收藏老爷车第一人雒文友终于完成了他的心愿——在北京建立一家老爷车博物馆。北京老爷车博物

---

① 根据北京市文物局官网相关资料整理。

馆建在怀柔，虽然离北京城区有 30 多公里，但还是有很多游客前去参观。博物馆里展出的老爷车近百辆，有长达 10.8 米的加长红旗、周恩来总理陪同外国元首乘坐的检阅车、中国第一代东风轿车、20 世纪 60 年代末生产的防弹奔驰车、第一代的"老上海"轿车、道奇、奥斯丁、公羊、伏尔加、金雷跑车、木质劳斯莱斯等。

在雒文友收藏的 160 辆老爷车里，他认为，最珍贵的是那件压箱底的"东方红"轿车，这也是中国仅存的一辆中国第一代轿车。

## ■ 时代特色鲜明的博物馆——北京观复博物馆

在北京民间博物馆中，近几年影响比较大的当属观复博物馆。观复博物馆是由马未都先生创办的中华人民共和国第一家私立博物馆。在 2004 年揭晓的"首届中国收藏年度排行榜"中入选"中国十大民间博物馆"。观复博物馆从最初的琉璃厂到如今的大山子，馆址几经改变，经营方式也在改变，但不变的是博物馆内浓浓的古典气息和艺术氛围。

"观复"一词出自老子《道德经》第十六章，原文为："致虚极，守静笃，万物并作，吾以观复，夫物芸芸，各复归其根，归根曰静，静曰复命。""观"即观察，"复"即循环往复的规律。观复博物馆由此得名。

博物馆藏品是博物馆的核心，没有藏品的博物馆即使营销、宣传做得再好恐怕也无法长久生存。观复博物馆里展出的都是几位董事的私人藏品，而馆内环境和展品的维护则完全依靠博物馆自身经营的收入。身处商品经济大潮中，观复博物馆的客流量始终在稳定中有所增加，收取门票并没有对客流产生过大的影响。

观复博物馆设有陶瓷馆、家具馆、工艺馆、门窗馆和油画馆，从不同角度展示着中华文明的发展进程与无穷魅力。布展侧重开放形式，强调人与历史的沟通，突出传统文化的亲和力。除了常规展览之外，博物馆也会不定期地举办一些特展和活动，将文化的传播与科技发展有机结合，充分利用互联网时代的传播方式的变化。此外，常年举办各类展览及讲座，开展鉴定和咨询业务，赋予博物馆以鲜明的时代特色。

观复博物馆的非国有身份使它在运行机制方面与国有博物馆存在很大不同。由于博物馆的公益性决定了好多博物馆很难靠自己的运营独立生存，但观复博物馆有些例外，它的一些具体的宣传、营销上的方法，对民间博物馆的经营具有一定的借鉴意义。

北京观复博物馆院内写着《道德经》第十六章的文化墙

维持博物馆正常运转的资金紧缺，这是民间私人博物馆面临的普遍问题。观复博物馆目前实行理事会制，并通过"文化基金会"筹集资金。从 2005 年开始实行理事会管理；2007 年向社会开放会员制度；2009 年，北京观复文化基金会成立。观复文化基金会致力于传播中国传统文化，资助观复博物馆的发展、文物研究与保护项目，搭建公益文化平台，发扬和引导公众"公益慈善、文化赞助"的精神。根据官方数字，截至 2015 年底全国登记注册的博物馆已达到 4692 家，其中非国有博物馆 1110 座，占总数 23.7%。非国有博物馆已经成为文博系统中的重要部分，而现实是目前很多非国有博物馆面临着不少问题，如钱从哪里来？展陈如何做？观复博物馆的成功实践，在某种程度上提供了现代博物馆管理运作新方法。博物馆是一个非营利性机构，博物馆为社会提供的主要产品是对藏品的研究、保护、展出、教育与传播，而商业化很可能将博物馆工具化（参考瓦达荷西《博物馆学：德语系世界的观点》（理论篇）的相关观点），博物馆举办的实际目的变成了旅游业等其他商业的一个环节。在这种环境下，博物馆会失去自身发展的独立性而变成其他领域的一种工具。现在国家公立博物馆运营尚且不易，观复博物馆是一家民间私立博物馆，理事会的经营模式能有盈余，实现以文促商，以商养文，这也只能是现阶段一种无奈的选择。

2010 年 12 月，马未都在接受《北京晚报》记者采访时说：

> 观复博物馆现在的运营模式主要有三部分：第一部分是门票收入，每张门票 50 元。我考察全世界博物馆门票的收费标准大致和当地电影院票价差不多。我们国家的公立博物馆现在免费，

但我觉得博物馆免费不如景点免费，因为博物馆不是庙会，不是以参观人数多少来作为成功标准的。我们把观复博物馆的门票设计成了6个样子，参观者可以自愿选择任意一种。大家都把门票作为纪念品保存，在我们的垃圾箱里看不到丢弃的门票。另外有人6种门票的样子都喜欢，我们还特意设计了一种将6张门票印在一起的"大门票"，需要再加10元钱，结果都卖光了。虽然我们博物馆每个人的参观成本差不多是150元，我们每人只收费50元，但我依然认为每个买票参观的人都是我们的赞助人。第二部分收入，是我们提供的各种服务，包括鉴定、讲解、场地租用、商品等多种多样的服务内容。第三部分收入来自我们的品牌输出，把无形资产变成有形财富。我们博物馆有自己的博物馆商店，设计一些和馆藏艺术品相关的文化创意产品，卖得很好。在后海也开了一家观复博物馆商店，专门卖我们设计生产的商品。另外观复博物馆现在还有杭州馆、厦门馆、哈尔滨馆，另外还有几家也在洽谈。我们不仅输出品牌，还输出管理和服务，如果可以的话，我们还可以替国家管理博物馆，作为全国唯一一家不靠政府拨款而有盈余的博物馆，我们有这个信心和能力。希望未来观复博物馆可以仅依靠输出品牌这部分的收入就能维持生存和基本运营，门票和服务的收入用来更好地提高博物馆各方面的素质。比如每天在博物馆里插上鲜花，水池里养着鱼，洗手间有热水洗手，这些都需要钱来支持。

北京观复博物馆现在常年设有：瓷器馆、家具馆、油画馆、门窗馆等展馆。

观复博物馆陶瓷馆展出的瓷器，为唐、宋、辽、金、元、明、清时期最具代表性的器物。陶瓷馆不定期举办陶瓷类特展，如《瓷之色——中国古代颜色釉瓷器展》《瓷之纹——中国古代纹样瓷器展》等。

宋代，我国的制瓷业进入繁荣时期，在艺术水平上迅速达到了高峰，汝窑、钧窑、官窑、哥窑、定窑等五大名窑瓷器以釉色取胜，价值连城。磁州窑等民间窑场的瓷器各具特色，注重实用价值，深受人们的喜爱，众多窑场形成百花齐放的局面。

辽代、金代的瓷器粗犷自然，既具有汉族的艺术特点，也具有北方民族的豪迈气息。元代，随着海外贸易的需要，制瓷工艺和装饰艺术更加成熟，为明清制瓷工艺的高度发展奠定了基础。

随着社会的稳定和城市经济的繁荣，明代瓷器的需求量大增，景德镇所烧造瓷器的品种繁多，成就显著，成为全国的制瓷中心。清代，康、雍、乾三代的作品最为出色，工艺精巧、造型别致、品种繁多，达到了制瓷历史的巅峰。[1]

观复博物馆家具馆分6个展厅，陈列了明、清珍贵家具共100多件，有造型洗练、线条流畅、比例匀称明式家具；有装饰华美、做工精细、富于变化的清式家具。展厅按照家具的材质划分，设红木家具展厅、紫檀家具展厅、黄花梨家具展厅、鸡翅木家具展厅，并设有古代书房"渠清书屋"的实景陈列。

观复博物馆的中国古代家具展览，为国内首屈一指的古家具类文物的专项陈列，兼具权威性、专业性与观赏性。

---

[1] 根据北京市文物局官网相关资料整理。

中国古代家具的发展源远流长，明清是我国古代家具制造的鼎盛时期。明式家具自宋以来逐渐形成，实用而美观，至明末清初达到炉火纯青的顶峰。它以洗练的造型，合理的结构，在向后人表现着前人的智慧。许多文人墨客都给予了极高的评价。清式家具在宫廷家具的直接影响下，迅速风靡城市，清宫造办处集结了天下能工巧匠，皇帝甚至直接干预家具的生产。在清前期总体繁华艳丽的大背景下，清式家具逐渐摆脱了明朝传统制式，以新的面貌进入社会。[1]

观复博物馆工艺馆内常年展览铜胎掐丝珐琅器、铜胎画珐琅器、金属造像、铜器、漆器、玉器、木器、百宝嵌等历代工艺珍品，并设有"松溪草堂"的实景陈列。工艺馆不定期举办工艺类特展，如《百盒千和万合——中国古代盒具展》《玉之器——中国古代玉器展》等。

中国封建社会有着两千年的辉煌历史，比欧洲封建社会长了一千年。除去自给自足的自然经济这一基本条件，手工业发达是其重要原因。手工业不单满足了百姓的物质需求，更重要的是还要满足他们无尽的精神需求。历代工艺，集天下能工巧匠之大成，皆以精绝为乐事。

古人发现，这种情趣的培养在于长久的积累。一块圆润的玉石，穿孔以系，佩戴于身，精神力量随之而来。文人与工匠深感责任重大，构思愈发开阔，工艺愈发慎重。久而久之，操刀不辍

---

[1] 根据北京市文物局官网相关资料整理。

的工匠们，使工艺成为生活中的艺术。

唐宋元明清，金属工艺也花样翻新。金银铜铁，不论贵贱，经工匠捶揲錾镂，亦为生活添彩。修饰是美学的手段。以耐腐物质保护和修饰易腐材料是国人的一大发明。从七千年前的良渚文化的木胎漆碗到清乾隆时期的铜胎珐琅器，漫长的历史在喋喋不休地向后人诉说文明的进步。[1]

观复博物馆的中国古代门窗展为国内博物馆屈指可数的独特题材。

在世界建筑体系中，以汉文化为主的中国古代建筑，是唯一以木质结构为主的建筑体系。比较其他以砖石为主的建筑体系，木结构建筑具有取材方便、加工容易、空间分割随意、装饰手法丰富等许多优点。

中国古代建筑成就在秦汉、唐宋、明清出现过三次高潮，但仅就门窗而言，明清时期成就最高。它简约与繁缛共生，华丽与朴素并存，不仅保证了木结构建筑外观协调统一，还保证了室内装饰的丰富和随意。

中国古代门窗作为建筑中最重要的组成部分，功能性和装饰性相辅相成。千百年来，它为古人创造生活方便的同时，还承载了大量中国传统文化的信息。门窗馆常年展览中国明清两代长江、黄河流域民居的古代门窗、隔扇、围栏等建筑构件。全开放式的展览形式，移步换景的展览构思，使参观者恍如步入一座座古代

---

[1] 根据北京市文物局官网相关资料整理。

建筑。①

观复博物馆油画馆常年展览中国现当代油画家、雕塑家的重要作品，不定期调整展览主题。②

近几年，观复博物馆的业务范围和经营方式与自身的管理模式相适应，博物馆的规模不断扩展。观复博物馆在上海、福建厦门等地设有地方馆。上海观复博物馆为观复博物馆的地方馆，位于上海陆家嘴城市新地标——上海中心大厦的37层，设有4个固定展厅：瓷器馆、东西馆、金器馆、造像馆，以及一个临时展厅。上海观复博物馆以中国深厚的文化为基石，打造高品质的专业展览，环境典雅，注重人与历史的沟通，突出传统文化的亲和力。③上海观复博物馆创新大博物馆发展理念，引入创新文化服务内容，提供多元文化服务，通过自我供给内循环实现"大博物馆"的可持续发展。

厦门观复博物馆位于鼓浪屿"名园之最"菽庄花园内，与壬秋阁隔门相望。面积600多平方米，呈链型分布，共有8个展厅，展线清晰明了。内部的装修简洁中不失细部，使用了不少中国传统工艺，如手工雕花隔扇、大漆工艺等，为博物馆的环境增色许多。④

观复博物馆的经营管理与时俱进，与时代的科学技术发展水平保持紧密联系，博物馆信息和观念的传播不断信息化、网络化，在新的历史时期扩大着北京历史文化和文明传播的力度。马未都是大家在电视上经常见到的熟人，他在央视《百家讲坛》讲过50

---

①②③④ 根据北京市文物局官网相关资料整理。

多期专业的收藏；他较早开微博，用微博直播的形式讲解观复博物馆的藏品；脱口秀的节目为他本人量身定做，宣传文化的形式更自由；"观复哈哈"是一档音频节目，有人说是脱口相声，"把所有的事儿都说得很喜剧"，"随口就来"。观复博物馆在新的时代的文化宣传更加立体化。

自媒体时代，观复博物馆决定做自媒体，为广大的博物馆爱好者和网友提供新鲜的内容，包括"实物的观复博物馆""马未都的博客"，还有现代化的网络形式《观复嘟嘟》等各类电视节目。

《观复嘟嘟》是一部由马未都在优酷表演的文化脱口秀，取名自"嘟嘟囔囔"，2014年11月上线，每周两期，到2015年底播出106期。刚开始叫《都嘟》，升级版叫《观复嘟嘟》，于2016年1月开播。《观复嘟嘟》在优酷土豆积累约两亿点击，在优酷有60万粉丝，在自频道讨论区中，希望马未都先生带着逛博物馆看展览的留言多达3万条。2016年又有升级版《观复锵锵》。

马未都先生是怎么逛博物馆的？马先生逛展的乐趣在哪里呢？

马先生在《观复嘟嘟》和大家一起逛潘家园地摊，一起逛博物馆。网友和马未都先生一起逛博物馆能看到宝物的"宝"点，"镇馆之宝"究竟"宝"在何处，还有宝物背后的神秘趣事。《观复嘟嘟》直播过程中，除了能看到非常多的逛馆看展细节外，如果观众有关于逛博物馆的问题，弹幕向马先生提问，他可以在线直接回答你的问题。

《观复嘟嘟》节目形式简单，主持人坐在长桌后或小桌旁开讲，偶尔穿插影视资料。网友更多听的是内容，没人讲究拍摄的形式。

《观复嘟嘟》常设环节"脱手秀"，安排在节目末尾，介绍跟内容有关的古物。马未都喜欢举古今轶事，再进行文化解读，浅白阐述道理。谈盗墓，他说这源于"厚葬文化"，接下来就讲古：三国后盗墓风行，所以三国两晋南北朝墓中器物较少。讲厕所，他从卢浮宫、欧阳修一直侃到东北、西藏和古希腊，最后归纳为厕所对人类文明进步意义非凡。

2016年，《观复嘟嘟》由每周两期改为一期。为降低财政负担，他新开节目，细分观众群。短脱口秀《观复锵锵》节奏更快，主要针对年轻人。前几期，他讲除夕，讲皇上、百姓、土豪怎么过年，再讲元宵节猜灯谜，都是应时话题。①

如果说博物馆里的藏品还不足以吸引更多观众走进博物馆，那么在"铲屎官"盛行的时代，对宠物的关注是许多人业余的兴趣爱好。于是"观复猫"成为观复博物馆的营销、宣传亮点。那些无家可归的流浪猫成为观复博物馆的又一个主角。观复博物馆举办《历代萌宠展》，以现场直播的方式带大家逛展，优酷文化全程直播。博物馆还为它们撰文、出书，并举办流浪猫认领公益活动，在传播文化的同时拉近了博物馆与公众之间的距离，还让公众获得了奉献爱心带来的快乐。

在社会教育活动中，观复博物馆独创点式教育模式，开办"观复学堂"。让有孩子的家庭以博物馆为课堂，亲密接触文物，亲身感悟中国文化魅力。

作为领导者，馆长在一个博物馆中处于重要的地位，管理者的观念直接影响到博物馆的发展走向。观复博物馆的今天，离不开马未都的影响力。通过电视节目、图书出版甚至网络直播，马

---

① 马未都告诉你：皇上、百姓、土豪怎么过年[N]. 南方周末，2016-02-29.

未都的曝光度不断增加的同时，观复博物馆也持续获得社会的广泛关注。①

## ■ 一座感人的博物馆——北京古陶文明博物馆

古陶文明博物馆 1997 年 6 月 15 日正式建成开馆，是北京首批民办博物馆之一，是全国乃至全世界唯一一座以陶文化为专题的博物馆。藏品包括新石器时代至周秦汉唐陶器、战国秦汉砖瓦、战国秦汉封泥三大系列兼及其他相关领域约 3000 件出土文物，形成以古陶文明为主脉，以艺术考古为特色的收藏体系，构成了一部近乎完整而形象生动的古陶文明史。常规展览由彩陶渊薮、瓦当大观、封泥绝响、古陶序列、文字的美奥、拆散的结构及其他 6 个专题系列近千件展品构成，致力于普及教育、艺术欣赏和专业研究相结合，将古陶文明恒久而独特的魅力展现给世人。

在举办展览的同时，作为自筹资金的特殊文博事业单位，古陶文明博物馆设有专门工作室和艺术品服务部，努力开发古陶文明的潜在魅力和馆藏文物的使用价值，长年生产具有独特文化品位和特色的系列工艺礼品，包括窗帘、布包、原拓作品、丝网印刷制品等工艺品。这些充满独特文化魅力的文创产品深受参观者喜爱，为传播古老的文明做着贡献。

"彩陶渊薮"系列展出甘肃、青海、宁夏出土新石器时代晚期（距今 3000～5000 年）以马家窑文化、齐家文化、唐汪文化、辛店文化为主的彩陶近百件，其中有许多保存至今仍惊绝完美的

---

① 根据北京市文物局官网相关资料整理。

位于北京西城区南菜园西街12号毗邻大观园的古陶文明博物馆

珍稀之品。

  瓦当是中国古代建筑上的一种构件，用于椽头，起遮挡风雨和装饰屋檐的作用。瓦当文化始于周而造极于秦汉，它是文字、文学、美学、书法、雕塑、装潢、建筑等多门类综合共蕴的艺术，内容涉及自然、生态、神话、图腾、历史、宫廷、官署、陵寝、地名、吉语、民俗、姓氏，等等。中国古代瓦当最大直径21.5厘米，厚4.5厘米。古陶文明博物馆藏瓦逾千件，是目前国内外最丰富、最系统也最知名的瓦当收藏体系之一。其中，金乌瓦当尤为著名，它是汉代精神、理想和气质的表现和象征。金乌是古代先民用来代表太阳的图腾，金乌瓦当瓦体硕大、造型奇异、工艺精湛、气象非凡，它是汉武帝甘泉宫建筑的重要构件，甚至可以说是甘泉宫建筑的标志。瓦当上的金乌雄昂展翅一飞冲天，容威猛与精微于一身，兼写实与意造于一体，得雄浑大器之美，一望而夺人心魄。

从北京中华民族博物院说起的北京民间博物馆

古陶文明博物馆"瓦当大观系列"按年代、地域和功用划分专题，展出从战国至东汉数百年间不同地域、不同功能、不同品类的瓦当140件，其中多有珍稀孤品。

中国古代封泥是古人封缄文书、信件、货物时用在封口处压有印鉴的泥团，是印章最初的使用遗存。自清末发现封泥以来，一度受到金石学家、收藏家的重视，成为考古探微、补遗证史和研究古代印学与书法的绝好材料，成为继甲骨文、金文、简牍之后，金石学研究领域的又一重要成果。

古陶文明博物馆收藏战国秦汉封泥总数逾3000件，是目前国内外最丰富、最系统也最知名的封泥收藏体系之一。

"封泥绝响"收藏秦汉封泥总数为存世封泥收藏之最，尤其秦封泥逾千枚。秦封泥被称为"秦文化史上又一次重大发现"，涵盖了秦始皇三公九卿政治体制的各类属官，包括数十个失载的秦郡县、宫苑名称，揭示了许多与秦始皇及其秦代文明相关的鲜为人知的政治、经济、文化、军事内容，被考古界、秦汉史学界的专家称为"秦始皇批阅文书的遗物"，"是可以弥补《史记》《汉书》缺憾的珍贵文献，是统一的中国封建王朝第一部百官表和地理志，是中国百代政治体制的源头档案"。

"古陶序列"系统收藏了5000年来中国古陶不同品类的代表作品，较为全面地反映了中华古代文明长河中有关陶的创制、使用以及华夏先民对待陶的审美情趣，从中可以看出古陶文明的演进与发展脉络。

西汉的兽陶憨态可掬，工艺精巧。东汉灰陶形象生动，生活气息浓郁。在众多古陶展品中，反映红山文化的古陶较为鲜明夺目。

红山文化距今五六千年左右，延续时间达2000年之久。主要分布在今河北北部、辽宁西部、内蒙古东南部大凌河与西辽河上游；分布面积达20万平方公里。红山文化的彩陶多为泥质，以红陶黑彩见长，花纹十分丰富，造型生动朴实。古陶文明博物馆展出的红陶藏品如红陶靴、灰陶神蛙座、红陶凹面神人首等不仅具有红山文化陶器的典型特征，而且具有独特的文化内涵。

古陶文明博物馆藏品主要由原路东之梦斋收藏体系构成，丰富而系统的陶制藏品，构成了一个颇有学术氛围的学术研究实物体系，文化的意义和贡献巨大。收藏家路东之以保护和弘扬中华古代文明遗产为宗旨，最大限度地发现并实现古陶的历史文化价值，将陶类文物的收藏保护、鉴赏研究、宣教展览、信息传播、艺术创作、产业开发、资本运营于一体。

路东之先生对文化的贡献之一是发现、保护、研究了秦封泥。秦封泥被专家学者称为"补遗正史，是同秦始皇兵马俑和秦简的发现同等重要的秦代三大发现之一"。为专家学者在秦代职官体制、地理志、篆刻、书法等研究领域提供了重要的文物史料，使大量官职名称、地名、人名都有了实物标准。[①]

1998年10月，路东之馆长及同仁经过两年多的努力工作，《路东之梦斋秦封泥留真》一书完成。该书由100品珍贵文物秦封泥宣纸原拓构成主体，并配有对每品封泥的精辟考证、旧体诗咏及正背图片，采用传统线装形式，一函四卷、限数80部。不仅内容独特、品位高雅，而且制作匠心，堪称古今同类拓本之最；更

---

① 高游. 从古陶文明博物馆看民办博物馆可持续发展[EB/OL]. http://www.ccrnews.com.cn/index.php/Index/content/id/58634.html.

可贵的是书中对秦代封泥的文化意蕴的解释和说明，将尘封在古朴的封泥背后文字的发展传承展示给世人。这种绝无仅有的工作对秦代的历史文化研究意义重大，价值和贡献不可估量。

2000年6月15日，古陶文明博物又增加了新的展览内容：《文字的美奥——古陶文明博物馆开馆三周年特展》。文字是人类最重要的精神财富，也是先民留给我们最重要的文化遗产。汉语文字是人类最为神奇美奥而博大精深的文字体系。以文字为主题的收藏内容一度曾是中国收藏家的正宗，也是传统金石学的主要范畴。该特展以多种陶器与文字相关内容的文物为展品，以"文字的美奥"为主题，分为甲骨拾遗、陶文演义、微刻奇观、玺印荟萃、砖文敷美、文献存真6组内容，从文化和美学角度，将古老文字的魅力展现在研究者和普通观众面前。

古陶文明博物馆坐落在北京的南菜园，建筑面积600平方米，展厅面积约400平方米，面积不大，与热闹而华丽的大观园比邻而居，喧闹中有着犹如古陶一般的安静。

徜徉在厚重古朴的展品中，人们看到古文化的复活，处处能够感受到馆主人喜爱古陶艺术文化文物的良苦用心，仿佛能够抚摸到那份对古老中华文明的深深眷恋。来到这里参观的人们所看到的、听到的、感到的、想到的一切都是文明的种子，在人们心底里扎根，直到有一天这颗种子开花结果，每个人都会用自己的方式将中华先民们积累的伟大智慧传承下去。

民间博物馆和国有博物馆根本的区别是民间博物馆运营经费自收自支。民间博物馆拥有博物馆所有的社会服务、教化大众、收藏保护展示文物、公益性质等功能，却常常无法支付高昂的开支；民办博物馆不是公司，也不能申请文创项目支持。古陶文明博物馆到今天仍然交着工业用电的电价；到今天还没有立一块方便参观者寻找的指路牌；还承担着馆舍租金、人员工资等博物馆必需的运营费用。①

个人创办博物馆，尤其是心中秉承理想、信念办博物馆，是件不容易的事情。路东之寻求靠自己的作品养博物馆的路非常困难。"建立古陶文明坐标体系"是他的理想。在实现这理想的路途中，路东之把馆徽设计成一个孤独行走的人，他非常清楚自己的处境是如何艰难，却义无反顾地选择了做这件力所不及的事情。

如何实现民办博物馆的可持续发展，如何解决民办博物馆发展的"瓶颈"，都是亟待解决的问题。从政府层面，要对民办博物馆与国有博物馆一视同仁。从民办博物馆自身，首先要依法办馆，加强自身制度、人员队伍、文物藏品建设；其次要开阔视野和胸怀，加强与国有博物馆、与学术界、与社区、与学校的合作，优势互补，更好地发挥博物馆内化的、理性的、长久的、持续的教育作用。②

古陶文明博物馆开馆以来接待了国内外专家学者、普通观众数十万余人。与北京大学、清华大学、北京师范大学、西北大学、社科院、日本早稻田大学等重点文科院校、学术机构保持着良好的学术合作关系。

作为国内首批由国家文物部门正式批准成立的私立博物馆，古陶文明博物馆的创办，标志着国家文物政策的进一步开放和对民间收藏的进一步肯定与支持，也为迅速发展的中国博物馆事业

---

①② 高游. 从古陶文明博物馆看 民办博物馆可持续发展［EB/OL］. http://www.ccrnews.com.cn/index.php/Index/content/id/58634.html.

开创了新的途径与体例。同时，作为全国乃至全世界唯一陶的专题博物馆，不仅具有填补国有博物馆空缺意义，更以其独特的内涵意义、文化品位和学术价值为中国当代文化广场增添了新的内容，并由此吸引着来自全世界越来越多人们的目光。通过该馆的专题展览、学术研究与文化传播，人们可以充分感知中华古陶文明的恒久魅力，感知中华民族文化艺术的价值和尊严。

故宫博物院原副院长李文儒先生说，"没有路东之这些收藏，没有古陶文明博物馆，我们还能找到什么地方，在不太长的时间里一下子看到中国古陶文化、古陶艺术如何之伟大。"[1]

---

[1] 高游. 从古陶文明博物馆看 民办博物馆可持续发展［EB/OL］. http://www.ccrnews.com.cn/index.php/Index/content/id/58634.html.

## 参考文献

1. 李哲，陈振凯，张盈盈. 京城民间博物馆喜忧参半［N］. 人民日报海外版，2007-08-30.
2. 王霁. 中国传统文化［M］. 北京：清华大学出版社，2014：264.
3. 梁漱溟. 中国文化的命运［M］. 北京：中信出版社，2016:35-36.
4. 余秋雨. 藏着的中国［M］. 天津：百花文艺出版社，2005.
5. 梅宁华. 论北京地区博物馆发展建设的优势与问题[J].北京社会科学，2001（3）.
6. 藏羚羊旅行指南编辑部. 中国最美的100个博物馆［M］. 北京：人民邮电出版社，2015.
7. 王鲁坤. 民办博物馆要规范更要支持［N］. 检察日报，2013-07-19.

# 后记

如果从历史人文角度看，北京就是一个"没有围墙的大博物馆"。作为五朝古都，这个城市的一切物质文化形式，包括胡同街巷、皇城遗址、城门城墙、紫禁宫城、皇家园林、西山及运河水系，都以一种文物存在的方式，承载并记述着人类文明的发展以及历史文化价值。历史文物的存在应当是作为"活的历史"存在，作为能够对于我们当代人产生社会教育作用的博物馆存在。

走进了北京，就是走进了一座"没有围墙的大博物馆"。博物馆的重要功能之一是教育功能，其存在的价值和意义是对社会公众产生教育作用。我们不仅要在观念认识上发现北京"大博物馆"的意义，更应当释放其教育功能作用，在北京大博物馆观念范畴下，探寻历史文物的存在价值和意义，记述文物与历史时代的存在关系，还原历史真貌，发掘人类文明发展印记，发现人文价值。因此，编写这部书时，我们更像是在做博物馆教育：考察文物，查阅文物相关文献，梳理历史脉络，还原文物存在下的历史状态。我们既是站在文物面前，更是站在大博物馆当中，将北京文物与博物馆的教育作用紧紧地联系在一起。

本部著作是在"没有围墙的北京博物馆"观念下发挥北京文物历史人文教育作用的有益尝试。撰写完成情况如下：

唐帼丽：从史家胡同说起的北京胡同；

柴俊丽和张懿奕：从北京城门说起的北京故宫；

孟远：从颐和园说起的北京"三山五园"遗址；

张懿奕和柴俊丽：从北京故宫博物院说起的北京馆藏博物馆；

包树望：从北京服装学院博物馆说起的北京学校博物馆；

刘峰：从北京中华民族博物院说起的北京民间博物馆。

唐帼丽<br>2018 年 12 月